本书系国家社科基金重大项目"以全面建成小康社会为目标提高党领导发展能力和水平研究"（15ZDC001）的阶段性成果。

政党行为与社会发展：
一个比较研究

李凤华 等 ◎ 著

中国出版集团

研究出版社

图书在版编目（CIP）数据

政党行为与社会发展：一个比较研究 / 李风华等著 . —

北京：研究出版社，2018.4

ISBN 978-7-5199-0342-8

Ⅰ.①政… Ⅱ.①李… Ⅲ.①政党－关系－社会发展－

研究－国外 Ⅳ.① D564

中国版本图书馆 CIP 数据核字（2018）第 075923 号

出 品 人：赵卜慧
责任编辑：陈侠仁
策划编辑：刘婕妤

政党行为与社会发展：一个比较研究
ZHENGDANG XINGWEI YU SHEHUI FAZHAN: YIGE BIJIAO YANJIU

作　　者：李风华
出版发行：研究出版社
地　　址：北京市朝阳区安定门外安华里 504 号 A 座（100011）
电　　话：010-64217619　64217612（发行中心）
网　　址：www.yanjiuchubanshe.com
经　　销：新华书店
印　　刷：北京市金星印务有限公司
版　　次：2018 年 5 月第 1 版　2018 年 5 月第 1 次印刷
开　　本：710mm×1000mm　1/16
印　　张：14.75
字　　数：246 千
书　　号：ISBN 978-7-5199-0342-8
定　　价：52.00 元

目　录

第一章 绪 论

一、问题与研究意义

（一）问题分析

本书是国家社科基金重大课题"以全面建成小康社会为目标提高党领导发展能力和水平研究"的子课题，其拟解决的主要问题是为提升我党领导发展能力和水平提供国外经验上的借鉴。

对于这个主要问题的分析可以从三个层次展开：

第一，如何借鉴，亦即借鉴国外经验的方法论问题。世界各国的发展条件不一致，发展程度有差别，发展道路更是多种多样，全面考察所有国家的发展是不可能的，也是不必要的。因此，在确定借鉴对象的问题之前，有必要深入把握借鉴国外经验的方法论，包括借鉴的原则性问题、借鉴对象的选择依据以及借鉴经验的观察视角问题。这个方法论考察所要解决的问题将为本课题的基本理论问题的研究和国外发展道路和发展模式的考察提供一个逻辑上的桥梁。

第二，借鉴谁，亦即借鉴国外经验的对象问题。从发展的角度来看，世界各国大致可以区分为发达国家和发展中国家这两大类别。发达国家中也存在着不同类型，其中比如美国，其自身的先天历史条件、地缘条件都非常优越，两次世界大战均未发生在其本土，美国反而凭借两次大战的战争红利而一跃成就世界体系的霸权地位。自"二战"以来，美国社会发展的优势很大程度上归功于美国独有的世界霸权和金融霸权地位，这也意味着相比较其他国家来说，美国的借鉴优势并不是特别突出。

在发达国家群里面，以瑞典、芬兰、丹麦、挪威等北欧国家的发展道路值得我们重视。北欧国家在创新发展、共享发展方面取得了举世瞩目的成就，这些国家往往拥有一些世界范围内具有影响力的高科技公司，其创新能力甚至排在了许多老牌资本主义发达国家前面；另一方面，这些国家在共享社会发展成果，为民众提供优厚福利方面也令人瞩目。尤其值得注意的是，北欧国家取得的这些成就与其政党领导密切相关，能够为本课题提供一个观察政党领导发展的良好窗口。

发展中国家政党领导发展的经验对于我们有着特殊的价值。由于发达国家较早实现工业化，从而在资本主义世界体系占据了优势地位，并对发展中国家形成一种挤占的压力。因此，发展中国家在现代化过程中不仅面临着发达国家所曾经面临过的问题和困难，更有资本主义世界体系的不平等性质所构成的特殊压力。从这个角度来看，作为世界上最大的发展中国家，中国所面临的发展问题与所有发展中国家所面临的问题存在着性质上的相似性。因此，我们将着重探讨借鉴发展中国家如何克服发展中的困境而实现发展的历史经验。

但发展中国家的情况也千差万别，试图概括出所有发展中国家中政党领导发展的一般规律是非常困难的。我们认为，从典型案例的角度去探讨，这将更有助于我们加深对政党领导发展的认识。对于就中国所处的发展阶段和自身条件而言，我们将择取比较具备代表性并且具备参照性的几个国家：韩国和南非。其中，选取韩国的理由在于自 20 世纪 80 年代以来，少数几个从发展中国家跨越"中等收入陷阱"，实现向发达国家的转换。并且在发展道路上，韩国堪称东亚模式最成功的代表，在短短几十年内，实现了迅速的工业化和国民收入的高速增长，被世人称之为"汉江奇迹"。这其中有许多经验值得我们借鉴。

在发展中国家陷入"中等收入陷阱"的国家中，拉美模式堪称最常为人提及的对象。拉美模式的主体指巴西、阿根廷、智利等国家，其发展道路有别于东亚模式。由于拉美国家各自的自然条件存在较大差异，尤其是拉美国家受到外部政治的影响较大。我们选取一个大体上类似于拉美国家，但其内部政党在领导发展的风格上有其自身特色，并且在创新、协调、开放、绿色、共享等方面得失互参的国家，这就是南非。在 20 世纪 80 年代的时候，南非堪称一个发展的典范，但近年来的经济地位却逐日下降，形成一个政党领导发展失败的反面教训。但是，我们不能认为，南非经验毫无可取之处，事实上以非国大为代表的南非政党在种族融合、对外开放等方面有一些举世瞩目的做法和成绩，这其中的得失都深深值得中国参考。

第三，借鉴什么，亦即借鉴国外经验的内容问题。概括出典型国家在政党领导发展方面的经验和教训，并不等于课题就得以完成。一些适合于其他国家的经验，并不意味着可以直接照搬。尤其重要的是，我们所借鉴的这些国家，都是资本主义国家，其政党制度与中国有着本质上的区别。因此，对于国外经验的检讨，并根据本课题组对于中国共产党领导发展的理论和经验把握基础上，概括出其中适合于中国的有益经验，以及一些值得特别加以注意的问题，从而真正能够提出为提高中国共产党领导发展能力和水平，成功实现全面建成小康社会决胜阶段的各项目标提供具有指标性和操作性的建议。

（二）研究意义

古人云："穷则变，变则通，通则久。"古往今来，发展都是全人类所面对的一个根本性问题。当今世界 200 多个国家中只有 30 多个成为发达国家。对于我国，当前所面对的发展中的突出矛盾和问题更是急需得到解决。党的十八届五中全会强调，现今我们已经到了实现全面建成小康社会目标的决胜阶段，迎来了向第一个百年奋斗目标冲刺的历史时刻，同时，基于此我们又将朝着"保持中高速经济增长；不断提高人民生活水平和生活质量；大幅提高整体国民素质；进一步改善生态环境质量；促使各方面制度更加成熟"等目标努力奋斗。力促这些新目标的实现，关键在党。中国共产党在推进中国特色社会主义伟大事业中发挥主心骨和中流砥柱的作用。因此，关键要靠党领导人民来实现全面建成小康社会的百年梦想。在新形势下，加强和改善党的领导，提高党领导发展的能力和水平已被提上重要议事日程和作为一项重要战略部署。站在新的历史起点上，我们党的任务光荣而艰巨。就如何提高党领导发展的能力和水平，最终促使我国经济社会良性发展，顺利实现第一个百年奋斗目标这一问题，一方面，我们党立足于马克思主义经典理论的指导，立足于自身的历史或实践经验，不断完善和进一步提高党领导发展的能力和水平。而另一方面，任何伟大的胜利绝不是"闭门造车"，要实现全面建成小康社会、实现中华民族伟大复兴这个远大目标，提升党领导发展的能力和水平，还要求我们主动学习他国政党领导发展的经验与教训，取长补短，不断进步。尤其应当引起我们重视的是，综观世界各国发展的成功经验和失败教训，政党领导发展的得失都是其中不可或缺的关键因素，它决定其他因素能否发挥其应有的作用。因此，学习和借鉴世界各国政党领导发展的经验，为提升我党领导发展能力和水平，无疑具有重要的作用。

具体而言，对于提高党领导发展能力和水平的国际借鉴研究，本文主要以跨越中等收入陷阱为中心问题，以"创新、协调、绿色、开放、共享"这五大发展理念作为分析纲领，研究中国共产党如何提高领导发展能力和水平，总结具有代表性的国家在相同问题上的成功经验和失败教训。并最终从党如何加强领导发展的三大能力方面，分别总结中外的经验和启示。这一课题的研究意义在于：

第一，探讨政党行为与社会发展之间的关系。现有的文献往往更注重政党制度的研究，这方面的代表就是"民主化"的研究浪潮，而对于政党行为的研究相对忽略。至于从五大发展理念的角度去考察政党行为在推动社会发展方面的作用，则尚未出现。这是由于五大发展理念的出现本身就代表着中国理论界对于发展问题的新认识，这也意味着有必要更新研究视角，从一个更新的角度去探讨政党行为与社会发展的一般问题。

第二，为提升中国共产党领导发展能力和水平提供经验借鉴。本书以"跨越中等收入陷阱"为中心问题，试图以十三五规划的五大发展理念为切入点，研究中国共产党在提高领导发展能力和水平的历史经验，总结国外在跨越中等收入陷阱问题上具有代表性的国家在相同问题上的经验，并最后以领导发展能力的三大方面作为落脚点，分别总结中外经验的启示。也就是说，以"五大发展理念"作为纲领，基于现有理论和国际经验，从共性和特性的角度分析中等收入陷阱问题，立足于这一理论视角研究，对于探索适合中国国情的转型道路无疑具有较大的理论意义。

二、文献综述

（一）政党行为研究

20 世纪以前，甚至在 19 世纪所谓"近代意义的政党"出现以前，西方已经有学者对早期的宗派和党派进行研究。研究主要集中在党派的作用、党派与派别的关系等方面。但从总体上看，研究工作还处于初始阶段，政治学界对政党的研究还不够重视。这种情况在美国学术界表现得尤为突出。以研究政党政治而闻名的美国政治学家沙特施耐德在 1942 年出版的《政党政府》一书中曾经指出，在美国，19 世纪下半叶出版的政治学著作都不涉及或很少涉及政党问题。直到 19 世纪末 20 世纪初，这种局面才被英国人布赖斯（Bryce）和俄国人奥斯特罗果尔斯基（Ostrogorski）所打破。到了 20 世纪上半期。这一时期，政党现象受到某些学者的重视，研究工作不断深入，并出现了若干研究政党的专著，其代表著作有俄国政治学家奥斯特罗果尔斯基的《民主政治与政党组织》、德国政治社会学家罗伯特·米歇尔斯（R. Michels）的《政党》和美国政治学家沙特施耐德的《政党政府》。"二战"后，西方政党研究进入一个全面、深入发展的新时期，有关政党研究的论著可谓"汗牛充栋"。其中不乏富有开拓性、创新性的著作。例如：迪韦尔热的《政党》（1951）、拉帕隆巴拉和魏纳主编的《政党与政治发展》（1966）、意大利著名思想家乔万尼·萨托利（G. Sartori）的《政党与政党制度》（1976）、利昂·爱泼斯坦（L. Epstein）的《西方民主国家的政党》（1980）、彼特·梅尔（P. Mair）主编的《西欧政党制度》（1990）、英国学者艾伦·韦尔的（A. Ware）《政党与政党制度》（1996）、法国学者让·布隆代尔（R. Blondel）、意大利学者毛里齐奥·科塔（M. Cotta）的《政党与政府》（1996）和《政党政府的性质》（2000）等。在这些汗牛充栋的文献中，与政党领导发展主题相关的研究文献可以划分为以下几类：

第一，不同政党制度对于政党领导发展能力的影响。资本主义国家的政党制度各个不同，但大抵上都可以归为欧洲大陆的政党制度和美国的两党制度，这两种政党制度的形成与选举制度密不可分。比例代表制所形成的往往是多党制，而单一选区制度所形成的是两党轮替制。由于美国政党的主要功能就在于选举，它在政治传播、社会动员的能力大大下降，这也意味着美国政党在领导发展方面的能力比较弱。有关发展的政策往往受到总统本人以及利益集团的影响。因此，有作者甚至认为，"政党要完蛋了"（Broder, 1970；Broder, 1996）。这种描述失之夸大，但较为形象地说明了政党在美国政治中地位的衰落，以及它在领导发展方面的欠缺。相比较之下，欧洲大陆的政党在政策议程和领导发展方面的能力要强于美国许多。而且值得注意的是，欧洲政党不但能够制定具有政党标识性的政策，而且政党在贯彻其政策、动员社会群众方面的能力也相对突出（萨托利，1976，韦尔，1996）。这方面，国内学者也有研究，比如王长江的《现代政党执政规律研究》（2002）、《现代政党执政方式比较研究》（2002）、熊辉的《改革和完善党的执政方式》（2008）、林勋健的《西方政党是如何执政的》（2001）等。其中，《现代政党执政方式比较研究》重点对世界上各种不同类型的政党执政方式进行了阐述和比较，将政党的执政方式和执政模式分成西方发达国家、社会主义国家和发展中国家三种基本类型，同时对它们的基本运作和各自的特点分别进行了分析。

第二，政党领导推动社会发展行为的研究，尤其是社会民主党对于第三条道路的研究。在欧洲政党的政治理念变革方面，英国著名政治思想家安东尼·吉登斯在其著作《第三条道路——社会民主主义的复兴》（2000）、《第三条道路及其批评》（2001）中提出社会民主党在"冷战"后面临着五类挑战，对欧洲社会党所面临的挑战及应该采取的变革措施进行了深入的理论探讨，并塑造了第三条道路政治的发展历程。英国学者马丁·鲍威尔的《新工党，新福利国家？英国社会政策中"第三条道路"》（2010）对构成英国现代社会政策框架体系的主要政策领域以及相关的公共政策和理论问题作了重要的历史梳理，讨论了新工党在不同的政策领域中的政策与老工党和前保守党政策的关系。德国学者托玛斯·迈尔的《社会民主主义的转型——走向21世纪的社会民主党》（2001）也探讨了执政党应如何适应当前高度信息化、全球化的经济、政治和社会条件，如何改变策略，同时保持自己的身份特征以迎接新的挑战。中国研究学者也有较深入的考察。顾俊礼的《欧洲政党执政经验研究》（2005）着重分析和研究了英国工党与保守党、法国社会党与戴高乐政党、德国联盟党与社民党、意大利天民党与左民党、瑞典社民党、奥地利社民党等9个欧洲国家执政党不同时期的执政经验与教训，对于世界其他国家的政党及其执政都有一定的参考或借鉴作用。

第三，对于不同国家的政党以及相关公共政策的国别政党研究。在欧洲政党的执政政策方面，德国学者沃尔夫冈·麦克尔、亚历山大·佩特林等人所著的《社会民主党的改革能力：西欧六国社会民主党执政政策比较》（2009）一书，以英国、法国等西欧六个具有代表性的社民党执政国家为研究对象，详细比较和分析了这些国家的社民党在财政政策、就业政策和社会政策领域所采取的措施和结果。可以说对西欧社民党是否成功地对自己的纲领、目标和政策工具进行了革新，给出了非常严谨的解答。比如德国学者斐迪南·穆勒-罗密尔（Ferdinand Muller-Rommel）和英国学者托马斯·波古特克（Thomas Poguntke）的《欧洲执政绿党》（2005）对20世纪90年代后期先后进入全国政府的五个西欧绿党（芬兰、意大利、德国、法国和比利时）进行了综合比较分析，提出了不断调整中的绿党政治意识形态与组织结构已变得日益适应欧洲联盟政治的需要。

在韩国政党研究问题上，韩国政党体系变化与民主化关系以及这一政党体系变化与韩国发展之间的关系是国别政党领导发展问题的一个重要内容。梁会昌《韩国政党的解体与统合研究》（朝鲜大学研究生院政治外交学博士论文），以 1990 年三党合党为中心，对合党的原因和合党前后政党政治的变化进行了研究，认为三党合党无助于韩国政党政治的发展，暴露了韩国的"政治病"。启光石在《韩国政党体系的分析》中首次从体系论的角度对韩国政党体系的变动过程进行了分析，赵贞贤则强调社会结构因素的结构视角和政党体系主要行为主体——政治人的行为视角，以之剖析政党和政党体系的变动现象。沈之渊认为政党的统合与分裂完全是危机所致，视政党的变动和政党体系的变迁是"危机与统合的政治"，是政治人在权力斗争危机的压力下表现出来的纯粹的聚合现象。中国国内涉及到韩国政党体系的研究，大多起步于中韩建交后的 20 世纪 90 年代初、中期，既有对于韩国政治制度的介绍，也有专门对于韩国政治转型的深入探索。郭定平在《韩国政治转型研究》中对于韩国政治转型做了详尽深入的研究，文中涉及了政党体系的变迁问题，探讨了 20 世纪八九十年代韩国政治转型的背景、原因、进程和前景，认为韩国政党体系有着个人化、精英化、权威化的特点。进入 21 世纪后，对于韩国政党体系的研究日渐活跃，这一时期的研究成果散见于有关东亚政党体系转型的研究著述中。李路曲在《当代东亚政党政治的发展》一书中，对于韩国政党政治的产生和发展、一党独大政党体制的形成和发展，以及韩国政党和政党制度的制度化过程做了扼要的介绍。这些为我们深入探讨韩国政党领导发展的经验教训提供了有益的参考。

第四，对于政党领导发展的具体问题的研究。比如托马斯·迈尔《关于媒体社会中政党政治的对话》，理查德·赫弗南的《媒体操纵：英国工党的政治信息交流策略》着重探讨政党领导中如何利用媒体来传播其政治理念并引领群众行动的问题，等等。

总体而言，由于资本主义国家政党的本质上是一种选举型政党，这决定了其领导发展的能力在政党职能中并不受重视，其领导发展更多服从于选举策略。这使得一旦选情形势变化，其领导发展的策略也将做出改变。这是我们在研究资本主义国家政党领导发展问题时所应当留意的。

（二）社会发展研究

本书的社会发展着重指以"中等收入陷阱"为中心问题的社会发展。中国能否成功迈入高收入国家行列，实现两个一百年的奋斗目标，这是当前学界所热烈讨论的问题。现今，关于"中等收入陷阱"问题，总体上讲，各方面的研究主要涉及"中等收入陷阱"基本概念的界定；陷入"中等收入陷阱"的原因探析以及"如何成功跨越中等收入陷阱"的战略选择三个方面的研究。

第一，在"中等收入陷阱"基本概念方面的研究。"中等收入陷阱"的概念首次被世界银行提出，即国家或地区进入中等收入阶段以后，旧有的经济增长模式束缚了经济的进一步发展，使得经济的发展变得越来越缓慢甚至停滞不前。翌年，"中等收入陷阱"的概念得到了进一步详细的解释，即一方面由于低收入经济体具有低廉的劳动力成本优势，另一方面，高收入经济体具有高科技领域的竞争优势。遂使得这些中等收入经济体在经济发展上失去动力因素，容易陷入"中等收入陷阱"。早在 2002 年，张熙率先提出"拉美现象"；2004 年，马凯提出"1000 美元的人均GDP，是一个重要的历史阶段，与此同时要警惕拉美现象"。接着，国内学者主要集中于从经济学的角度来定义"中等收入陷阱"。基于经济发展战略的角度，马岩和王一鸣认为，由于旧有的经济模式牢牢地束缚住中等收入经济体且无法脱离，最终使得经济发展越来越缓慢甚至停滞不前。接着，张平，王宏淼共同认为：进入新阶段的中等收入经济体，会出现一系列复杂的经济、政治、文化、社会等问题，这些问题使得经济体难以应对，遂容易落入"中等收入陷阱"[1]。持相似观点的又如曾峥，郑秉文。郑秉文认为"经历一段持续性的经济增长后，许多发展中国家走出低水平均衡陷阱，进入中等收入阶段之后，却由于各种原因，无法成为高收入经济体"[2]。曾峥指出中等收入经济体经常会面临如"产业升级困境，贫富差距恶化，人力资本缺乏以及城市化进程缓慢等一系列难以解决的问题，经济增长乏力以及社会矛盾多发，导致经济陷入停滞。[3] 一般而言，学者往往认为，经济增长疲缓和不同经济增长模式以及相关动力机制的问题，最终引发"中等收入陷阱"问题。

第二，关于社会发展"陷入中等收入陷阱"的原因。大体而言，研究者着重强调发展模式、激励制度、计划体制等原因。如孔径源认为，进口替代战略给拉美国

---

[1]　张平，王宏淼：《中国转向"结构均衡增长"的战略要点和对策选择》，《国际经济评论》2010 年第 6 期。

[2]　郑秉文：《"中等收入陷阱"与中国发展道路——基于国际经验教训的视角》，《中国人口科学》2011 年第 1 期。

[3]　曾铮：《新经济模式与"中等收入陷阱"》，《人民日报》2010 年 8 月 27 日第 22 版。

家带来了不良影响，由于小规模的市场和螺丝钉式的工业内部运行机制，使得就业机会越来越少。同时，进超的存在迫使政府举借外债，产生严重的财政赤字。这种情况下又使得经济越发不稳定。[1] 与此同时，导致这些东亚地区国家经济增长乏力的关键因素则是长期的出口导向战略，在狭小的国内市场背景下，过度依赖外国市场以及缺少对外资流动的管制，致使出口导向战略的劣势越发明显。马岩认为苏联、东欧这些国家收入水平的提高大都是拥有得天独厚的自然资源，实际上其经济增长中诸如"单一的产业结构，过度依赖自然资源"等固有的问题仍然没有得到有效的解决，因此，也难以逃脱"中等收入陷阱"。另一种从制度去探讨陷阱原因。世界银行的报告侧重于"中等收入陷阱"的制度原因。报告认为出于解决各种经济问题的需要，必须依靠一个由简单到复杂的不断发展与完善的激励制度体，而缺乏这一制度体系，则经济体就容易陷入中等收入陷阱。成功跨越中等收入陷阱应着重关注高层次的制度发展以及顺应时势的战略转换[2]。但现实的情况是，世界银行所提倡的制度往往并没有帮助那些发展中国家成功跨越中等收入陷阱。此外还有从形成机制的角度去分析中等收入陷阱的形成原因。基于国际竞争力的角度，科瓦斯奇等集中分析了一些国家经济增长快慢的原因。并且，还分别从宏观或微观的角度，研究某些国家或地区的经济增长情况。[3] 通过中等收入阶段经济发展的宏观模式及企业经营的微观模式，要素驱动经济增长转向效率驱动经济增长，促使经济体进入中等收入阶段。同时，新的国际竞争力的形成是实现成功转换的内在机制，如果缺乏这一内在机制，就会导致当前经济的下降，甚至严重影响人们的生活水平。

第三，关于避免"中等收入陷阱"的策略研究。刘易斯从经济发展阶段论的角度认为，扭转收入分配不均的状况是成功跨越"中等收入陷阱"的关键。而速水佑次郎则认为跨越"中等收入陷阱"的关键是促使经济发展从要素需求型转向全要素生产型。接着，哈默德、科瓦斯齐等从全球化的视角出发，一致认为，中等收入国家在中等收入阶段的转变时期，低成本国际竞争力的丧失和高新技术的竞争，使其受到双重压制而无法发展经济。而走出陷阱的重要方法则可以利用工业发展的"后发优势"和"对外开放优势"转向创新发展。作为现代增长理论的代表，卢卡斯认为，

---

[1] 孔泾源：《"中等收入陷阱"的国际背景、成因举证与中国对策》，《改革》2011 年第 10 期。

[2] World Bank. Strategies for Sustained Growth and Inclusive Development. Washing, 2008.

[3] M. E. Porter, K. Schwab. The Global Competitiveness Report 2008—2009[R].GENEVA: World Economic Forum, 2008.

所谓的工业革命，即是指不发达的经济体转变成发达的经济体的过程。由此，广义"工业革命"得以实现的关键在于经济增长实现由低收入国家转向高收入国家。

卢现祥认为，制度创新有利于跨越"中等收入陷阱"，而制度创新应包括"建立有效的制度体系、建立服务型、市场型政府而非全能型政府。"[1] 钱运春认为，建立超越生产力发展的社会保护机制是跨越"陷阱"的必要机制[2]。马岩认为，影响中等收入国家发展有多个方面的因素，而跨越"中等收入陷阱"的前提和基础则是现代国际贸易与可操控的国际资金流动。因此，中国要加入到广泛性的市场竞争中来。[3]

（三）文献简评

总的来说，现有文献对于本课题而言，提供了较为充分的资料。但这类资料本身只是一种有待归纳与整理的经验事实，研究还需要在政党行为的经验事实与有关中等收入陷阱的数据之间构建出因果关系或者相关关系。那么，这两者的关系将如何去构建呢？现有文献对于本文的研究究竟提供了什么样的具体启示？

从中等收入陷阱的文献来看，影响这个问题的变量非常多。而现有中等收入陷阱文献几乎不涉及政党行为。这两个方面的文献只有很少部分存在着一定程度上的交叉。因此，我们不能直接认为政党行为决定性地影响社会发展的观点。但是，另一方面，政党行为也不可能与社会发展不相关。从中等收入的陷阱文献来看，其中许多涉及的问题，比如进口替代模式、收入均等问题、关税问题等，都或多或少涉及当时政党所持的发展观念以及政党行为。同时，政党行为与中等收入陷阱之间的问题并非一个一一对应的关系，有时很难说政党的某项措施或行为直接影响整个社会发展的格局。但是，撇开一些具体的细节，如果我们从现有的国家在跨越中等收入陷阱上的成功与失败的结果来反推，那么，即使我们不能完全确定政党行为的所作所为是否有助于跨越陷阱，但至少其基本的历史作用也是可以把握的。这也意味着，对于本文的研究来说，重心并不是跨越中等收入陷阱的具体因素与变量的分析，而是政党行为在推动社会发展的各个方面的所作所为的经验与教训的概括。

---

[1] 卢现祥，罗小芳：《中国能否跨越"中等收入陷阱"吗？——基于利益集团理论视角的分析》，《社会科学战线》2013 年第 7 期。

[2] 钱运春：《西欧跨越中等收入陷阱：理论分析与历史经验》，《世界经济研究》2012 年第 8 期。

[3] 马岩：《我国面对中等收入陷阱的挑战及对策》，《经济学动态》2009 年第 7 期。

　　因此，本文立足于以跨越中等收入陷阱为中心问题，试图以十三五规划的五大发展理念为角度，总结国外在跨越中等收入陷阱问题上具有代表性的国家在相同问题上的经验，并最后以领导发展能力的三大方面作为落脚点，以此来提升中国共产党在提高领导发展的能力和水平，分别总结中外经验的启示。也就是说，以五大发展理念为纲，基于现有理论基础和国际案例，总结共性特征与个性特征，立足于这一理论视角的研究，对于探索适合中国国情的转型道路无疑具有重要意义。

三、研究策略

（一）研究思路与方法

　　本课题的研究思路是：以跨越中等收入陷阱为中心问题，以十三五规则的五大发展理念作为纲领，研究中国共产党在提高领导发展能力和水平的历史经验，总结国外在跨越中等收入陷阱问题上具有代表性的国家在相同问题上的经验，并最后以领导发展能力的三大方面作为落脚点，分别总结中外经验的启示。具体而言：

　　第一，以跨越中等收入陷阱为中心问题，从而选取具有代表性的国家和政党经验，分别选定榜样者、成功者和失败者。基于对世界各国发展模式和全面建成小康社会决胜阶段的认识，我们分别选定瑞典、韩国和南非作为案例，来深入探讨其执政党在领导发展方面的经验。

　　第二，以五大发展理念作为分析纲领，总结历史经验，比较国外发展得失。研究国外经验，不能以模仿为目的。而应以我为主，参照吸收其可取和可借鉴的地方。目前，创新发展、协调发展、开放发展、绿色发展和共享发展已经成为我党和全社会的共识，因此吸收国外经验也应当从这五个发展展开，把握各国的经验和得失。

　　第三，以提高党在发展问题上的政治领导、思想领导和组织领导能力和水平作为出发点和落脚点，总括经验启示。本课题的研究对象，都属于资本主义国家，其政党的本质都是资产阶级政党，一方面我们应当吸取其领导发展的长处，但同时也要看到它们在阶级利益上的局限性使得其领导发展的局限性。坚持以我为主的立场，理性看待借鉴对象的得失，从而真正理解和把握研究对象的长处，并进而为中国共产党提高领导发展能力提供切实有益的借鉴。

　　基于对以上研究思路的理解，本课题在研究方法上将主要采用以下几种：

第一，历史与逻辑的统一。对于国外经验的借鉴，既要对借鉴对象国家的发展历史有充分的了解，更要充分把握执政党领导发展的政策取向与制度逻辑，通过政党领导发展的这个研究角度实现历史与逻辑的统一。

第二，典型案例研究。世界各国的复杂性和本课题所要求的深度，这使得典型案例研究具有更好的优势。它能够深入揭示成功或失败国家的执政党的政策得失及其与国家发展之间的关联。

第三，比较研究。案例研究是深入探讨借鉴对象国家的政党领导发展得失的重要方法，在此基础上，通过对数个借鉴对象国家及其相同类型的国家之间进行比较研究，这有助于研究者概括出政党领导发展问题上的普遍做法和一般规律，从而提高了经验总结的可借鉴性。

第四，系统研究。党领导发展能力涉及政治、思想和组织方面，不能畸轻畸重；发展理念包含五个大的内容，也不可偏废。因此对于国外经验的借鉴也应当以我为主，在案例研究和比较研究的基础上，系统地总结相关经验与教训，从而为提高党领导发展能力并践行发展理念提供有益的借鉴。

（二）研究主要内容

本研究是一项比较研究，同时也是一项案例研究。我们认为，在选择研究对象方面，必须考虑如下几个方面的依据：首先，发达国家和发展中国家都应当要有代表，不能将眼睛只放在发达国家，但也不能无视发达国家在发展等方面的先进经验。其次，在发达国家的选择中，尤其注意在创新、协调、绿色、开放、共享等五大发展理念方面更为均衡的国家，而不是放在发展相对不那么均衡的发达国家。再次，在发展中国家的选择中，既要选择能够成功跨越"中等收入陷阱"的国家，同时也要兼顾那些虽未跨越这一阶段，但仍然在发展方面可圈可点的国家。最后，基于课题研究的重心考虑，在相同情况下，尤其注意那些政党在其发展中发挥较大作用的国家。因为该国政党所起的特殊作用，这使得该国的发展经验在某种程度上就构成了与其他参照国家的重要变量，这也意味着其政党领导发展的成败得失对于我们的借鉴意义更加可贵。

基于以上有关选择典型案例的考虑，子课题决定选择瑞典、韩国和南非作为借鉴对象来深入研究。其中瑞典是北欧模式的典范，韩国是东亚模式的代表，南非与拉美国家同为陷入"中等收入陷阱"的国家，有许多类似之处。而南非民主化以来的执政党非国大已经执政二十年，有许多成功的经验和失败的教训值得总结。

个案一：瑞典社会民主党领导发展的经验研究。

瑞典是发达国家中北欧模式的代表。还在 19 世纪末，瑞典尚是一个工业并不发达的农业国家，但在 20 世纪 30 年代以来，瑞典不但实现了工业化，而且在社会福利制度方面取得了举世瞩目的成就。尤其难得的是，瑞典在科技创新方面处在世界前列。这部分的研究内容包括如下几个方面：

第一，北欧模式的发展历程和瑞典社会民主党领导发展的历程。北欧模式主要指瑞典、挪威、丹麦、芬兰和冰岛。这些国家的工业化历程要晚于法国和德国，由于人口较少并且经济规模相对较小，其在世界经济中的版图并不如美国、德国和日本等主要发达国家。但是北欧国家不但成功地保持了其经济发展水平，尤其难得的是，它们在科技创新方面也取得比较突出的成就。因此，在研究瑞典社会民主党领导发展之前，有必要介绍和讨论北欧模式。瑞典从欧洲最贫穷的国家发展成为世界上最富裕的国家之一，其经济的崛起与瑞典社会民主主义的长期执政是分不开的。瑞典社会民主党创建于 1889 年，1920 年单独上台执政，自 1932 年再次上台后，长期连续执政达 50 年，瑞典经济与社会发展被深深打上了社会民主党的烙印。因此瑞典社会民主党的执政历程尤其是领导发展的历程值得我们重视。从瑞典的发展成就来看，瑞典的科技创新和福利国家的建设非常突出。课题组认为，瑞典社会民主党在领导科技创新和福利国家建设方面的经验应当成为我们借鉴的重点。

第二，瑞典社会民主党领导科技创新的经验研究。瑞典的工业在世界工业中的比重，要比其人口在世界人口中的比例高 4 倍，其在工业的许多方面成为尖端水平。瑞典社会民主党非常重视科教事业，它是欧洲第一批消灭文盲的国家，并大力发展科技事业，早在 20 世纪初，社会民主党就将国家预算的 10%—12% 用在教育上，到了 20 世纪 80 年代，瑞典用于科研与发展的投资突破了国民生产总值的 3%，属于世界上最高的国家之一。进入 21 世纪以来，瑞典的创新水平一直处于世界前列。由联合国开发计划署发布的联合国人类发展指标中，瑞典目前在科技创新领域排名全球第一，其创新指数为 7.07，排在第二名的是美国，创新指数是 7.02，在最佳信息化社会评比中，瑞典也是全球排名第一；在知识经济领域，同样是排名第一，以 6.5 分排在美国（6分）之前。从企业竞争力来看，瑞典有7家大企业进入2001年《金融时报》评出的世界500强企业行列，分别是爱立信、Nordea（银行）、SHB（银行）、Skandia（保险）、Telia（电信）、H&M（时装）、investor（投资）。瑞典还创造和拥有着ABB（机械）、伊莱克斯（家电）、SAAB（军工、汽车）、Ikea（宜家）、利乐（包装）、SKF（轴承）等世界级著名品牌。瑞典的航空、汽车、核工业、军事装备、信息产业、生物科技、医药化学、电子精密仪器、金属加工和机械制造、特种钢材、建筑科技、环保产业、工业设计等都可以说是世界级水平。

值得特别注意的是，瑞典的这种创新成就有其经济社会的原因，但也离不开社会民主党对于创新发展的领导。社会民主党在领导创新方面，一个是推动创新教育，使创新意识贯穿整个学龄期。政府拨款支持"灵感教育"和新发明竞赛，为创新人才的出现提供一个丰厚的土壤。其次，瑞典政府更崇尚团队合作来展开科学研究，从而使得瑞典科技人员具有更为和谐的协作精神。此外，瑞典社会民主党对于科技创新的认识，以及如何将其重视科技理念转化为社会共识并强有力地执行，也是研究的重要内容。

第三，瑞典社会民主党在制定福利制度方面的经验研究。瑞典的福利制度是世界上最为瞩目的一个成就。瑞典社会民主党的基本路线是在混合经济的制度下，由政府来推行"充分就业""公平分配"和"社会福利"等政策，以消除资本主义社会的失业、贫困和不平等之类的弊病。瑞典的福利水平是非常优厚的，但其过高的福利也导致1990年代初的经济衰退。此时，瑞典社会民主党主动实施改革，其改革内容包括政府削减公共部门的规模以及失业和疾病保险的偿付比例、改革税制和放松对市场的管制、奉行财政平衡政策。这些改革措施的推行大大降低了瑞典社会福利的慷慨程度，并具有强烈的刺激经济增长的作用。总体来看，这些改革措施有力地推动了瑞典的经济增长和技术创新，并使其经济重新回到健康的发展轨道上来。

但是，尽管1990年代初以来，瑞典已经沿着更加自由化和市场化的方向进行了持续不断的改革，如今的瑞典福利国家与1990年之前的福利国家体制拉开了不小的距离。但是，这并不意味着瑞典的福利制度会完全消失。事实上，瑞典的福利水平在所有西方国家中名列前茅。瑞典社会民主党提出了一个概念："一个不是福利国家的福利社会"，亦即在保持较高的福利水平的前提下，推动市场体制的有效运行。瑞典福利体制仍然能为那些处于收入分配底层的国民提供可靠的安全网，因此贫穷仍然是罕见的；经济不平等的程度有所上升，不过瑞典仍然是世界上经济不平等程度最低的国家之一。因此，瑞典社会民主党在领导共享发展方面尤其值得我们借鉴的是，如何保持公平与效率之间的平衡，如何在提高福利水平的前提下，有效地推动经济增长？

第四，瑞典社会民主党在推动绿色发展方面的经验研究。瑞典的绿色发展成就较高，其环境保护与科技创新和福利国家结合起来，堪称北欧发展的典范，号称"第一绿色福利国家"。必须指出的是，绿色发展作为政策议题最初是绿党的主张，但社会民主党经过调整之后，逐步吸收其相关的政策主张，并融入自己的议题中去，形成富有特色的绿色发展道路与执政经验。

第五，瑞典社会民主党在领导方展方面的政治协商及其启示。瑞典社会民主党的阶级合作、政党合作方面的政治协商政策与实践也有其鲜明的特色，这是瑞典社会民主党在制定政策时一个独特的政治议程。尽管作为一个资本主义的左翼政党，其执政时并不排斥对立政党的合理主张和政治诉求，而是将他们的观念融入社会民主党的政策内容，从而实现一种共享发展的政治局面。

个案二：韩国政党领导发展的经验研究。

韩国是发展中国家突破"中等收入陷阱"成为发达国家的一个典型榜样，其经济起飞的历程被称之为"汉江奇迹"。与此同时，伴随这一经济奇迹的是，韩国在政治上的威权主义政治，这突出地表现为朴正熙政权的长期独裁。在朴正熙政权和朴正熙之后的朴正熙路线之后，韩国实现了政治民主化，但其发展路线与之前仍然有着相当多的共性。因此，将韩国的发展历程以及韩国政党在领导这一发展的经验教训作为一个研究对象，是成立的。具体来说，研究内容包括：

第一，韩国的发展历程及其韩国政党政治的概况。一般来说，东亚模式是用来与拉美模式相比较的，它突出表现政治上的威权统治和经济上的外向发展以及由此而迅速实现的工业化和经济起飞历程。在东亚模式中，韩国的发展具有典型性，它不但在1960年至1990年实现了经济起飞，尤其在后来的金融危机中化危为机，更进一步，实现了许多重要工业门类的转型升级。韩国政党政治有其自身的特色，并对其经济社会发展有着重要的影响。韩国政党最早可以追溯至"二战"结束后李承晚政权，基于本课题研究对象的考虑，我们将集中考虑朴正熙政权及其之后的政党政治发展历程。朴正熙时期的政党属于威权主义政治，其突出表现是执政党听命于总统，甚至修宪以让朴正熙可以持续执政。民主化阶段之后，韩国政党的突出特色是"政党个人化"，即政党听命于领袖，经常由于领袖的意旨而时分时起。由此而带来了一个有意思的问题：韩国政党在领导发展方面所起的具体作用是什么？从韩国的发展成就来看，韩国在创新发展和开放发展方面有其突出的成就，因此韩国执政党领导创新发展和开放发展将成为我们借鉴的重点。

第二，韩国执政党在领导创新发展方面的经验研究。韩国许多重化、电子、汽车等工业在世界范围内都有较高的地位，这对于一个现代化的后来者来说其成绩相当可喜。它的工业发展政策也非常鲜明，其中最突出的就是发展大企业集团，通过大企事业集团在世界范围内竞争，并取得竞争优势。这种"抓大放小"的企业政策并通过这一手段而实现科技的迅速飞跃的相关经验值得我们关注。在具体的科技发展政策上，韩国政府早在1980年代就确立"科技立国"的战略，总统每季度主持召开一次"科技振兴大会"，制定和调整科技政策。1999年，政府通过了《科学技术革新特别法》，决定设立以总统为首的国家科学技术委员会，负责协调政府各部门提出的科研计划，强化国家对科学技术的领导。围绕着"科技立国"的战略，韩国对科技创新的发展政策包括：税收、资金、信息推广、"产学研"联合、人才培养和吸收等各个方面，形成一整套的科技创新的支持体系，其经验有许多地方值得我国借鉴。

第三，韩国执政党在领导开放发展方面的经验研究。由于韩国是一个外向性型，其出口导向战略和进口替代构成韩国经济增长直到今天的最重要因素。在这个部分里，我们将考察韩国的外部经济环境给韩国带来的威胁与机会，韩国政党如何根据其所面临的外部危机而采取相应的外贸战略，并从中获得可借鉴的经验。大体来看，韩国政党在开放方面所发挥的领导作用包括：坚持发挥国家政府在对外开放中的主导作用、实施出口主导型发展战略、提供相关的公共服务包括基础设施和职业培训等。1998年金融危机后，韩国在金融开放方面又致力于提高金融风险管理水平、利用经济杠杆对市场进行调控、在开放型经济发展中不断寻求经济合作的新途径，重新将韩国经济发展水平提高到一个新的阶段。总的来说，韩国政党在领导开放发展方面曾经遇到过许多危机，也遭受过一些挫折，但是由于政党和政府的领导有力，最终化危为机，既防范了金融风险，又大大拓展了对外开放水平，推动了经济社会的良性发展以及韩国企业在世界经济版图上的扩张。

第四，韩国执政党在领导发展群众工作的经验研究。韩国政党在民主化之后，政治工作的重心放在群众工作上，将群众工作寓于政党日常工作和政府执政运行之中，运用各种资源和方式来强化民众对政党的支持和信任。其政党的群众工作一方面为争取群众的选票，另一方面是争取群众对于政党政策的支持。

个案三：南非非国大领导发展的经验研究。

种族和解以来，南非的经济增长速度比较低，作为中等收入陷阱的一个典型事例，其发展中的得失很值得关注。这其中，与南非执政二十年的非国大领导发展问题的举措休戚相关。本子课题将在介绍南非和非国大的发展历程之后，详细探讨南非发展最有特色的两个方面：社会共享以及对外开放问题。

第一，南非在民主化二十年以来经济社会发展的基本历程以及非国大的执政历程。自 1995 年南非民主化以来，南非在经济发展上的成绩并不理想，其失业率高企、教育质量低下，它的犯罪率为世界之最，约堡被尊为罪恶之都；腐败蔓生在它的司法和行政机构，尤其是，它的经济缺乏引擎，无法让人看到希望。因此，南非道路的二十年的历程值得我们深思。南非非国大的发展历程及其制度也值得我们注意。南非非洲人国民大会（African National Congress，ANC）于 1912 年创党，迄今已经百余年历史，在这百余年历史中，它一起主张摆脱一切形式的歧视和民族压迫，建立统一、民主和种族平等的南非。1994 年 4 月，南非举行历史上首次多种族民主大选，非国大以近 2/3 的绝对优势获胜。曼德拉作为该党主席出任总统。自那以后至今，在几次全国大选中，非国大都以绝对优势获胜。非国大已经执政二十年，它对南非民主化二十年的发展打下深深的烙印，这其中，共享发展与开放发展方面对于南非的经济社会发展占据了重要的位置，它们在某种程度上可以说决定了南非经济增长的成败。

第二，非国大领导共享发展的经验与教训研究。在共享发展方面，非国大的领导成就与得失都非常突出。非国大致力于民族团结和解放，逐步消除种族隔离时代造成的种族鸿沟，使各族人民平等地生活在一起，促进了南非民主进程。执政以来，非国大先后为 300 万人提供了干净饮用水，为贫困黑人建造了 80 万套房屋，给黑人重新分配土地 22 万公顷，为 200 万用户安装了电灯，为 130 万个家庭安装了电话，新建638个医务所，为6岁以下儿童和孕妇提供免费医疗。这一努力减少了收入差距，也获得了人们的赞赏。但要看到，南非在共享发展仍然面临着巨大的困难，一方面南非的经济社会不平等非常严重，堪称世界上收入差距最大的国家，因此南非的福利制度并未真正发挥到推进社会公平，实现共享发展的目的；另一方面，由于福利制度和最低工资制度的提高，大大增加了社会的福利成本，使得南非的企业在相当大的程度上丧失了竞争优势。南非的福利在某种程度上也是拖累南非经济增长的一个因素。可以说，探讨共享发展的问题上，南非堪称一个得失都非常突出的突出事例，其正面和反面的经验教训都值得我们借鉴。

第三，非国大在领导开放发展方面的经验与教训研究。原南非只与30个国家保持外交关系，现已增至150多个。南非是不结盟运动的重要成员，是南部非洲发展共同体主席国、全球贸发大会主席国。非国大领导的发展政策对于南非的对外开放来说是起到了极大的促进作用的。南非的对外开放给南非经济带来了新的活力，推动了经济增长。但是，我们也要到看到，在民主化之前，南非有着较高的贸易壁垒以保护自己的民族工业，但在非国大的自由贸易政策之下，由于开放时不设壁垒，外国商品的进入很大程度上冲击了南非原有的制造业，使得南非许多企业日益艰难而不得不破产。此外，在金融和其他服务业方面的开放，也使得金融、船运等原有的优势产业，受到了较大的挑战。因此，南非非国大领导开放发展的得失也非常突出，我们应当深刻地总结其开放中的经验与教训。

第四，非国大在领导发展的政治动员方面的历程及经验。发展既是执政党的分内职责，同时也需要民众的参与。这意味着，要想真正发展好，执政党必须把民众动员起来，为发展而共同奋斗。非国大在政治动员方面有其特色，由于许多黑人收入非常低，非国大在表达低收入群体的政治诉求上具有较高的代表性。但是，由于经济机会少，非国大在动员民众参与建设方面的成绩乏善可陈。因此，对于一个发展中国家来说，如何做好政治动员并引导民众的努力方向，是一个值得深思的课题。

总结：政党领导发展的国际经验检讨和理论思考。在前面经验研究的基础上，本节将分别从五种发展理念来综合有关案例研究得出的经验教训，然后再从党领导发展能力的三大方面入手，探讨历史经验和国外经验中哪些可以值得坚持和借鉴的内容。具体包括来说，包括以下两个方面：

第一，主要研究对象有其相关国家的政党在发展方面的政策比较及经验教训总结。创新发展、协调发展、开放发展、绿色发展和共享发展,这五大发展理念虽然是中国共产党在全面建成小康社会时所总结出来的重要理论,但它们所蕴含的内容却是任何一个国家在发展时所不可回避的课题。因此,从这五个发展为纲,比较瑞典、韩国、南非及其他国家政党在发展方面的得失,将有助于我们深化领导发展规律的认识。

必须在此强调的是,尽管本子课题在典型案例方面主要选择的是三个国家,但在各国政党的经验教训比较方面,我们将把德国、美国、日本、拉美、印度等所有各国政党的经验都纳入进来,观察比较它们在领导发展方面的得失,从而获得一个更为广阔的视野,其经验教训的总结也更为切实。

第二,从党对发展的政治领导能力、思想领导能力和组织领导能力这三大方面,比较和总结相关国家执政党在领导发展能力方面的经验教训和得失。国际借鉴,归根结底,都要落实到政党在政治、组织和思想方面的领导能力。这是本课题的出发点,也是落脚点。具体而言,本课题研究要将外国政党领导发展时的经验教训归纳总结并落实到制定发展战略的能力、进行科学决策的能力、凝聚发展共识的能力、社会动员能力、贯彻执行发展理念和战略的能力、经济社会发展的统筹协调能力、领导发展过程中的应变创新能力等方面,并切实为全面建成小康社会决胜阶段提高党领导发展能力提供具体和操作性的建议。

第二章　瑞典社会民主党与社会发展

第一节　瑞典社会民主党的发展历程

瑞典社会民主工人党（简称瑞典社会民主党或瑞典社民党）自 1896 年由创始人雅尔马·布兰亭领导开始，有 120 年的历史。其在瑞典政坛累计执政时间最久，这不仅是瑞典，而且是世界上社会民主党人执政时间最长的政党。在这期间虽然偶尔失利、被迫下台，但依然发挥着重要作用。瑞典从一个落后的农业国成为社会经济稳定、福利水平高、科技发达、人民幸福的发达国家之一，仅用了短短一个世纪左右的时间，这很大程度上归功于瑞典社会民主党的领导 —— 凭借其独特的执政智慧，将执政理念付诸实践。

一、瑞典社会民主党的诞生与初步发展（1889—1945 年）

18 世纪 60 年代到 19 世纪中期，首先是英国，随后法国、意大利、美国等相继完成了工业革命，使人类进入了资本主义工业社会。这时候的瑞典由于地处斯堪的纳维亚半岛，世界上的许多划时代意义的事件波及到这里都相对较晚，因此瑞典并没有赶上第一次工业革命的浪潮。但这并没有阻碍瑞典资本主义经济、资本主义制度的发展。但应该看到，瑞典资本主义的发展也伴随着无产阶级力量的不断壮大，特别是 1848 年《共产党宣言》发表之后，马克思主义开始广泛传播，并成为无产阶级抗争资产阶级的有力武器。因此在瑞典工业革命的影响下，随着工人运动的兴起和马克思主义的广泛传播，瑞典全国 16 个社会主义俱乐部和 54 个工会俱乐部的 49

名代表于 1889 年 4 月 19 日至 22 日在斯德哥尔摩举行会议，宣布成立瑞典社会民主党。

需要指出的是，这一时期的瑞典社会民主党所坚持的社会民主主义实际上等同于马克思主义，也将共产主义作为最高奋斗目标。只不过由于本国传统以及工人运动过程中的工联主义特征影响，使得瑞典社会民主党一开始便带有改良主义的倾向。因此，没过多久，瑞典社会民主党同欧洲大陆的各国社会民主党一样，受到伯恩施坦主义影响，开始发生转变和分化，后来经过改组，走上了改良主义道路。

瑞典社会民主党经过十几年的成长，在议会中的席位不断增加，开始发挥自己的政党作用。1917 年大选，瑞典社会民主党参与自由党的内阁；1920 年，首次独立组阁；1932 年，重新上台并开始长期连续执政。早期执政的瑞典社会民主党不仅代表工人阶级的利益，而且要顾及其他阶级、集团的利益，并且根据国际、国内状况，不断更新政策主张，来赢得更多选民的支持。特别是在 1929 年世界经济危机之后，瑞典也遭到了重创，国内各项事业急需振兴，这时候，瑞典社会民主党提出开展"人民之家"计划，也称为"汉森新政"。针对国内现状，提出了一系列措施，从而改善了生产环境，使政治、经济、社会各方面都有了长足发展。还有一点就是瑞典社会民主党奉行和平中立的政策，成功避免了两次世界大战的破坏，为国内发展赢得了时间与机会。

总之，从 20 世纪 30 年代到"二战"期间，瑞典社会民主党真正开始执政这段时间以来，已经成为"整个瑞典组织的发动机"，为瑞典社会发展提出了一套规范，不断巩固执政地位，为以后的长期执政奠定了基础。

二、瑞典社会民主党执政的"黄金时期"（1945—1976 年）

"二战"后到 20 世纪 70 年代，瑞典社会民主党连续执政，并借助国内外发展的良好契机，将其执政理念付诸实践，大力推行"瑞典社会民主主义"及其"瑞典模式"，使瑞典政治、经济、科技各个方面迅速发展，一跃成为世界上最发达国家之一，孕育了未来瑞典的繁荣与神话。也令瑞典社会民主党在世界社会民主党队伍中，在世界社会主义运动中乃至世界格局中独树一帜，堪称典范。

"二战"之后，世界格局立即转为美苏两极格局，社会主义国家和资本主义国家的基本矛盾也逐渐上升。美国率先提出"马歇尔计划"，继而成立了"北约"；

苏联也紧接着提出了"莫洛托夫计划"，成立了"华约"这种经济制裁与封锁，军事包围与威胁的对抗，使恰好处于中间地带的瑞典赢得了发展机会。当时瑞典也接受了"马歇尔援助计划"的扶持，再加上第三次科技革命浪潮的推动，为瑞典社会民主党推行经济政策和社会福利政策奠定了雄厚的物质基础。而且在社民党单独执政（1946—1951年）以及与中央党联合执政（1951—1957年）期间，瑞典社会秩序稳定、经济发展迅速。虽然中间出现过"补充养老金"的争论，危及社会民主党的地位，但并没有干扰社民党推行自己的政策主张。随后瑞典的社会福利制度日趋完善，人们生活水平显著提高，社民党所推行的"福利社会主义"受到全世界的赞誉和羡慕。

不过，繁荣的背后也隐含着危险。社民党也逐渐意识到"福利社会主义"所存在的弊端：瑞典福利国家仍然保留了大量的资本主义特点，社会主义组织和无产阶级社会主义方面并没有多大进展，财产所有权仍高度集中于私人手中。因此，社民党果断采取瑞典经济学家阿德勒·卡尔松提出的"职能社会主义"的主张：不再回避生产资料所有制问题，通过间接的经济手段和直接的立法手段，对所有权的部分职能进行社会化改造。成功实现了"意识形态的再创造"，使"瑞典模式"更加完善化，这也是社民党执政的顶峰。

这一时期社民党的功绩，也就是"瑞典模式"[1]的基本框架，主要表现在经济体制、福利政策、阶级合作以及外交政策这四个方面。首先，建立的混合经济体制。瑞典从"福利社会主义"向"职能社会主义"的过渡中，同时逐步加大了政府对经济的干预和控制，原来战后瑞典的工业、农业、对外贸易和金融部门等关键领域大都掌握在私人手里的局面，现在通过指导性的计划经济，国家调控引导企业，逐步实现以私有经济为主、国有经济为辅的混合经济体制。这样既保留了私有经济的活力和竞争力，又缓解了社会冲突，实现了社会权利的平衡。其次，建立了完善、系统的福利体系。社民党上台执政时期一直致力于国家的福利体系建设，比如在提出"人民之家"之际就计划一是建立各种保险制度（如失业保险、基本养老金制度、退休保险儿童津贴等）；二是提供各种免费和低费的社会服务（教育、医疗、托儿、老年住宅等）。不过这一计划由于战争中断，没有真正实施到位。因此在后来受到国外福利国家、

---

[1] 瑞典模式：这个词并不是瑞典人自己创造的，而是由法国人提出来的。法国"快报"主编施赖贝尔在20世纪60年代末写过《美国的挑战》一书，他在书中最先使用了这个概念，用它来形容瑞典长期以来的政策。只是学术界对于"瑞典模式"的涵义看法不一。

福利思想以及国内现实传统的影响之后又重新提上日程。经过几十年的发展，瑞典最终确立了系统、普遍、制度化的福利体系，而且水平极高。再次，实行阶级合作政策。这也是瑞典社民党执政理念之一。瑞典社会民主党从上台执政以来就一直存在着与其他党派、利益组织的博弈。瑞典政坛上的党派除了社民党，主要还有保守党、自由党、左翼党、农民党等，在社民党单独执政或者与其他党派组阁甚至选举失利、被迫下台，都存在着与其他各个党派的合作与妥协。与此同时，还有工会联盟、雇员组织、雇主组织、农场主组织等众多利益集团之间的纷争，以及利益集团与党派之间的合作与妥协。最后就是奉行和平中立的外交政策。两次战争瑞典都保持中立，为其社会经济发展提供了稳定和平的环境，这也使瑞典更加坚定了和平中立的外交政策。同时瑞典也在积极开展多边自主外交，在国际中保有自己的话语权，以及伸张正义、维护世界和平方面发挥着巨大作用。比如，瑞典社民党成功化解了苏伊士运河的危机；多次向联合国维和部队行动输送人力与物力；积极为第三世界争取利益；等等。

20 世纪 70 年代左右，瑞典的社会、经济各方面基本成熟，发展水平遥遥领先，令许多国家羡慕、效仿，但是在这种辉煌成就的背后也潜藏着一些危机。瑞典的高福利是以高税收作为支撑，由于税制的固有问题，使工人阶级和下层劳动人民越来越不满，而且政府财政支出规模不断扩大，使得瑞典国家财政危机不断加深。以及长期执政所形成的官僚作风、工会势力膨胀等引发了民众度政府的信任危机。这也给了其他党派可乘之机，大肆攻击社民党，使其原有的优势地位陡然下降，预示社民党迎来了长期执政以来的巨大危机。

三、瑞典社会民主党的沉浮与调整（1976 年至今）

1973—1974 年爆发了世界性经济危机，资本主义国家进入了全面 "滞涨" 阶段，这给瑞典经济造成了极大的冲击，进而导致原本饱受信任危机质疑的社民党更加步履维艰。因此在 1976 年、1979 年两次大选中连续失利，结束了自 1932 年以来长达 44 年的执政历程，然后形成了非社会主义政党集团组成的三党联合执政，新政府面对经济危机、第二次石油危机引发的国内危机采取了一些措施，但是成效不大，甚至瑞典的福利支出继续扩大，经济态势持续下滑。成为在野党后，社民党开始反思并积极调整党纲、党的政策，如：扩大了的公民权利、理清政府和企业的关系、维护和发展福利政策、走"膨胀"和"紧缩"之间的"第三条道路"等。一系列的改革和调整，使瑞典经济以每年2.7%的比率增长，失业率降到了2%（要低于西欧其他国家），消除了巨额财政赤字，等等，这些成就与繁荣景象也使社民党得以连任三届。

不过这并未从根本上扭转社民党在民众心中的信任危机。20世纪90年代初世界格局动荡——东欧剧变和苏联解体，两极格局瓦解。国际形势不容乐观：工人运动陷入低潮、金融投机活动猖獗、民主社会主义遭到质疑等；国内经济情况再度恶化：贸易逆差巨大、信贷危机严重、工业生产下降等；这使社民党陷入了前所未有的困境中，也直接导致1991年大选失利。但是同先前失利一样，其他党派组成的新政府并不长久，也没有能力来真正复兴瑞典经济，因此在之后的1994年、1998年以及2002年又重新上台，连任三届。这一时期瑞典社民党进行了新的探索，提出来新"第三条道路"[1]，突破了传统的政策模式，坚持社会公平正义、注重人口素质的提高、加强国际竞争力和协调对外关系等，这一系列有益的探索是社民党得以连续执政的主要原因。

然而好景不长，在2006年大选中，社民党再一次下台。为了更好地适应国内外环境的变化、回应民众的需求，瑞典社会民主党对领导层进行了变革，2007年选举产生了社民党历史上首位女主席——莫娜·萨琳，并且主张进一步扩大党内民主、建设"绿色福利国家体系"、保障就业等，但是还是没有扭转局面。在2010年大选中又一次失利。连续两次失利，让社民党更加不能掉以轻心，要重新审视其他政党以及自身的发展，必须不断适应新变化、新要求才能赢得公众的支持。在2013年社民党对党纲进行了修改，进一步调整并宣传了党的政策主张，终于在2014年选举中获得31%的选票，与绿党联合组阁，重新上台执政。

在这几十年里，瑞典社会民主党在政坛沉沉浮浮，基本上符合钟摆"伟大法则"左右摆动的趋势，在低谷中反复探索、调整来求得下一次大选的胜利。虽然这段时

---

[1]　新"第三条道路"：兴起于20世纪90年代，欧洲各国的"第三条道路"有其各自的特色。瑞典的新"第三条道路"既区别于20世纪30年代社民党所走的也不同于苏联模式的社会主义又不同于美国式的资本主义的中间道路，也区别于20世纪80年代社民党应对经济危机而将扩张和紧缩相结合的"第三条道路"。它是指介于社会民主主义与新自由主义之间的一条道路，既坚持了社会民主主义的基本价值思想，同时又接受了新自由主义的某些思想。

期瑞典社民党的声望相比之前鼎盛时期有明显滑落，但是随着执政理念、政策方案的不断革新、调整，还是在一定程度上促进了瑞典社会不断向前发展。从"人民之家"到"瑞典模式"再到"第三条道路"以及后来的"新第三条道路"；从"福利社会主义"到"职能社会主义"再到"基金社会主义"；每一次革新都印证着瑞典社民党对时代的因应和行为上的改进。

第二节　瑞典社会民主党推动创新发展的经验

瑞典是全球创新型国家之一，其在科技创新方面的成果，有目共睹，科技竞争力更是享誉全球，令许多国家效仿学习。据近几年统计数据显示，瑞典将国内生产总值的 4% 用于科研，而且高技术出口额以及发表的科技刊物论文量也位居世界前列。瑞典 IT 行业位居世界第一，网络普及率最高，人均申请专利数量最多，国民科学素质最高，瑞典有 38% 的人口任职于科技型企业，77% 的人使用网上购物，而且瑞典人在对科技的认识、新兴技术的使用等许多方面也名列前茅。在《2016 年全球各国创新指数报告》中瑞典总分 85.21，排名第三，仅次于韩国（第一）、德国（第二）。[1]瑞典之所以有今天令人瞩目的成就，不仅得益于瑞典人一直以来的创新传统、重视教育，也离不开各个时期政府的大力支持、社会环境的推动作用。特别是在瑞典社会民主党上台执政之后，带领瑞典进行社会改革，创造了更加利于科技发展的新环境以及在人力、物力上的大力支持。

一、宏观指导 —— 构建创新政策体系

在任何时期，科技创新的发展都离不开政策的支持与引导。长期的执政成就奠定了社会民主党在瑞典政党政治和社会生活中的地位，同时也加深了其政策的影响力。因此，社会民主党无论是作为执政党，还是反对党，都发挥着不可替代的作用。在不同的历史发展时期，瑞典社会民主党制定了一系列具有建设意义的创新规划，用于指导科研院所、中小企业、中介组织等多个活动主体的创新发展。下面梳理了

---

[1]　http://www.wipo.int/econ_stat/zh/economics/gii/，检索日期 2017 年 4 月 10 日。

一下瑞典社会民主党在新世纪执政期间出台的具有重要意义的创新政策法案，及其创新策体系的最新动态。

2000 年 9 月，社民党提交议会并通过了《研究政策法案》。该法案主要是为了加强基础教育和研究生教育从而避免新老研究人员交替的脱节，鼓励人们进行跨学科、跨领域合作，重点领域要加大投入力度，等等。该法案也是人们进行创新研究的主要依据。

2001 年 9 月，议会又通过了《创新体系中研究开发与合作》的政府文件。该文件的主要精神是建立国家创新局并重组原有的半公立性质的研究所。国家创新局的作用一方面是为了审核创新项目，另一方面是为创新主体提供必要的资金支持。而重组半公立性质的研究所则是为了提高优势创新领域的竞争力，从而更好地促进重点领域的持续发展。同年 10 月，议会又批准实施《瑞典增长和复兴政策》的法案。该法案主要是为了合理规划中央与地方政府的职责，明确指出地方政府要依据中央政策来建立专门行政机构统一管理区域发展事务，协调区域发展计划。

2004 年 5 月，瑞典工贸部和教科部共同制定了《创新瑞典战略》的文件。其目的是通过知识、人才、贸易和公共投资来推动瑞典的全面发展，把瑞典建设成为欧洲的最强经济体。此外，在最近几年的发展中创新政策主要是围绕"为了更好地生活"为主题而提出了一些具体的发展措施。

2016 年 7 月，社民党主席斯蒂凡·洛夫文（Stefan Löfven）向议会提交了《创新伙伴计划》，该计划已通过创新委员会审核。政府正在启动的五个创新伙伴计划包括：下一代旅行和运输、智能城市、循环生物经济、生命科学和新材料产业。这也是瑞典着重创新发展的领域，政府希望通过合作来帮助解决瑞典面临的社会挑战，进而实现一个更具效率、高服务质量和可持续的社会。

2016 年 9 月 13 日，社民党在《政府政策声明》中指出：瑞典的竞争基础是知识和技能，因此政府将继续加大创新研究，特别是在高等教育方面，今年年底将出台新的高等教育法案，同时增加研究拨款和实施第三个循环教育，成人教育倡议也得到了扩展，包含了成人特别关注的职业教育和培训。而且，为了激发企业和公共部门劳动力创新的活力，政府将加强劳动力就业培训。因此会把职业教育和职业规划同劳动力市场相结合，以确保职业教育规划更适合劳动力。

社民党在《2017 年政府预算》中就金融方面提出了"2018—2029 年国家计划框架"。

该框架旨在通过活跃的企业政策和创新政策，继续加强瑞典的全球竞争力。

二、多方联动——完善创新发展实施机制

无论是哪一党派执政，政府制定的政策经议会审核通过之后，都需要政府下属部门、科研机构、科技企业等具体机构来分工实施。因此，社会民主党在出台了一系列创新政策之后，还需要引导、协调下属组织来贯彻执行。

（一）鼓励政界、商界、学界的交流与合作

瑞典研发创新机制最大的特点及优势就是：官产学一体化。所谓官产学一体化就是政府通过政策引导，将企业、高校、科研机构有机结合，形成互动、合作的创新产业链，从而不断提升整体科技创新能力与国际竞争力。因此，社民党在执政期间也一直沿用这一传统，并大力号召政界、商界、学界的交流对话。据统计，瑞典企业界与学界的合作居世界前列。而且企业与科研院所之间交流互动频繁：学术界的教授、博士可以在企业任职或者参与科研活动，在校学生则有机会进入企业实习锻炼或者毕业之后进入企业工作；同样企业人员也可以到高校等进行讲学、交流。如此高密度的学术界与商界之间的支持、交流与合作，促使一项科研项目从萌发、审议、通过、投产最后应用于市场转化为生产力既高效又实用。

目前，为了增强创新能力和创新氛围，政府正在致力于加强工商部门的创新能力。这包括刺激需求驱动的研究，提高创新能力，并对商业化的私人市场机制提供支持。此外，为了保持瑞典创新国家的国际地位，需要企业界、公共部门、政府机构、工会和其他利益相关者的组织，工业研究机构和高等教育机构等之间的良好合作，因此，中央政府也正在努力加强这方面的工作。如，2015 年 2 月，社民党主席斯蒂凡·洛夫文（Stefan Löfven）推出了期待已久的创新委员会，号召理事会应开展政界、商界、学术界和工会运动之间的对话。参加对话的有财政部长、工业部长、研究和高等教育部长以企业和学术界代表，就基础设施，教育和研究等领域展开了交流，将其置于政治层面上的目的是努力加强瑞典的创新能力和竞争力。

（二）统筹政府部门紧密配合

瑞典政府内部的科研支持机构、研究理事会以及基金会等已经较为完善，而且

在瑞典研发创新方面发挥了巨大作用。不过，为了进一步发挥创新国家的优势，社会民主党在执政期间又作了一些调整和改进。

研究理事会除了提供一些资金资助外，更重要的是依据科学标准对申报的创新项目进行评估、改进以及跟踪，从而促进研发创新领域的交流、合作与科学发展。2000年，社民党对其进行了改组，形成了目前的三大研究理事会：第一个是瑞典科学理事会（The Swedish Science Council），这是三大理事会之首，其下设有分理事会，主要的职责是为最高的基础研究提供资助与指导；第二个是社会问题和劳动生活研究理事会（The Research Council for Social Issues and Working Life），它主要是资助有关劳动生活、劳动力市场、老人与儿童、残疾人、移民、伦理道德等方面的研究；最后是环境、农业和社会规划研究理事会（The Research Council for the Environment, Agriculture and Community Planning）这个主要为农业、环境和生态可持续发展领域提供资助。

还有瑞典战略研究基金会，主要是为其所负责的领域（自然科学、生物学等）提供资金支持，比如在2000年的时候，该基金会举行了"未来科研带头人"的计划，给许多年轻有为的学者创造了机会。在瑞典类似的基金会有许多，不过有些是带有政府职能的基金会，如：瑞典知识与能力发展基金会、瑞典创新体系基金会署等；有些则是非营利的私人基金会，如瑞典瓦伦堡基金会、瑞典小企业研究基金会等。许多这样的科研基金会成立极大地保障了创新项目的有序开展。

2001年又专门成立的国家创新局（VINNOVA），负责战略创新规划，整合创新资源。其具体负责事务包括：资助科研开发、推动创新项目建设、促进科研成果市场化、参与国外创新研发、加强国际交流与合作等。瑞典国家创新局自从成立以来，投入大量资金用于支持科研项目，2006年开始实施的"创新领先中心"计划，VINNOVA先后拨款13.3亿克朗，从2008年到2010更是每年投入约21亿克朗来支持各项科研项目。

目前社民党政府已成立了国家创新委员会，该委员会主要是就广泛意义上的创新提出建议，为人们创新提供机会和动机，并提高创新系统中各个要素之间的效率和协调性。

（三）调动多种力量协同创新

政府只是宏观层面的政策引导者,还有科研院所、企业、各种基金协会、风险公司、能力中心和科技园等一起来推动政策实施。因此,从项目的制定、研发、实施到成果转化的各个环节,都需有相应的配套设施和负责机制来密切合作,推动项目的进展。特别是在对待大企业和中小型企业时,社民党出台了专门的辅助机制和措施,充分调动所有企业的积极性,同时更好的发挥大企业、中小型企业在创新中各自的优势,一同来推动本国创新的发展。

1. 科研院所研发与执行

科研院所主要包括科学院、研究院、研究所以及各大高校、教育部门等,其中高校侧重于基础性研究工作与创新人才的培养,而研究院、研究所则主要从事应用性研究工作。后来高校也开始加大投入应用性研究工作,使科研活动更符合市场需要。而且在政府政策的引导下,科研院所之间以及和企业界不断加强合作与联系,积极执行政策开展研发工作。

2. 竞争性企业集群带动

在瑞典,按雇员人数来划分的话,企业大致有两大类:一类是知名的跨国公司企业,如爱立信、ABB、SAAB(绅宝)、伊莱克斯、沃尔沃、宜家等;另一类则是中小型企业,瑞典企业共约 58 万家,其中中小型企业占到 99%。众多知名大型企业联合科研机构形成了创新的主体力量,其中这些大型的竞争性企业又占据主导性地位。在大型企业中,集聚了大量的资本和高素质的人才,有能力投入创新产品的研发、应用。而且在这些企业的带动下,使其周围领域形成了巨大的产业集群效应。比较著名的爱生雅公司、ABB 公司等,它们在研发创新、集群带动方面可谓贡献巨大(见表 2-1)。下面主要以爱立信公司和阿斯利康制药有限公司为例来做进一步说明。

表 2-1　瑞典部分 PCT[1] 专利申请人涉及的主要技术领域 [2]

申请人及申请量	申请量及主要技术领域			占公司全部申请量比例
爱立信　3186	1564（H04L）	883（H04W）	598（H04B）	95.57%
索尼爱立信　1192	378（H04M）	257（G06F）	158（H04L）	66.53%
爱生雅　347	217（A61F）	51（A61L）	45（A47K）	90.20%
SKF　197	81（F16C）			41.12%
奥托立夫　443	369（B60R）			83.30%
圣犹达　158	140（A61N）			88.61%
金宝　142	103（A61M）			72.54%

　　在电信通讯领域,爱立信公司是全球ICT领域最大的公司之一。它成立于1876年,一开始主要生产电话机、电话交换机,后来发展为提供一系列的移动通信设备和服务,目前已经是世界上最大的移动系统供应商, 全球 40% 的移动电话均使用爱立信的系统。爱立信公司的发展一直专注于电信行业也在一直引领着电信行业的变革,其指导制定了大量的电信行业广泛应用的全球性产业标准以及专利申请,特别是在专利申请方面,其拥有业界最大的技术专利和知识产权储备,在 2003 年至 2007 年间的 PCT 专利申请量在瑞典各企业中排名第一（见表 2-2）。爱立信公司在电信领域的巨大成就得益于其注重新技术和未来系统及产品的开发,据统计,公司每年将全年销售额的 15%—20% 用于研发投入。不仅如此,更为重要的是它自身的发展带动了大量中小配套科技企业的发展,吸引了多家中小企业以及全球产业巨头和大量的技术企业、研发机构来进行合作、投资发展。

---

　　[1]　PCT：专利合作条约（简称为 PCT）是继保护工业产权巴黎公约之后专利领域的最重要的国际条约,是国际专利制度发展史上的又一个里程碑。该条约于 1970 年 6 月 19 日由 35 个国家在华盛顿签订。1978 年 6 月 1 日开始实施,现有成员 60 多个,由总部设在日内瓦的世界知识产权组织管辖。

　　[2]　数据来源：WORLDWIDE 数据库。H04：电子通信技术；A61：医学或兽医学、卫生学；B60：一般车辆。

表 2-2 爱立信公司 PCT 专利申请涉及的主要技术领域

IPC 分类号	总申请件数	爱立信申请件数	百分比
H04L	1996	1564	78.2%
H04W	1089	883	81.1%
H04B	781	598	76.6%
H04Q	207	141	68.1%

阿斯利康公司是生物医药行业的巨头，在 1999 年由英国和瑞典的两家知名企业合并而成，总部设于英国，研发总部设于瑞典。主要研究神经科学，其处方药产品在消化、心血管、肿瘤、中枢神经、麻醉、呼吸和抗感染等领域卓有成效。阿斯利康公司在生物医药学领域的不断创新离不开公司每年大量研发资金的投入，据相关数据显示，该公司 2003 至 2007 年间在瑞典 PCT 专利申请量排名第二（见表 2-3），是全球 5 家最大的制药企业之一，其每年研发投入超过 50 亿美元，且有 12000 名人员从事研发工作，由此可见其在生物医药领域强大的创新实力。与此同时，自身的不断强大也带动了许多中小企业在其周围集聚，以及一些新兴生物科技公司开始涌现，形成了巨大的生物医药产业的集群，也促进了整个业界的发展。

表 2-3 阿斯利康公司 PCT 专利申请的主要领域

IPC 分类号	总申请件数	阿斯利康申请件数	百分比
A61K	1654	793	47.9%
A61P	1292	803	62.2%
C07D	1126	890	79.0%

除了大型跨国公司的贡献外，大量中小型企业也起到了非常大的作用，特别是近年来瑞典政府加大了对中小企业的扶植，大量中小企业抓住机遇、发展迅速，已经成为瑞典经济发展的重要力量，为社会发展注入新的活力。其中知识密集型企业发展较快，一些新增的企业也在平稳健康发展。从产业布局上看，服务领域（如银行、保险、商务服务等）的中小企业所占比重较高，发展也较快。

3. 中介组织

这里的中介组织主要是指为科技创新社会化服务的机构。既包括官方的或半官方的主要提供研发服务的机构，也包括提供创新资本的经济及区域发展署和中小企业服务部门。有些中介组织从事单一的科技金融服务，有些则是提供全方位的综合性服务。这些中介机构的主要作用是在创新、技术转移、成果应用方面提供咨询服务，降低企业的创业风险和成本，并将企业研发成果转化为商业成果，是创新成果的孵化器。

到 2011 年为止，瑞典已有 42 个科技园和国家级孵化园，这为瑞典企业创新及其成果转化提供了巨大的帮助。而且瑞典目前已经形成了由 TIPPS 中心组成的技术转化网络和欧洲创新中继中心网络（IRS）为代表的覆盖瑞典乃至整个欧洲的非盈利性中介组织网络，这为科技创新发展提供了非常有利的交流、合作机会。比如：1992年经瑞典政府审核通过的"能力中心计划"，并根据这一计划在 1995 年到 1996 年最终确立了 28 个能力中心，分别设在 8 所高校，主要涉及能源、交通和环境、生产和工艺、生物和医学技术等方面。这是一个将政府、研发机构和企业资源紧密集合起来的一个全新的科技中介组织，它实现了科技创新资源的优化配置，提高了企业的创新能力和产业化能力。此外还有许多较小的计划和项目，如 AIS 计划、种子资金计划（Seed Financing）等。

三、具体手段——保障科研成果投入市场

创新发展不仅需要加大科研，更重要还在于推动最后科研成果的应用，使其转化为市场新商品，用于生产、生活。政府通过政策倾斜，鼓励高等院校或者科研机构加大对应用性技术和产品的开发，能够将实验室推广到市场，研发进而生产市场需要的产品。特别是政府推动中小企业加强科研成果的应用开发。如政府通过减免资本税，鼓励风险资本投向中小型企业等。这些政策措施的实行，促进了许多领域研发的实用性和投入市场的快速性。

（一）运用财政政策确保创新发展可持续化

在任何时期，科技创新的发展都离不开政府的支持与引导。特别是在当下科技

更新换代如此迅速，鲜有私人企业可以独自承担巨额的投资风险与漫长的周期回馈，因此，高科技从研发到运用所需的人力、财力在很大程度依赖于政府财政支持，需要政府来统一调配和管理有限的资源（既包括有形的资源也包括无形的资源）。政府每年财政收入的4%作为科研经费，主要投向两方面，一是高等教育部门，二是企业、科研院所等创新机构。社民党在近几年的政府预算法案中也明确提出了加大财政支持以促进瑞典新的创新发展，特别是侧重于高等教育、劳动力就业和新型技术领域的投资。

（二）运用产业政策集中资源发展优势领域

社民党在制定创新战略时需要充分考虑本国的资源状况以及科技优势所在，尽可能集中有限的资源，投入到优势产业上，追求效益最大化。这样集中人力、物力主要发展本国的优势产业以及高科技产业，一方面合理利用现有资源，另一方面又可以形成国内外竞争优势。瑞典的技术专长也是高科技产业主要有医药卫生、电信通讯、电气与电子工程；优势工业领域有汽车制造、飞机制造、木材加工等。瑞典创新局84%的资金分配到通信、运输、生物技术、材料和职业生活等领域进行研究和开发活动。

说到优势科技领域就不得不提瑞典的西斯塔科技园（Kista Science Park）。KISTA园区面积达200万平方米，办公面积110万平方米，是瑞典现有24所科技园中最著名的一所。它曾在2000年被《连线》（Wired）杂志评为地位仅次于美国硅谷的全球第二大科技园。KISTA也被誉为"移动谷"（或"无线谷"）移动通讯的"动力之源"。这是因为KISTA将园区产业发展定位于：以通讯为主导，实现电信、信息技术、无线等各种技术相结合的产业链，从而形成了一个众多高科技公司林立，主要集中于电信、无线、微软、软件等4个领域的研发区。其中瑞典知名企业如爱立信、瑞典电信运营商（TELE2）和瑞典宜能（Enea）以及国际知名企业IBM、Microsoft、Intel、Oracle和华为等都在科学园中设有研究基地，国际一流企业之间充分在彼此竞争与合作中获益。这种优势领域的协同带动，再加上后期科学园又积极完善基础设施，建设媒体、娱乐、购物、居家、文化活动等于一体的公共环境，使人们在良好的生活环境中进行科研。实际上，科学园已经形成具有集群意义的科学城。这也最终造就了瑞典信息技术产业尤其是通讯产业引领世界信息产业的发展。

（三）利用国际平台推广应用成果

瑞典社民党一直活跃在舞台上，并对国内和国际创新发展起着重要作用。社民党积极主张参与欧盟区域性研究开发计划。如，欧盟研究开发框架计划、欧盟创新和中小企业计划、电子欧洲计划以及瑞典欧洲核能组织高能加速器项目和热核实验堆项目、欧洲同步辐射装置项目、欧洲分子生物实验室项目、欧洲南半球观测站项目、欧洲空间局科学项目等。其中欧盟从 1984 年开始实施的欧盟科技框架计划[1] 是当今世界上规模最大的官方综合型研发计划之一，目前已经发展到第七框架计划。瑞典是当中参与的主要国家之一，几乎涉及了各个领域的研发内容。因此借助这一平台，一方面提高本国的科研技术水平，另一方面也可以将本国的研发成果推向各地。

除此之外，2015 年社民党大力支持瑞典政府办公室和国家创新局（VINNOVA）出任尤里卡（EUREKA）国际创新网络的主席，并举办了被称为"智能城市—可持续和有吸引力的社区"的创新实践，荣获了尤里卡创新奖。该网络旨在促进跨国合作项目的市场驱动研发，提高欧洲工业在国际市场上的竞争力。它对瑞典工业、跨国合作以及市场驱动等具有重要意义。

创新是一个民族进步的灵魂，国家兴旺发达的不竭动力。瑞典在科技创新方面的巨大成就印证了这句话。创新使一个原本并不具有发展优势的北欧小国瑞典具有了强大的持续竞争力，并一直走在创新国家的前列，也令其在国际舞台上扮演着重要的角色。瑞典创新发展有许多值得各国借鉴的经验，不过，最值得深思的是：瑞典的科技创新并不是面面俱到，而是在充分考虑本国国情的基础上全力发展优势产业和技术密集型产业，举国上下形成了一个分工合理、密切协作的有机体，既有效利用了本国的现有资源，又克服了资源有限的不足。这也是瑞典在研发创新的许多关键领域能够持续领先的核心所在。

---

[1] 欧盟科技框架计划：欧盟自 1984 年开始实施"研究、技术开发及示范框架计划"，简称"欧盟框架计划"，是欧盟成员国和联系国共同参与的中期重大科技计划，具有研究水平高、涉及领域广、投资力度大、参与国家多等特点。欧盟框架计划是当今世界上最大的官方科技计划之一，以研究国际科技前沿主题和竞争性科技难点为重点，是欧盟投资最多、内容最丰富的全球性科研与技术开发计划。迄今已完成实施七个框架计划，第八项框架计划——"地平线 2020"正在实施。

第三节　瑞典社会民主党推动共享发展的经验

共享发展的意旨就是让社会所有群体都能够享受到发展的成果。在这个方面，瑞典的成就突出，其最重要的表现就是其无所不包、全民共享的高福利制度，堪称福利制国家的典范。"瑞典模式"因此也被称作"福利国家的橱窗"。当然，在前面梳理瑞典社会民主党发展历程的时候，就会发现近代瑞典社会的发展已经深深打上了社会民主党的烙印，特别是在福利制度方面更是贡献卓越。因此，瑞典福利制度的不断完善在很大程度上可以说是社民党执政的产物。

一、社民党参与早期福利事业的斗争

实际上，在"二战"之前，世界上只有极个别国家符合现代意义上的"福利国家"，即使是以完善福利著称的北欧国家在内，也是在"二战"之后才刚刚起步。瑞典亦是如此。不过，在社民党成立早期就开始不断争取社会福利事业。

1898 年，瑞典工会组织建立了自己的中央机构——瑞典总工会，不仅用于领导工人运动，而且与社会民主党紧密联系、配合，可谓是同一运动中的两翼。社会民主党和总工会紧密配合，组织工人运动争取政治、经济和社会权利。虽然有部分斗争失败了，但最终还是取得了一定的成效。推动瑞典政府出台了一系列的立法措施，主要有以下几方面：

在保护劳工权益方面，1901 年议会通过了个人赔偿法，雇主开始对工伤事故承担责任，并在同年国家成立了社会保险局，工伤保险制度开始建立。1906 年总工会和雇主协会签订了所谓的"十二月协议"，规定了双方的权利义务关系，在一定程度上缓和了劳资矛盾。1912 年，瑞典政府颁布了劳工福利法，明确规定雇主必须为工人提供健康和安全的工作环境，确保工人的基本健康安全需要。1916 年开始实施强制性工伤事故保险制度。1918 年通过了工伤事故保险法案。1919 年通过了八小时工作制的规定。1928 年瑞典议会通过了集体协议法案、劳动法庭法案等，其主旨是

通过法律来解决劳资纠纷，缓和阶级矛盾。1929 年通过了职业病法，使得工伤制度和职业安全制度得到了进一步发展。

在养老金制度方面，1913 年瑞典议会通过了"全国养老金法案"，主要是对老人和丧失工作能力者提供保障，这不仅是瑞典也是世界上第一个全国性社会保障计划。1914 年成立了养老金局，作为养老金制度方面的专门管理机构。

在儿童福利方面，最早的是 1881 年颁布的童工法。随后又进一步加大了对儿童权益的保护，1902 年，颁布了儿童法，用于保护生活贫困和遭受不良待遇的儿童。1912 年颁布的劳工福利法中规定禁止使用童工（13 岁以下）。1924 年又通过了专门的儿童福利法。同时社会中也建立了一些有助于儿童发展的福利机构和设施。

在其他方面的福利措施也有一些，如 1906 年，瑞典政府对一些资金不足的自愿性互助保险团体提供资金支持；1910 年政府扩大了对自愿性健康保险团体的资助；等等。

可以看出，这一时期瑞典社会福利制度主要集中于劳动保护和劳工福利方面，其他方面的福利制度也都有涉及。总体上看，这时的福利制度已有一些雏形。但是这些制度较为零散，有些也不具有全民性，因为资产阶级政府所建立的这些保障制度门槛较高，民众只有缴纳相当数额的保险金才可享有这种福利，然而当时符合条件的工人阶级寥寥无几。因此，在社民党上台之后，进一步的福利制度的建设就显得十分必要。

二、社民党初探社会福利制度（20 世纪 30 年代至"二战"结束）

前一阶段的福利制度较为零散、也不具有全民性，因此在受到全球性经济危机的沉重打击之后，原本就不稳定的阶级关系一下子又变得十分尖锐。在这种形势下，1932 年社民党借助"社会改良"的口号以 41.7% 的选票获得大选，上台之后，积极推行社会改良主义路线，在"人民之家"的理论指导下，开始完善福利国家的各项政策。在社会民主党人看来，一套行之有效的、健全的社会保障制度非常必要，它需要满足两项原则：第一，每一个公民都有享受社会保障的基本权利；第二，所有的社会保障制度都必须适用；这也就弥补了之前资产阶级有关社会保障制度方面的不足。正如汉森（Hansson）所说的那样，国家应该是一个好的"人民之家"，在这里生活的每一个人都应该获得生存保障，没有特权者和剥削者，只有平等、关心与互助，每个人应该为了共同的利益紧密合作，"人民之家"应该是一个"共荣共存"的家庭。"人民之家"计划大体上分为两方面，一是建立各种保险制度（如失业保险、基本养老金保险、病休保险、儿童津贴等）；二是提供免费或低费的社会服务（如教育、医疗、托儿、老年住宅等）。其目的是要满足社会上各个集团的利益，为普遍的福利而服务。

这一时期，社民党人实现了连续执政，当然在社会福利制度的方方面面也做出了进一步的努力。

在失业保险方面，1934年颁布了新的失业保险法，并建立了失业保险制度，新法扩大了受益范围，降低了缴费门槛——保障了所有工会会员只需缴纳很少的费用就可享受失业津贴。同时，为了促进就业，瑞典政府建立了劳动介绍制度，政府无条件提供相关服务。后来又建立了工作救济制度，通过专门的委员会为失业工人提供救助。

在养老保险制度方面，1935年颁布了新的养老保险法，原有原则不变，对原来的部分细则作了修改，使其适用于所有低收入者，并且同年政府开始对低收入家庭提供贷款。1938年瑞典政府成立了国家社会福利委员会，主要是用于提出和制定养老保险福利方面改革和发展的具体方案。

在保护劳工权益方面，1930年颁布了工作时间限制法，而且随后的法令又作了进一步的补充。如：1936年颁布了农业工人标准工时数法，1938年颁布了所有工人每年两周带薪休假的法令，等等。不仅如此，社民党在调节劳资关系方面也作了许多努力，如1938年劳资双方达成了"萨尔茨耶巴登"协议，明确规定了劳资双方的权利，其主旨是希望双方在发生纠纷时可以通过制度化、规范化的协商谈判解决，而不是诉诸"强迫行动"。

在保护妇女、儿童福利方面，1935年，政府成立了专门的人口问题委员会，主要是对妇女和儿童进行实地调查，提供应有的帮助。而且在劳工福利的相关法规中、失业保险制度以及工伤保险制度中都有关于童工的年龄、工作时间、工作环境等有明确的规定。1936年，政府向符合条件的母亲提供免费生育服务，并给予一定的帮助。1937年，政府颁布了家庭补贴法，用于提供育儿生活费补贴，在一定程度上减轻了家庭负担并提高了母亲地位。1939年，制定了妇女就业法，为妇女就业提供帮助。

在其他社会服务方面的措施主要有，1933年，瑞典政府成立了社会住房委员会和住房贷款办公室为广大民众解决住房问题，同时，政府还有专门针对乡村居民改善家庭住房计划。1934年政府还颁布了建房补助法，用于改善工人居住条件、缓解失业压力。

至此，瑞典福利制度得到了进一步发展，也意味着"人民之家"计划取得了巨大成功，基本原则也得以初步实现，为之后瑞典福利制度的发展完善奠定了基础。不过由于"二战"爆发，瑞典福利制度建设被迫中断。

三、社民党不断健全社会福利制度（"二战"后至20世纪70年代）

"二战"期间，瑞典暂时形成了以社民党为首的战时联合大政府来应对特殊情况。不过鉴于瑞典的中立政策，在其他国家遭受法西斯重创的情况下，瑞典经济并没有受到大的冲击，因此在20世纪30年代到40年代期间，社会福利制度也有一定的发展，不过程度十分有限。所以"二战"之后，社民党又开始积极推行被中断的社会福利计划，而且加上战后国内外发展的良好契机，瑞典迎来了社民党长期执政的"黄金时期"，也正是在这一时期，瑞典福利制度达到了真正的完善。

出于对执政地位的担忧，1944年社民党对1920年的旧党纲进行了修改，指出"要改造资本主义经济组织，改变原有的社会秩序，要实现自由、平等、相互协作的公民团体，最终达到精神和物质文化生活的平等"[1]。并在此思想的指导下制定了"27点计划"，以期实现充分就业、扩大公平、民主。当然，在执政党思想的指引下，瑞典走上了"福利社会主义道路"，之前的福利制度也随着国内外环境的改变而不断发展完善，到20世纪70年代最终形成了一套系统完善的福利制度。

首先，关于养老金的争论成为瑞典福利制度改革、完善的主要内容。由于各阶层民众之间以及作为不同民众代理人的政党之间关于养老金法案各持己见，又互相争执不下，所以有关养老金制度的法案经过了多次修改。鉴于这种情况，瑞典在1947年成立了专门委员会来处理养老金改革问题。1948年正式实施新的全民养老制度，规定凡是参与该养老制度的67岁以上的老人均可获得基本生活所需的养老金，而且缴费标准全国统一，但这种养老金制度与参加者退休之前的收入水平无关。1960年，争论多年的补充养老金法案终于得以实施，该法案要求养老金要与收入水

---

[1] 《各国社会党主要文件汇编》第一辑，世界知识出版社1959年版，第422页。

平相联系。后来为了照顾到没有领取补充养老金或领取标准较低的人群以及临时工群体，又出台了一些特殊的补充养老金制度。

在健康保险制度方面，1951 年瑞典强制性健康保险制度正式实施，年满 16 岁的公民都必须参加。1955 年，瑞典医疗保险制度的范围扩大到了全体公民，并且由政府提供病假津贴，同时将强制性工伤事故保险与健康保险制度合并。1962 年国民保险法又将健康保险法和其他社会保险合并，统一管理。

在儿童福利方面，1948 年政府颁布了普遍的儿童补贴法令，任何儿童从出生之日到 16 岁都可以享受政府补助。1960 年，再次颁布儿童福利法，要求每个社区建立相应的儿童福利委员会，来保障儿童的健康发展。同时在社会救济法中和其他一些法案中也涉及有关儿童的一些保护措施。

在劳工保护和福利方面，1946 年瑞典颁布了新的劳工福利法，进一步扩大了受益范围，后来又对具体的劳动安全和劳动时间等做了进一步改进。1971 年议会通过了就业保障法。1974 年实施了失业补贴制度。1976 年通过了职工参与决策法，这些政策、法案都是对工人阶级单方面有利的法律，这使得工人阶级的政治、经济、社会地位都有了明显提高。

在其他社会服务方面的主要措施有：1950 年开始全面实施免费的九年义务教育制、免费的职业教育和高等教育，义务教育期间不仅免收一切教育费用，而且免费提供学习用品、午餐、交通费等，高等院校的学生人人都可以获得政府提供的奖学金以及在读期间免息贷款，等等。1969 年进一步改进了住宅津贴制度。此外，有关老年人、残疾人、妇女等弱势群体方面也出台了一些保障措施。

上述一系列政策法规的出台、落实都在践行着社民党当时的初衷：建立一个好的人民之家，消除阶级差别，实现平等化、民主化，也进一步完善了瑞典社会福利制度。到 20 世纪 70 年代中期，瑞典系统而完善的福利体系就建立起来了。其特点主要有：

（1）系统化。瑞典福利制度可谓从摇篮到坟墓，内容应有尽有，涵盖了生、老、病、死、工伤、失业、教育、住房等人生中各种可能遇到的风险。从保障范围来看：既包括社会保险制度（社会保险制度又包括：养老保险、医疗保险、工伤保险、失业保险）、社会救济制度以及社会救助制度三方面，包括庞大的公共服务部门，而且各项制度的配套设施十分齐全。从保障对象来看，既包括每个公民的各个人生阶段，又包括儿童、妇女、老人、残障人士等每一个公民。

（2）法制化。任何一项制度从建立到完善都必须有坚实的法律依据，尤其是对于福利制度来说，涉及经费预算、人员安排、管理程序、监督实施等多个层面，较为复杂，因此福利体系的法制化就显得十分必要。关于法制化，我们可以看到在瑞典福利体系发展完善的各个时期，政府都出台了相关法律、政策来作为支撑，保障其实施的合法性和有效性。如《普遍年金保险法》《国家保险法》《健康服务法》《残疾人保障法》等，都是对具体社会保障措施的一个补充、说明和规范。而且社民党在建设福利国家的时候，将福利体系的建设看作是一项政府职责，政府有责任、有义务来承担、实现这样一种社会经济制度，来保障全体公民享有自由、平等的物质世界和精神世界。

（3）全民化。对于社会民主党人，甚至是整个瑞典人来说，社会民主主义就意味着是一个自由、平等和团结的社会[1]。也就是说"人民之家"是绝大多数人自由、平等和团结的共同体，而不能仅代表少数人的利益。因此福利制度涵盖的是全体瑞典公民，有时甚至扩展到了全体居民，是不论收入水平而共同享有的全民福利政策。在上面所提到的许多具体福利措施中，也都体现了这一原则。也许有人会讲：这样的普遍性会不会缺乏科学性呢？高收入者或许根本不需要这一部分补助，而家庭贫困或特殊群体仅仅得到这部分补助还不够。当然会有这种情况，因此瑞典的福利制度一方面体现的是普惠性，保障每一个平等享有同等待遇；一方面还体现了特惠性，对于一些特殊群体（如生活不能自理、重度残疾）要确保其生活不低于最低生活标准，应给予更多的补助与照顾。既注重公平又有所侧重。

四、社民党对社会福利制度的反思（20世纪70—90年代）

经过几十年的繁荣发展，瑞典建立了完善的福利制度、形成了独具特色的"瑞典模式"，瑞典也一跃发展成为世界上发达资本主义国家之一。然而，20世纪60年代后期，福利国家开始出现危机，社民党也开始意识到"福利社会主义"的问题：巨额的财政压力、沉重的税务负担以及生产增长率下降等。特别是1973年至1974年爆发的世界性石油危机严重波及到瑞典之后，使其高福利制度下潜在的危机逐步

---

[1] 参见英瓦尔·卡尔松，安奈-玛丽艾·林德格伦：《什么是社会主义》，见高锋、时红编译：《瑞典社会民主主义模式》中央编译局出版社2009年版。

公开化和恶化。这也导致了社民党在 1976 年和 1979 年大选中失利，但是其他政党执政期间也没能遏制经济下滑的态势，而且社会福利开支持续扩大。

因此在社民党 1982 年重新上台执政之后，首先便是削减和控制社会福利的支出，以此来缓解其他方面的困境。但是一开始，在实际操作中却受到民众的反对，影响了预期效果，不过社民党还是坚持采取改进措施，通过调整受益人群、受益时限以及略微降低受益标准等来改善当时的境况。调整主要集中于养老金制度改革和医疗健康方面，如，1985 年严格控制养老金领取人数，比例由 1981 年的 20% 降到了 10%。1989 年，专门成立了健康保险调查委员会，对健康保险受益人群进行核查，并且对健康保险津贴受益人群作了相应的调整，只有参加工作的人才可享有，受益时限缩短为按月发放，受益标准也相应降低。1993 年到 1994 年的养老金制度改革，将基本退休年龄提高到 65 ～ 66 岁，最低资格年龄也必须达到 61 岁，并且原来由雇主承担的养老金现在改为雇员和雇主各承担一半。同时也适当下调了对弱势群体（儿童、老人、失业者和伤残者）以及住房等的津贴，取消了养老金领取者的住房补贴。这些措施也取得了一定的成效，使瑞典的福利水平增长幅度大大降低，从 1980 年开始到 1995 年，仅从国内生产总值的 35.3% 增长到 38.5%，仅仅增长了 0.3 个百分点，属于西欧国家中增长比例最低的。

其次，社民党在 1989 年到 1990 年还进行了所谓的"世纪的税收改革"。如：把个人所得税的最高边际税率从 1979 年的 87% 降到了不得超过 50%[1]，并且对一些特殊群体（如，单职工家庭、鳏寡、单身等）进行了不同程度的减免；公司所得税也由原来的 57% 降到了 28%[2]。希望通过税制改革来提高民众储蓄和投资的积极性。

再次，社民党还对中央与地方权责关系进行了改革。1983 年通过的瑞典保健法，强调地方政府要承担保健服务的主要责任。1992 年到 1993 年，议会通过的法案规定地方政府要承担实施更多的老年养老和医疗以及残疾人关怀等相关服务项目。通过调整中央和地方的职责，理顺二者在社会救济和社会服务方面的关系，既可以减轻中央政府的财政负担，又能够充分利用地方资金和调动地方积极性来共建福利事业。

最后，社民党鼓励实施部分福利事业的私有化，在注重公平的时候也要兼顾效率，

---

[1] 高锋：《瑞典社会民主党理论、政策创新与瑞典历史变迁》，载《当代世界社会主义问题》2002 年第 4 期，第 45 页。

[2] 瑞典税务局：《瑞典的投资与税收》，1979 年英文版，第 20 页。

而效率的提高就必须靠竞争机制来激发。因此便在公共服务中引入市场竞争机制，用市场来解决旧官僚体系下社会福利运行的弊端。其中养老金制度和医疗保障方面的发展最为突出。从 1980 年到 1985 年，短短五年时间参与职业养老金的人数就从 62 万增至 182 万，同样私人医疗机构、保健服务中心的发展也非常迅速，其住院人数已占到瑞典整个医疗服务市场的 50%[1]。这样一来，不仅缓解了政府公共财政的压力以及由公共财政分配不合理所导致的种种问题，而且可以更好地调动民众的积极性，克服个人过度消费，让更需要的人得到帮助。

五、社民党建设福利国家的新探索（1994 年至今）

1994 年大选的胜利，可以说是众望所归。尽管前面执政时对社会福利制度进行了大刀阔斧的改革，并取得了成效，但社民党在上台之后并没有满足于现有成就，而是在新理论的指导下进一步创新福利政策。这一时期，福利制度最大的调整就是关于养老金制度的变革。通过对养老金筹资模式、支付方式的改变，到 1998 年最终形成了新的养老金制度，1999 年开始试行，到 2003 年新的养老金体系完全取代了原来的养老金制度。

到了 21 世纪，社民党更加注重公平和效率之间的平衡，实施积极的福利政策，更加注重扩大就业，为民众创造更多的教育与培训机会，促进劳动力市场的发展。社民党认为：政府资助的福利必须是高品质的，包括每一个人，因此在未来瑞典应加强全民福利模式。在 2014 年至 2016 年，瑞典社民党每年提出的政府预算法案中都明确指出要建设高度发达的福利制度，增加政府预算来实现完善的福利服务。

在卫生安全方面，政府将免费投资乳房、X 光检查、青年诊所和免费的牙科保健等方面，通过早期干预可以帮助减少病假，大力改革公共卫生环境。同时也在加强对医药市场的管制，旨在提高药店的市场质量和保障患者安全。2016 年政府政策声明指出：卫生保健需要现代化，政府将通过财政拨款扩大卫生保健专业人员的培训，未来协调专业的卫生保健服务将保证全国公平的卫生保健。

在保险方面，2015 年 9 月社民党提出了每日最高和最低薪酬水平的失业保险制度，疾病保险的最大时间限制将被取消。而且政府也将提高残疾人工资补贴，打击

---

[1]　Sven E. Ollson, Social Policy and Welfare State in Sweden Lund, 1993, pp. 268-280.

歧视，确保他们正常就业、生活。

在儿童、妇女以及老年人福利方面，2015 年社民党提出每年将投资 2 亿瑞典克朗来改善孕产妇保健和加强妇女健康，并加强对有孩子家庭且经济脆弱家庭的财政支持，增加单亲家庭的抚养费，扩展在照顾老人和孕产妇保健方面的投资。2016 年，社民党又提出建设老年人福利国家的愿景，要增加老年人护理工作人员，改善老年人住宿环境，既可以满足老年人的福利需求，又可以为年轻失业人员提供未来职业。

在改善工作环境方面，社会民主党在 2016 年政府政策声明中提出了多项建议，包括维护和努力巩固少数民族的权利，加强对萨米文化的保护，突出萨米议会的作用；保障残疾人的就业权利，消除歧视，为新来移民和弱势群体创造更多的就业机会，等等，希望从多方面来增强福利服务，改善工作条件。

在提高公共服务方面，全国公共服务必须得到进一步改善。宽带和移动电话覆盖范围的扩张将进一步得到加强；高等教育将会扩大；艺术和音乐类剧院、地区音乐机构将融入到每个人的文化生活中，更多的孩子将有机会参加市政艺术和音乐活动；博物馆将免费开放；等等。

在促进就业方面，社民党人指出：温和党的减税政策拉大了差距、加剧了失业问题。因此，新时期社会民主党将在政府采取必要措施，扩大就业，并寻求让更多的人投入到所需要的工作中去。政府每年都会投入大量资金用于职业技能的培训和教育，目的在于降低失业率，稳定社会成员的收入和信心，充分发挥劳动者的积极性和创造性。据统计，自 1994 年至 2001 年，瑞典新增就业岗位达 30 万个 [1]。近年来，社民党又提出了新的就业政策，旨在通过增加就业和工作时间，使瑞典的失业率到 2020 年达到欧盟最低。社民党主席斯蒂凡·洛夫文（Stefan Löfven）在 2015 年《政府政策声明》中指出，针对就业问题，经济政策是基础，保持公共财政的良好秩序是更多就业和可持续福利融资的先决条件，长期投资将优于短期减税，就业目标将通过瑞典新工作议程来实现。议程有三个部分：一是未来投资，包括住房政策、铁路和公路维修以及气候投资；二是实施积极的商业政策，制定再工业化战略，促进出口和自由公平的商业贸易；最后是工作技能与工作匹配计划，瑞典有 375000 失业人口，同时，有 8 万多个空缺职位，这是一个巨大的浪费，因此必须确保工作人员

---

[1]　资料来源：《兴衰之路——外国不同类型政党建设的经验和教训》，当代世界出版社，中共中央党校出版社，2002 年，第 368 页。

在人事政策平台培训中拥有合适的技能，锻炼和培养自己的专业能力，以及创建良好的工作条件。具体计划有：设计用人单位的职业培训，使人们获得工作所需的技能；匹配就业服务专家，这样合适的工作者和正确的用人单位可以迅速找到对方；停止失业青年 90 天的保休期，也就是 90 天之内，失业的年轻人可以再工作，学习或培训；完善失业，疾病经济安全网；为青年人在福利和医疗保健方面提供更多的职业培训；等等。增加就业和降低失业率是提高福利的关键。因此，社会民主党人正在根据收入原则改进失业保险，有望提高失业保险基金，创建一个失业保险刺激劳动力市场的稳定经济环境，这样既减少了就业变化的恐惧，又可以提高整个经济的适应性。

总的来说，共享发展对于瑞典社民党来说，堪称其执政的重心，同时也奠定了社民党长期执政的社会基础。探究社民党建设福利国家的过程可以清晰地看到瑞典福利制度的发展历程。当然，一国社会福利制度有赖于该国经济的发展，经济发展到一定程度时，社会福利也发生相应变化，而福利制度有自身的刚性，政府对其的处理好坏反过来也会影响经济发展。高福利水平固然人人向往，国家也希望为本国国民建立完善的福利体系，但也要看到在追求高福利水平的过程中不免会滋生一些不良现象，给政府、经济发展带来不利影响。因此制度设计要从实际出发，要具有历史性。同时，关于福利体系的构建不得不注意的一点就是：处理好公平与效率的问题。瑞典在社会发展中优先考虑的公平，实现了高水平的福利，但并不是说瑞典的高福利不讲效率。恰恰相反，如果没有效率，就根本无法支撑高福利水平的持续发展。因此瑞典福利国家的建设优先考虑公平，同时兼顾效率，既保证了劳动人民生活水平的不断提高，也促进了社会和谐稳定、经济的持续健康发展。

第四节　瑞典社会民主党推动绿色发展的经验

绿色发展理念以人与自然和谐为价值取向，以绿色低碳循环为主要原则的社会与经济发展。在这个方面，瑞典社民党的经验值得重视，其中最为突出的特点就是将绿色发展融合至福利国家建设的进程，并提出绿色福利的概念。20 世纪 60 年代之后，瑞典社会民主党开始致力于建设国家绿色福利事业。时至今日，瑞典已是第一个绿色福利国家，而且也是国际绿色发展事业上的榜样和驱动力，这与社会民主党的长期努力息息相关，与此同时，社会民主党也形成了自身独特的一套绿色发展思路和经验。

在 20 世纪 60 年代以前，瑞典社民党，甚至是整个瑞典，关注的重心在于建设创意瑞典、幸福瑞典，但 60 年代之后，受到国际、国内形势的影响，瑞典社会民主党开始转向建设绿色瑞典，关注生态问题。社民党在 1990 年《党纲》中明确指出：环境污染正在威胁人类生存，要重视环境问题，实现可持续发展。[1] 而且在 2013 年最新《党纲》中进一步强调：环境和气候问题是全球性问题，可持续发展是整个世界的责任，瑞典要向着节约、高效的方向发展。[2] 当然，致力于绿色福利事业既是客观现实之需，也是社民党争取执政地位之需。经过长期绿色福利国家的建设，瑞典已然成为国际绿色发展事业上的榜样和驱动力。尽管一个国家的发展离不开国际因素、国内众多党派、利益集团和人民的共同作用。但是，在瑞典，社会民主党的作用举足轻重。

瑞典社会民主党长期致力于"第一绿色福利国家"的建设，使其在绿色福利事业上形成了自身独特的一套绿色发展思路和经验。因此，深入分析和探索社会民主党的实践经验，对瑞典的可持续发展，乃至其他国家的可持续发展都十分有益。

一、构建绿色福利政策体系

高效的政策是一切行动之源头。环境大臣奥莎·罗姆松（Asa Romson）也这样说过："如何针对污染制定政策，瑞典政府有着 40 多年的经验。"[3] 长期的执政成就奠定了社会民主党在瑞典政党政治和社会生活中的地位，同时也加深了其政策的影响力。因此，社会民主党无论是作为执政党，还是反对党，都发挥着不可替代的作用。在不同的历史发展时期，瑞典社会民主党制定了一系列具有建设意义的绿色发展规划。当然，在这些规划中，有些在其执政过程中已经上升为国家意志，成为国家绿色发展的总指导，尽管还有一些规划只是党内政策，没有正式作为国家政策而执行，但

---

[1]　高锋：《从党纲的八次修改看瑞典社民党的理论创新与调整》，载《当代世界与社会主义》，2007 年第 5 期，第 13 页。

[2]　高锋：《瑞典社会民主党纲领（下）——2013 年 4 月 6 日社会民主党全国代表大会通过》，载《当代世界与社会主义》，2013 年第 5 期，第 95 页。

[3]　郭婧：《北欧小国何以成为环境大国》，《中国环境报》，2015 年 4 月 16 日第 4 版。

对于政府、政党、利益集团以及民众来说，都具有非常重大的影响意义。下面简单梳理了一下瑞典社会民主党在执政期间出台的具有重要意义的绿色福利法案，并详细介绍了瑞典社会民主党绿色福利政策体系的最新动态。

1994 年至 2006 年，社会民主党实现了下台之后的又一个连续执政，这也保障了其绿色福利构想的顺利实施。在此期间出台的主要法案有：

1997 年政府出台了意义深远的环境质量目标框架法案《瑞典的环境质量目标——可持续瑞典的环境政策》（政府法案 1997/98:145）。[1] 这项法案最初包含 15 项环境质量目标，不过在后来的发展中进行了一些改进。2000 年，瑞典政府在这项法案的基础上又进一步提出了环境质量的中期目标和具体行动战略，也相应地制定了一些具体领域的政府法案，形成了一套综合的环境可持续发展法案。[2]2005 年又增加了第 16 项环境质量目标（丰富的动植物生命多样性）。[3] 这时，瑞典基本上形成了完整的环境质量目标体系，这一体系也成为指导瑞典环境可持续发展，瑞典绿色发展的统一行动规范。

2002 年，政府制定了《瑞典可持续发展国家战略》（政府法案 2002/03:122），该战略体现了，2002 年 8 月 26 日在约翰内斯堡召开的第一届可持续发展世界首脑会议（World Summit on Sustainable Development——WSSD）的精神，并在 2003 年、2004 年进行了一些修改。该战略指出，政府可持续发展愿景是基于以下原则：所有的决策都必须考虑长期的经济、社会和环境的影响，着重强调了环境是可持续发展社会的重要因素。

2005 年，政府将《政府沟通——瑞典的全球发展政策》（政府法案 2005/06:204）提交议会。沟通的主要内容有：环境政策、国际贸易政策、农业政策、移民政策和安全政策。其中关于环境政策，政府指出瑞典应该限制气候变化，淘汰有毒化学物质和保护生物多样性。而且特别强调了气候和能源问题，并努力实现全

---

[1]　Gov. Bill 1997/98:145. Svenska miljo¨mål. Miljo¨politik fo¨r ettGoals in Environmental Management 179.

h¥llbart Sverige [Swedish environmental quality objectives: An environmental policy for a sustainable Sweden].

[2]　Gov. Bill 2000/01:130. Svenska miljo¨mål, delmål och åtga¨rdsstrategier [The Swedish environmental objectives: Interim targets and action strategies].

[3]　丁言强：《瑞典环境保护的政策与目标》，《生态经济》2007 年第 6 期，第 46 页。

球化工战略，环境工程以及可持续的城市规划。

尽管 2006 年至 2014 年，社会民主党一直是在野党，不能直接实施其绿色发展构想，但社会民主党人却时刻关注着国家的绿色发展，并提出自己的政策主张来积极促成气候和环境政策新协议的诞生，不断推动政府继续建设绿色福利国家。2014 年大选之后，社会民主党重新执政，与绿党组成联合政府，并与其达成了众多绿色发展协议和政策框架。

2014 年 11 月，瑞典国会发表了《目标和愿景》的声明。这是一个前瞻性的环境政策，将在绿色技术领域和促进发展福利社会方面创造新的就业机会。政府希望看到在环境友好的生产和生活方式上的进步，并加强瑞典的长期竞争力。它提出瑞典环境政策的总体目标是能够传递给下一代的社会重大环境问题已经解决，不增加瑞典以外其他国家的环境和健康问题。瑞典国会采取了一种从整体目标到分目标的方法来指导各级环保行动。这既为瑞典绿色发展指明了方向，也提供了可行办法。

2015 年 9 月 15 日，政府发表了《政府政策声明》，声明中指出促进生物多样性、无毒的日常环境和健康的海洋环境以及增加投资来保护和管理自然栖息地将优先考虑。社会民主党领导人斯蒂凡·洛夫文（Stefan Löfven）也强调说："政府将加快适应气候变化，应对全球挑战，降低排放和减少对化石燃料的依赖，发展绿色交通和持续投资于可再生能源。"[1] 政府声明明确表示瑞典将带头实施新的联合国可持续发展目标，继续成为联合国绿色气候基金的一个主要捐助者，扶贫、环境和气候行动以及和平建设将齐头并进，瑞典将以连贯的政策实现新的绿色发展目标。

2016 年 5 月 13 日，社会民主党召开环境会议，明确了近期瑞典环境的努力目标：减少温室气体排放、保护生物多样性、无毒环境和海洋保护应予以优先考虑。社民党环境政策发言人明德·艾肯斯（Matilda Ernkrans）也谈到了瑞典气候框架的长期规划以及一个雄心勃勃的气候政策对于承载就业和福利的重要性。

2016 年 6 月 22 日，政府通过了环境目标跨党委员（the Cross-Party Committee on Environmental Objectives）会的最终报告——《关于气候和空气政策目标与措施的新建议》，目的是创造稳定和清晰而迈向长远的气候目标。这是一个有凝聚力的策略和长期的气候政策，它涵盖了运输、机械、工业、房地产、农业、林业和其他领域。

---

[1]　http://www. government. se/articles/2015/10/statement-of-government-policy-as-it-pertains-to-the-areas-of-responsibility-of-the-ministry-of-the-environment-and-energy/.

该报告提出了几个新的气候和空气目标的政策建议，也为政策工具在每个区域提供了具体的建议和措施。其中，新提出的气候目标有：与 2010 年相比，国内运输的排放将在 2030 年之前减少 70%；与 1990 年相比，到 2040 年减排目标在欧盟排放体系内必须减少至少 75%；最迟 2045 年瑞典将实现温室气体零排放。在报告中，该委员会还提出了四个新的中间目标，包括道路交通、小型木材燃烧，从其他国家运输来的空气污染和 NEC 的承诺遵循指令。环境部长卡罗丽娜·斯库格（Karolina Skog）指出："环境目标跨党派委员会的建议可以帮助管理具体领域的空气质量挑战。"[1]

该委员会还将考虑是否应该引入一项气候变化法案，即一组针对减排的详细规章制度的政治决策。政府认为一个具有科学性和长期性方法的气候政策非常重要，委员会因此建议成立一个独立专家机构作为质量保证，如气候政策委员会。

2016 年 9 月 13 日，瑞典政府总理发表了 2016 年《政府政策宣言》，这是政府和左派之间的协议，它向所有瑞典民众展示了政府在未来一年中的计划——政府将把就业、教育和气候作为工作的重点，力求向绿色经济过渡进而加强瑞典的竞争力，号召广泛、积极的合作来推动瑞典向前进。政府新的环保目标是 100% 的可再生能源，环保车辆铺平道路，努力保护环境，确保无毒日常生活。瑞典国会将能源系统现代化和长期、可持续的家庭和工业电力供应安全作为广泛共识。

可以预见，未来社会民主党将进一步引导国内落实和强化瑞典绿色发展政策同时也会更大限度地发挥其在国际中的作用，特别是气候政策和北极环境政策。

二、强化绿色福利政策的实施机制

在瑞典，政府各部门内任命的政治性官员随着政府的更替而进入或离开政府部门，而非政治性官员则可以继续任职。[2] 因此，政策制定和执行过程中存在着政党和政府间权利的博弈。也就是说，社会民主党在推行本党主张的绿色福利政策时，要看政府是一党组阁还是联合执政，抑或是自身出于在野党。

---

[1] http://www.government.se/press-releases/2016/06/proposals-for-new-goals-and-measures-for-climate-and-air-policy/.

[2] 何秉孟等：《欧洲社会民主主义的转型——与德国、瑞典学者对话实录》，社会科学文献出版社 2010 年版，第 289 页。

（一）执政党期间，凭借政府机构实施绿色福利政策

社会民主党执政期间，无论是一党组阁还是联合执政，党的工作重心是以党主席为首的政府。政府决策由议会进行讨论，表决通过之后就可以上升为国家意志，成为正式法案而出台。然后主要由中央政府及其所属的各部、各局及委员会和地方政府或区域管理部门来贯彻实施。[1]

1. 中央政府部门统筹规划

瑞典从中央到地方都有保障政策推广实施的管理机制。中央政府根据议会授权，可以制定与议会法律相适应的环境法规，详细的实施条例，并有权对环境申诉案件作出决定。其中最关键的部门就是瑞典环境保护部，它是内阁下设的中央管理部门之一，统一管理国家的绿色发展事务。它由 13 个中央政府机构和 7 个直属机构构成，其中，13 个中央政府机构涵盖了住房建筑、国土资源、水资源、核电以及化工等多个领域，主要用于分管不同领域的政策制定、法律起草和调整，同时也要保证政策及法律的实施；7 个直属机构则主要负责环境的研究、环保技术的开发、提供科研经费以及提供专门的咨询服务；等等。这些机构之间既分工明确又配合紧密。而且任何一个机构都有独立执法和独立处理案件的权利。

瑞典环境保护局（SEPA）是瑞典环境部的 7 个直属部门之一，现有人员 500 名。设立了 6 个部门，即运行支持与信息服务、监管与执行、自然资源与保护、可持续发展与环境评价部。瑞典环境保护局的工作目标是协调与推动全国及全球环境保护工作。其主要任务是制定环境政策和环境保护发展目标、方法和控制手段。贯彻执行有关的法律、法规，跟踪与评价环境状况。不过，瑞典环境部和瑞典环境保护局只参与环评管理，不直接受理环评文件的审查，也不审批环评文件。

瑞典政府还专门设置了一个可持续发展部，进行环境保护方面的工作，目前的一个重要任务是指导和扶持国内可再生能源的研究和开发。

2. 地方政府部门区域管理

地方管理部门则主要负责一个地方的环保工作，执行中央绿色发展政策且受其

---

[1] 高锋：《瑞典政党是如何处理党政关系的》，载《当代世界社会主义问题》，2006 年第 3 期，第 49 页。

监督，制定和实施适合本区域绿色发展的方案。各个地方都有自己的地方环保局或区域环境中心，负责制定本地区的环保计划，而且每年都要做年度报告，这也构成了国家环保计划建议和措施的来源。其中，环境保护和公共健康委员会主要负责监督和管理所有与环境有关的活动，并对申请许可证的活动进行监管。而且，各地方设有区域环境中心，负责各区域的环境管理、改进和有效发展，对区域内的公司和个人进行环境指导教育，有效地支持了地方政府的环境管理工作。

3. 其他相关部门紧密配合

此外，还有一些与绿色发展事业相关的部门，它们主要负责各部门对绿色发展政策的实施工作。如国家林业委员会、生态循环委员会、石油独立委员会等。它们负责分管各自领域内的绿色发展政策的实施工作。特别是为了更好地进行政策指导、监管和执行，瑞典还下设了许多办事处和专门的委员会。

环境目标委员会（SEOC）是瑞典政府于2002年新设立的专门机构，为确保监管工作的客观性，其成员由来自中央政府部门、省政府、地方政府、环保非政府组织和商界的代表共同组成。为了保障环境质量目标的实现，直接对中央政府和国会负责，全面统筹安排、协调工作、监督实施，保障环境质量目标的实现。环境目标委员会的主要工作包括：评估环境经济手段效果，向中央政府和国会作年度报告和深度报告，其报告内容成为政府环境议案的主要参考内容；协调各级政府和部门间权益，解决环境经济手段政出多门、权责不清等问题，规范各项税费的制定、征收和管理。环境目标委员会主要行使审查和评估实现环境质量目标工作的整体进度、提交工作分析报告、保存工作相关信息、分配监管工作的资金等职能。

环境咨询委员会已经开始分析瑞典的全球生态足迹以及各种增长地区的发展是如何影响全球环境状态的。分析将为瑞典政府提供一个审议连贯措施的依据。自2004年以来，瑞典农业科学大学有一个特殊的国际监控工作。其对象是开发和传播知识，关注贫困国家及其区域内居民的可持续生产系统，人类和动物健康、环境监测、气候变化以及保护自然资源等。

（二）在野党期间，积极倡导多方力量发展绿色福利事业

在野时，社会民主党只能通过党团会议来宣传绿色福利主张，但往往很难达到

多数支持，也就无法顺利地推行本党政策。[1] 但是社会民主党有自己的党内机构，可以通过各省、市议会以及教务会议的党团组织来向社会宣扬其政策理论。党基层组织的任务就是宣传党的主张和政策，与民众对话，开展开放式的工作。除此之外，社民党还有下属组织和外围组织，如：瑞典社会民主主义妇女联合会、瑞典社会民主主义青年联合会、"少年之鹰"组织、工人教育协会以及合作社中央组织等，这些组织成员众多，影响力也相当大，对宣传政党政策活动具有重大意义。如，20 世纪 50 年代后期，妇女协会对社民党最后决定不研制核武器起了重大作用。

不仅如此，社民党还积极号召国内绿色组织来发展国家绿色福利事业。据统计，目前瑞典各种民间环保组织的成员总数约占全国人口总数的 4% 左右。"瑞典自然保护协会"是瑞典规模最大，也是成立最早的民间环保组织。它成立于 1909 年，发展到今天，成员人数过万，各行各业的人都有参与。类似的民间组织还有好多，如"地球之友""世界自然浪潮基金""保护瑞典清洁"等。近年来，社区自然资源管理（CBNRM）这种实施绿色发展政策的方式快速发展，而且越来越受欢迎。它是在绿色发展政策的框架内，根据社区可持续发展项目而实施的一种管理方式。[2]

三、运用多种政策手段巩固绿色福利事业

绿色福利事业不是一朝一夕之事，更不是依靠某个政党、单位或个人就可以实现的。因此，社会民主党在制定了一系列完善的绿色发展规划，并通过政府部门、民间组织以及党内活动等多种途径来积极推动政策落实之外，还需要具体的政策手段来巩固和强化绿色福利事业，以保证其连贯性和可持续性。

（一）运用财政政策确保绿色发展可持续化

瑞典社会民主党环境政策发言人明德·艾肯斯（Matilda Ernkrans）明确指出：每年政府预算都会分拨部分资金投入绿色发展，如支持绿色创新技术的开发、鼓励家庭社区积极参与绿色事业以及补贴环保企业等。政府的目标是加强瑞典作为气候领袖的地位，加速过渡到一个更可持续的社会。因此，未来会进一步加大公共投入，

---

[1] 高锋：《瑞典政党是如何处理党政关系的》，载《当代世界社会主义问题》，2006 年第 3 期，第 50 页。

[2] Williams, P. M. 2002. Community strategies: Mainstreaming sustainable development and strategic planning. Sustainable Development 10: 197–205.

确保绿色事业的可持续发展。

总理斯蒂凡·洛夫文（Stefan Löfven）在 2016 年 9 月份的新闻发布会上也称："我们将提出瑞典历史上最大的气候和环境预算案法案，这不仅是因为它在道义上是正确的，而且还因为它在经济上是聪明的。"[1] 因此，在 2017 年政府预算中预计：在 2017 至 2020 年期间将拨出 129 亿瑞典克朗用于投资绿色发展。这些投资主要包括四个方面：过渡到可再生能源、环保旅游铺平道路、涉及所有的瑞典倡议和国际气候投资。在地区和地方减少温室气体排放的行动中，政府投资总计 35 亿瑞典克朗，剩余至少 50% 由融资企业、市县议会和承租人联合出资，这样瑞典在 2015 年至 2020 年，将总共投资 70 亿至 90 亿克朗。政府还在城市环境方面提出了增加投资的协议，主要是通过支持公共交通包括自行车基础设施在内来促进可持续发展。为保证环保旅游铺平道路，政府将继续加强铁路改善的可能性，鼓励乘火车旅行和运输。政府将在 2017 年额外投资 2 亿来保障铁路系统，并计划在 2018 年至 2020 年出台一个基础设施法案。政府也将引入项目采购和取消欧盟排放津贴，并计划在 2018 年至 2040 年期间每年投资 3 亿瑞典克朗，同时倡议在欧盟排放交易体系中采取具体措施来减少排放的二氧化碳总量。

（二）运用税收政策高效引导全民参与绿色发展

目前，瑞典实行的是绿色税收体系。除此之外，社会民主党还提出了一些具体的税收政策鼓励民众参与绿色事业。目前正在开发的环保型汽车可以在扩展边缘税收补贴中受益，电动公交车和超级绿色汽车的回扣将被强化。其目的在于鼓励人们绿色生产和消费，实现瑞典绿色发展的目标。而且，社民党提议：降低对小修理的增值税（从 25% 降至 12%），因为环境的原因，我们需要扩大消费商品的使用寿命。让人们更容易修复和再利用的东西在大多数情况下更有效和可持续，而不是扔掉买新的。可以预见，日后环境税的影响将还会增加。

（三）运用产业政策多领域发挥作用

瑞典绿色事业快速发展与政府的产业政策密切相关。特别是近几年，社会民主党倡导新能源、生态农业、海洋保护、化学产品等领域的绿色发展，主张绿色生产、

---

[1] http://www.socialdemokraterna. se/System/Kategorier/Miljo-och-klimat/.

消费与服务一体化，使瑞典成为全球环境的先锋。政策的大力支持，极大地促进了沼气能源、环保建筑、绿色交通、生态食品等进入市场。

近年来，环保健康的生态食品更是广受群众欢迎。当然这也促使政府加强危险化学品的环境监测，努力实现日常无毒环境，确保土壤、水源、食品等的安全。在2017年的预算法案中，政府计划化学物质投资总计达3.75亿到20.2亿克朗。环境部长卡罗丽娜·斯库格（Karolina Skog）也说："创造一个无毒的环境是最重要的环境政策和最具有挑战性的任务。政府现在做出的投资将有助于进一步减少化学物质在日常环境中的风险。"[1]政府将与瑞典化学署联合采取行动反对有害的杀虫剂，限制消费者非专业使用化学杀虫剂。县行政监督董事也会加大对污染地区有害物质的调查。

社会民主党和绿党之间就绿色发展达成了一个前瞻性的协议，在协议中明确提到了应对过度捕捞的需要。渔业、海洋和林业都应该予以更多的保护，保护生物多样性，以确保一个良好的未来环境。生物多样性已经是一个全球性的危机，物种是建立生态系统网络中所必需的，也是我们生存的基础，它需要一个连贯的全球和国家的政治努力。

最近，社民党提出了十亿绿色黄金的项目，主张让林业专业人才与其他研究和公共投资相结合，希望既可以创造新的就业机会和经济增长潜力，也可以使瑞典有成为未来气候友好型燃料的世界领导人。

从长远来看，瑞典有机会实现100%的可再生能源。而且社会民主党和绿党就能源政策已经达成一致：新政府将成立一个能源委员会，以创造一个可持续发展和能源党派协议。社民党也提出构想：预计到2050年，瑞典将有一个可持续的资源能源供应和大气中温室气体的零排放。

在2016年的预算法案中，政府提出了要大幅度增加太阳能投资，在2017年至2019年期间每年增加3.9亿克朗来支持加快太阳能电池工厂的扩张。政府还提出了投资于电力存储和存储自产电力的可能性。这项投资将在2016年投入2500万克朗，2017年至2019年期间每年投入5000万克朗。政府还希望在2016年至2019年，每年投入10亿克朗用于建立一个全国论坛智能电网。

---

[1]　http://www.government.se/press-releases/2016/09/harmful-chemicals-must-be-removed-from-childrens-environment.

（四）运用技术优势创新绿色发展

运用技术优势是瑞典绿色发展的内在驱动力，社会民主党的交通政策发言人安德斯·格曼（Anders Ygeman）也称："以科技为动力，面向未来，瑞典能够再次成为可持续发展的典范。"[1] 因此，政府预计，2016 年对绿色发展技术的投资将增加 6200 万克朗，确保环境和气候技术企业快速成长。并继续支持本地和区域气候投资——"气候飞跃"投资支持——来减少城市和地区废气排放。环保车辆铺平道路是目前政府绿色发展的一项首要任务。政府将创建新的公共交通，自行车战略框架以及升级现有的铁路。

（五）开展国际合作解决全球性的绿色发展问题

瑞典社会民主党一直活跃在国家舞台上，并在绿色福利事业发展上扮演着重要角色。在 2015 年 12 月举行的巴黎气候会议上，社民党主席斯蒂凡·洛夫文（Stefan Löfven）说："气候是我们这个时代的关键问题，富裕国家必须准备采取相对更大的责任，当然瑞典积极主动地来实现减排目标。"[2] 同时也在致力于实现联合国 2030年可持续发展议程。

此外，瑞典社会民主党也特别关注全球性的绿色发展问题，如全球气候变暖、北极环境问题等。巴黎的新的全球气候协议指出：全球温度上升必须保持低于 2 摄氏度，必须尽力采取措施保持温度低于 1.5 摄氏度。协议为了实现这一目标，进一步决定需要采取国际气候合作，包括在北极合作。当然，针对日益恶化的北极环境，政府也相应地提出了自己的新政策：法律保护敏感的自然环境、加大力度保护生物多样性和陆地、海上生态系统，增强气候方面的努力和提高资源的可持续利用，努力确保北极环境的可持续发展，确保北极环境安全。

---

[1]　http: //www. socialdemokraterna. se/Pressrum/nyheter/Nytt-S-forslag-for-fler-miljobilar/.

[2]　http: //www. socialdemokraterna. se/Pressrum/nyheter/Stefan-Lofven-inleder-klimatmotet-i-Paris，检索日期：2017 年 4 月 16 日。

第五节　瑞典社会民主党推动社会发展的政治协商经验

瑞典社民党自 1896 年创立以来，已有 120 年的历史，且在瑞典政坛累计执政时间最久，这不仅是瑞典，而且是世界上社会民主党人执政时间最长的政党。瑞典社民党执政之久，政绩辉煌，将瑞典建设成为"福利国家""创新国家"，所形成的"瑞典模式"可谓资本主义发展的"橱窗"。这不得不归功于瑞典社民党在执政期间，所发挥的卓越领导艺术。即使是在失利期间，社民党也在不断反思自身、积极协调各方，争取改善、扭转当时的不良境遇。瑞典社民党的领导艺术概括来讲就是：不同时期，面临考验之时所推行的合作协商理念，尽力化解矛盾，维持社会稳定与经济持续发展。

一、瑞典社民党领导下的合作协商制度的沿革

社民党的合作协商理念由来已久。在成立之初就否定暴力革命，希望走改良主义路线。在 20 世纪初，社民党的创始人雅尔马·布兰亭就提出了三种施政策略：议会道路、阶级合作和政治妥协。当然在其担任社民党主席期间，也在践行着这一思想，并称其为"妥协政治"。继布兰廷之后的社民党主席佩尔·阿尔宾·汉森在建设"人民之家"的时候也曾指出：平等、福利和合作是"人民之家"的基础，要遵循团结、合作的原则，寻求中间阶级的支持，走合作道路。其后的社民党主席塔格·埃兰德更是合作协商理念的倡导者和推崇者。他在位期间实施了"星期四俱乐部"和"哈普森民主"等一系列合作协商的机制，也就是通过非正式的协商机构，诚邀各界人士，共商国是，其目的还是为了继续推行"人民之家计划"，希望建立一个平等、关心、互助、合作的良好家园。

其后关于合作协商理念的践行者还有塔格·艾兰德、奥洛夫·帕尔梅和英瓦尔·卡尔松等人。艾兰德接任社民党首相之后，保持了一段时间的稳定、妥协、合作的氛围，但是关于"补充养老金"的问题却使各个党派、各个阶级之间争论不休，为了更好

地推行自己的政策，社民党不得不同反对党妥协，同时又得拉拢左翼党。这时候，政治妥协已然是一种制度，用于维护社会稳定、合作与团结。但是社民党也清楚的意识到这种妥协合作并不能一劳永逸，特别是在新问题出现后，要想争取人心，就必须采用新的理论框架。当时担任瑞典副首相的卡尔松提出的"职能社会主义"恰逢其时。也就是通过部分功能实行社会化，从而达到实现社会主义的目标。这一政策的推行实施必须要有一个和谐的社会氛围，降低人们的社会冲突，寻求各个团体之间的共同利益最大化。不过"职能社会主义"这一理论的改革并没有持续很长时间，当瑞典社会面临新的危机时，原有的弊端就显露出来了。因此也就被后来社民党所推行的"基金社会主义"所取代。当然，后来在卡尔松担任社民党首相时，这种合作协商理念也一直贯穿其中。继艾兰德之后，由帕尔梅接任首相一职，其领导的社民党以及拥护者也都深信：团结应该是共同负责，普遍合作和互助。特别是在推行"基金社会主义"政策时，由于触及资本主义生产关系的核心——所有制问题，为了寻求广泛支持，不得不进一步采取合作协商的理念，同工会联合来推动改革深入。虽然最后"基金社会主义"也无疾而终，但还是起到了一定的社会改良作用。在这之后，社民党继续探索适应瑞典国情的新的理论和政策主张。特别是"新第三条道路"的提出与实践，更加注重阶级之间、团体之间、劳资之间、职能主体之间等，都需要更为紧密的合作协商，也只有这样才能适应国内外不断变换的形势。

毫无疑问，政治领导需要艺术，无论是瑞典社民党的妥协艺术，还是合作艺术，抑或是互助艺术，都可以统称为一种合作协商的决策机制，并且已不仅仅是危难之需，而是一种政党领导制度。由此，可以预见，未来的瑞典社民党人的领导发展之路也一样会贯彻这一艺术。

当然这种合作协商理念得以灵活应用，一方面是社民党各届成员认可这一理念并将其不断推广；另一方面也由于瑞典民众愿意接受合作、互助，通过对话和讨论来实现发展。使拥有共同利益的集团或者是存在分歧的集团都能尽量通过协商来解决问题。

二、瑞典社民党领导下的合作协商制度的主要表现

瑞典社民党领导瑞典发展取得了巨大成就，不仅保证了国民安居乐业、经济平

稳发展、社会和谐融洽，而且享有很高的国际声誉，在国际上也发挥着重要作用。如此成就当然得益于多种因素的相互作用，当然，从政党领导艺术方面来讲，还要归功于社民党在重重利益关系中所推行的合作协商机制，调和了多重矛盾。纵观社民党的发展历程，政策主张和实施效果，就会发现，合作协商机制主要包括三方面的内容：党派之间的合作协商、利益集团之间的合作协商以及劳资之间的合作协商。

（一）党派之间的合作协商

对于一个多党制国家来说，政党之间亦敌亦友。瑞典是一个多党派的国家，传统的政党主要有五大党：社会民主党、左翼共产党、人民党（又名自由党）、中央党（原为农民联盟）、温和联合党（瑞典右翼政党，原为保守党）。其中前两党属于社会主义集体，后三党属于非社会主义集体，在后面三个政党中，人民党和中央党属于中间党派。除此之外，还有基督教民主党、绿党（原为环境党）以及 2006 年兴起的海盗党（民间又称之为网络盗版党）等也都在不同程度上代表着各自的利益群体发挥作用。因此，在社民党上台执政的路上并非一帆风顺，要争取到选民的青睐，取得上台执政的资格，就必须使自己的政党政策得到更多的联合党派或是多数选民的支持，而这一过程的实现，就需要与其他党派之间寻求利益结合点，从而获得大选的胜利。

瑞典社民党成立之后，经过 20 多年的成长壮大，1914 年的时候议席达到 73 位，首次成为议会第一大党[1]。并于 1917 年 9 月参加了自由党内阁，实现首次联合组阁。这是因为两党在改良主义态度上的一致性，都赞成进一步扩大选举权利，但是由于阶级利益的根本分歧所在，两党的合作并不长久。其实，其他党派之间虽然就某个问题可能达成暂时的一致，但是，由于根本利益的不一致性，总是会存在别的矛盾，而使其合作破灭。短暂的联合组阁之后，社民党迎来了几次单独组阁，但这并不意味着可以自由的实施本党的政策。因为，在这期间，社民党提出的经济政策，主张推行社会化政策以及在解决失业救济问题时的主张受到了其他党派及其选民的反对，因此执政时间并不长久。

但是经历了多次内阁更迭之后，社民党开始进行反思、重新调整党的政策来获

---

[1] Peter Hedstrom Richard Sandell and Charlotta Stem, Mesolevel Networks and Diffusion of Social Movements: The Case of the Swedish Social Democratic Party, America Journal of Sociology, 2000, Volume 106, Number 1, p. 146.

取群众的拥护。同时，也放弃了阶级斗争的理论，积极寻求农民党和中间党派的支持，提出了"人民"的概念，期望建立"人民之家"来实现社会平等、民主、合作、互助。运用社会而不是国家或制度来宣扬党的政策，这一巧妙的战术让社民党赢得了大选，也便利了其推行政策。在此后，社民党和农民党多次合作，打破了右翼党的包围，巩固了执政基础。

"二战"期间，社民党与自由党、温和党和中央党一起组成了战时联合政府，更是体现了政党之间不计前嫌、同舟共济、共渡难关。战争结束也意味着联合内阁解散，先是社民党一党执政，后来社民党与农民党再次联合组阁。不过，"合久必分，分久必合"，政党之间也如同商场一样：没有永远的朋友，也没有永远的敌人，只有永远的利益，各个政党都在竭力为自己所代表的阶层争取利益最大化。虽然之前有过多次合作，但是由于补充养老金的分歧，使社民党和农民党分道扬镳。因此，为了维护执政地位，社民党一方面不得不同反对党妥协，另一方面又积极与左翼党组成"赤色联盟"。

暂时的协商，政策上的倾斜，并不是长久之计，特别是当社会面临重大危机时，这种结盟或合作便十分脆弱。黄金执政时期一过，再加上国际石油危机的影响，社民党就遭到了非社会主义政党的猛烈攻击，引发了选民对社民党的信任危机。虽然社民党一再协商、斡旋，但还是无力扭转败局，被迫下台。三个非社会主义政党就暂时组成了联合政府，不过，这三个党派之间并没有共同利益所在，也就不存在合作的基础。而此时，社民党虽然下台了，但并没有放弃继续寻找协商合作的出路。其首先在雇员基金和核电站等问题上做出了一些让步，其次提出了新的政策主张——"第三条道路"，使原本就矛盾重重的三党之间更是互相猜忌，联盟政府不攻自破，而且他们也没有切实扭转经济颓势，失去了民众支持，因此社民党也就理所当然赢得了选民的同情和支持。此后，社民党不断左转，获得左翼共产党的支持，而且态度也更加明朗化，更加注重与不同政党之间的协商合作。

不过，这一机制虽是良药，远非万能之策。很快在1991年便受到了重大挫折，得票率仅37.3%，给了保守党得以上台组阁的机会。不过，保守党的一系列政策让民众大失所望，在1998年大选，绿党获得了4.5%的选票，16个席位，社民党获得34.6%的选票，131个席位，相较于上一年下降了30个席位，但在左翼党和绿党的支持下，仍然恢复执政。[1]

这是社民党和绿党第一次合作，双方关于实现可持续发展、销毁核武器以及生物化学武器等安全议题方面达成了共识。绿党虽然是 1981 年成立的新党，但其选票却正是社民党所失之处，虽然这次绿党没有参与政府组阁，仅以内阁外支持的形式而达成了"红绿联盟"，但这一次的合作，不仅表明了社民党政治合作主义的倾向和实际行动，也反映出新时代、新形势下的绿党政策纲领在某种程度上得到了社民党的认同。尽管绿党和社民党有着一定的合作基础，但并不意味着二者不存在分歧，其实恰恰相反，绿党从兴起之时就带有强烈的偏激性，反对旧有政治，倡导精英政治，等等，这些方面赢得的选票正好是社民党所缺的。所以，尽管有了一次合作，二者还不能称其为紧密的联盟关系，不过，双方也没有明显的政治分野，而且二者内部都是派别众多，合作的趋势和可能性也较大。绿党一直在追求执政党的地位，社民党也在积极寻求政治合作，因此，两个党派在经过十几年的磨合、相互学习、转化之后，在政权、环保建设等方面达成共识，采取更为现实的合作主义，终于在 2014 年，"红绿联盟"再一次达成，组成了绿党与社民党的联合政府，开启了新的执政之路。

21 世纪以来，社民党在政坛上时有沉浮，但是其合作协商的机制却一直在沿用，而且在不断扩展其应用范围，从而争取更多民众的支持，社民党已成为跨越阶级与利益集团的多元化的"现代政党"。[2]不过，也要看到，合作协商机制也有消极之处（后面会具体探讨），社民党要想真正获得持久胜利，决不能仅仅依靠政策妥协来换取选票支持，而应该顺应时代发展的潮流与政党建设的需要，提出新的理论政策方案。

（二）社民党与利益集团之间的合作协商

瑞典不仅是一个多党派的国家，而且在党派之外，也呈现高度组织化的特点。社会中各个领域都有自身特定的组织，这些组织代表着各自的利益来参与政治、经济、社会生活。这些组织也就是所谓的利益集团，主要有瑞典总工会（LO）、瑞典企业联合会、瑞典农民联合会等。社民党出台每一项重大立法提案和决策时，都需要召集各个利益集团的代表参与协商，表决；同时社民党领导人也要定期邀请不同利益集团的代表进行会晤。也就是说，社民党通过非正式的方式组织听取各界人士的声音，

---

[1]　https://en.wikipedia.org/wiki/Swedish_Social_Democratic_Party.

[2]　https://en.wikipedia.org/wiki/Swedish_Social_Democratic_Party.

与其共商国是。

在瑞典，最具代表性的利益集团是瑞典总工会。其成立于1898年，共有24个全国性的行业工会，会员达到200多万，主要由蓝领工人和白领工人构成，从事职业多种多样。而且总工会高度集权化，是瑞典最大、最古老，也是与社民党联系最为密切的利益集团。

社民党与总工会之间相互支持与合作，可以说是同一运动中的两翼。因为在工会成立之初，工会成员就集体加入了社民党，而且双方的高层领导互相兼职。社民党的政府领导人员每个月都要和总工会的委员会成员举行一次非正式会谈。这种亲密的伙伴关系，也使社民党在执政路上得到了总工会的鼎力相助。一方面，总工会每年都会给予社民党一定的活动经费，而且大选期间也会提供财政支持。另一方面，总工会拥有大量的工会成员和社交人脉，可以有效地作为社民党的宣传渠道，为其参与竞选、政策实施、民意宣传起到了巨大作用。不仅如此，瑞典总工会还是社民党协调劳资关系的关键一环（下面会做进一步探讨）。

社民党与利益集团之间的密切协商合作，是多方共同利益最大化的必然选择。社民党听取各方意见和见解，就一些重大问题反复讨论、研究，最终达成一致，从而满足了绝大多数人的利益，进一步改善了人民生活，稳定了社会秩序。

（三）社民党领导下劳资之间的合作协商

资产阶级和无产阶级的矛盾贯穿于西方资本主义社会的始终。在阶级社会里，阶级关系是政治最基本、最集中的体现。因此处理好劳资关系也是瑞典政治、经济、社会方方面面平稳发展的关键。而且事实证明，劳资关系的缓和是瑞典合作协商制度最成功的表现之一。

社民党领导下的劳资之间的合作协商主要是社民党通过瑞典工会联合会和雇主联合会两大组织来协调，并制定出一系列的保障机制。在处理劳资关系的问题上，瑞典社民党无论是作为执政党，还是在野党，都竭力支持劳资之间的妥协、合作，逐步提升劳工地位同时也尽量保持中立角色，进而有效促成双方协议的达成。

瑞典总工会成立于1898年，随后资产阶级为了争取对抗工人运动及其组织，也成立了代表本阶级利益的雇主联合会。成立之初，两大组织之间冲突不断，给瑞典经济造成了重大损失，意识到对立对双方无益之后，1906年瑞典总工会和雇主协会签订了所谓的"十二月协议"，规定了双方的权利义务关系，在一定程度上缓和了劳资矛盾。随后又通过了一些法案，如"集体协议法案""劳工法庭法案"等，但这并没有彻底解决劳资之间的冲突。在社民党长期合作思想的引导和积极推动下，终于在1938年劳资双方达成了"萨尔茨耶巴登"协议，明确规定了劳资双方的权利，其主旨是希望双方在发生纠纷时可以通过制度化、规范化的协商谈判解决，而不是诉诸"强迫行动"，这可以说是劳资合作的历史性突破。"二战"后，为了解决失业问题，瑞典成立了全国劳动力市场委员会。这是一个由政府、工会和资本家共同管理市场的机构，劳资之间成了企业的共同管理者和受益者，因此，双方的合作也更加密切。如果说，之前的劳资合作是一种暂时性的协议，还具有分裂的威胁，那么到了20世纪70年代以后，瑞典加大了法律的保障作用，通过劳动立法来加强双方合作的长期性和有效性，这也意味着瑞典的劳资关系走上了制度化的道路。如《就业保障法》《车间工会代表立法》《劳动生活共决法》等。

随着瑞典政治、经济的不断发展，国民生活水平的不断提升，劳资之间的暴力冲突事件越来越少，而且逐步形成了一套包括法律保障、协议维护、委员会监管等多途径、多手段在内的协调机制和运行机制。

三、结语：合作协商制度给社民党执政带来的影响

瑞典独特的地理、历史人文状况孕育了瑞典民主、合作的传统观念。社民党领导下的各个阶级、利益集团之间的长期相互作用又进一步促使瑞典形成了独具特色的合作协商制度。毫无疑问，这一制度的形成，帮助社民党有效解决了当时瑞典社会面临的许多困境，稳定了社会政治局面，促进了社会经济的平稳发展，提升了国民生活水平，增强了国际竞争力。当然也提升了社民党的地位和执政水平。不过，长期以来推行合作协商制度，而且渗透到了社会生活的各个领域，也给社民党的执政产生了一定的消极影响。首先，不同党派、阶级、集团各自代表着不同的利益群体，尽管在特定时期内会存在某种合作的动机和元素，但利益不可能完全一致，因此，无论何种形式的合作都不是长久之计，都存在着不可靠因素。其次，合作妥协的事实出现大都用于解决一定的社会问题，双方或多方为了眼前的困境或利益而采取的暂时性措施，虽然能够解困，但并不能够从根本上解决社会问题。最后，社民党长

期的合作协商，协调各方利益，容易使政党组织身份模糊化。无论是竞选时的纲领口号，还是执政时的政策方针，抑或是在野时的反思探索，社民党的政策总是会一再调整，去争取各方支持，而偏离了原有的党性传统。

在社民党领导发展之际，瑞典国内最大的特点就是稳定，这与社民党积极倡导合作协商制度有很大的关联。极大地缓解了不同阶层、不同利益群体之间的矛盾，保障了国内的和谐融洽，这也就为国家发展提供了良好的环境。同时，瑞典在处理国际事务的方式中也不同程度的应用到了这种合作协商理念，争取国家间的和平共处、合作共赢。这也为各个国家处理国内外事务提供了一个很好的方式和例证。

第三章　韩国政党与社会发展

第一节　韩国的发展历程及其政党政治概况

"二战"后，韩国的政治与经济发展有着其鲜明的特色，这突出表现为政治上逐步实现了从威权体制过渡到资本主义民主政体，而在经济上则实现了对中等收入陷阱的跨越，成功跻身于发达国家。本节将阐述韩国经济、政治以及政党政治的概况。

一、经济上跨越"中等收入陷阱"，跻身发达国家

近年来，"中等收入陷阱"（Middle Income Trap）这一话题在新兴经济体，特别是在东南亚国家和中国引起了广泛的关注。中等收入陷阱可以被定义为如下状态：当发展中国家成功实现了从低收入国家向中等收入国家的跨越之后，却长期位居中等收入国家行列，未能进一步发展为发达国家。亚洲开发银行在《亚洲2050：实现亚洲的世纪》中对亚洲国家继续保持经济高速增长的前景表示出了忧虑，指出一些亚洲国家必须进行结构调整，以避免重蹈南美国家和南非落入中等收入陷阱的覆辙。

韩国人均收入分别于1977年和1991年达到美国同期水平的20%和40%。1977年后，韩国的人均收入只有在1980年出现过短期停滞，这主要是受第二次石油危机和国内军事政变的不利影响。因此，整个20世纪80年代，韩国差不多都处于中等收入陷阱阶段。然而，韩国不仅没有落入该陷阱，相对收入反而持续增长，并最终成功跳出了该陷阱。

相比于此前20世纪六七十年代的工业化初级阶段，20世纪80年代韩国的经

济增长并未减缓。1977—1990 年，韩国维持了 8% 的高速经济增长。尤其是 20 世纪 80 年代后期，得益于产业结构升级和有利的国际经济环境，韩国经济增速达到了 10%。这一时期也常被称为"三大红利"时代，即低油价（石油危机结束）、低利率（美国放弃紧缩政策）和低韩元（相比于"广岛协议"后升值的日元而言）。三大红利带来了韩国的经济繁荣、外贸增长及经常账户顺差。因此，仅用了 5 年时间，韩美人均收入比便从 30% 上升至 40%[1]。

20 世纪 80 年代，韩国的半导体产业、电子产业和汽车产业快速成长。政府制定了针对这些产业的发展规划，修订了"电子工业振兴法"，并确定以彩色电视机为平台推动产业发展。韩国招牌性的一体化大企业，如三星、现代、LG 和大宇等纷纷投资电子产品（彩电、磁带录像机、微波炉、计算机、半导体和电子交换机等）。在汽车产业中，韩国上马了整车生产线，国际领先的生产流水线也投产。现代公司在引入国外先进技术受挫后，大力自主研发汽车发动机，并通过向美国出口首个自主车型"杰出矮马"（Pony Excel），成功打入了国际市场。

韩国出口占 GDP 的比重自工业化伊始便持续上升，并于 1987 年达到顶峰，约为 38%。之后，出口占 GDP 的比重有所下降，20 世纪 90 年代中期保持在 30% 左右。1997 年亚洲金融危机后，韩国的出口再次上升。因此，1989—1996 年间韩国外贸的重要性下降可视为例外。这一时期，韩国经济增长的主要动力是消费支出和民营经济的高投资率。

今天，韩国的人均收入已经达到美国水平的 60%。当时有利的外部环境为韩国成功摆脱中等收入陷阱创造了有利条件，也是其经济成功的原因之一。例如，20 世纪 70 年代末中东建筑业繁荣和 20 世纪 80 年代的"三大红利"对经济的持续增长都有贡献。但是，韩国跳出中等收入陷阱也并非十全十美。这一时期也积累了诸多的问题，并于 1997 年亚洲金融危机时如火山喷发般暴露出来。亚洲金融危机后，韩国人均收入保持在约美国 50% 的水平上达十年之久。

二、政治上从威权体制到民主政体的艰难过渡

当代韩国的政党政治于"二战"后在美国干预下起步成形，是韩国民主政治的

---

[1] 朴馥勇：《以经济转型跨越"中等收入陷阱"》，《经济社会体制比较》2013 年第 1 期，第 3 页。

主要表现形式。韩国民主政治发展历经曲折，建国初期匆忙移植而来的"西式民主"，很快陷入"淮桔为枳，迁地弗良"的境地，多党政治日渐沦为个人独裁和威权统治合法化的工具。1987 年 6 月的民主抗争和"六·二九宣言"，标志着韩国民主转型的开启，成为韩国政党政治发展的分水岭和新起点。长期威权体制被新的民主政治体制取代，奠定了当今韩国政党政治发展的基础，韩国的政党政治也随之进入新的发展时期，其嬗变轨迹大致可分为以下几个阶段。

第一阶段（1987－1988 年）：霸权党体制的消解与多党政治的恢复。威权体制下的韩国历届军政府，一方面通过其掌控的政党长期把持国家政权，另一方面不断迫害民主人士，打压民主政党，从而形成一党长期执政且专权的霸权党体制。20 世纪 80 年代中期，在国内外反独裁民主运动的强大压力下，全斗焕政权被迫采取自由化措施，开始逐步解除对政治活动的限制，这为受压抑已久的民主化运动打开一条缝隙，并由于反对党领袖政治活动的逐渐恢复和人身的相对自由，为政党政治的正常运行提供了条件 [1]。

第二阶段（1988－1997 年）：四党格局昙花一现，两大党对峙渐具雏形。民主转型初期形成的"一朝三野"的四党格局，并未维持多久，韩国政党随即进入新一轮纵横捭阖的"大棋局"中。经过政党间多年的纵横捭阖、离合聚散，韩国政党政治格局演化为以执政党大国家党为中心的保守阵营，与以在野党国民会议为主体的进步阵营之间的分立局面，韩国两大主要政党对峙格局渐具雏形。

第三阶段（1998－2013 年）：两大阵营对立、两大党轮替掌权。1997 年底，金大中当选为韩国第 15 届总统，这意味着韩国自民主转型以来，第一次实现国家政权在两大政党之间，按照法定程序和平易手。至此，进步阵营首次通过选举成为执政党，保守阵营首次沦为在野党。自 1998 年至今，韩国政权在保守与进步两大政党间实现了两次轮替，金大中和卢武铉执政八年，保守阵营首次沦为在野党，大国家党一度陷入困境。自 2008 年李明博执政以来，保守阵营重新执掌政权，民主党虽历经曲折，但仍保持第一在野党的地位。

2012 年是李明博政府执政的最后一年，也是韩国内政外交产生重大变化的一年。在国内政治方面，2012 年是韩国 20 年以来首次的双选举年，即第 19 届国会议员选

---

[1]　张英姣，杨鲁慧：《韩国民主转型以来政党政治发展的轨迹、特征及成因》，《江西社会科学》，2014 年第 5 期，第 212 页。

举和第 18 任总统大选两大政治活动都在本年度举行。虽然政治变动频繁，然而，2012 年韩国政治的聚光灯仍停留在国会和总统选举上，不仅因为产生了第 19 届国会和韩国历史上第一位女总统，而且因为竞选过程本身就包含着韩国各种政治势力的角逐、不同政治纲领的对决和关于未来政治走向的判断依据。

总之，自 1987 年韩国实现民主转型以来，其政党政治摆脱威权政治体系禁锢，获得广阔发展空间，经过近 30 年的发展演变，现已形成多党政治格局下两大政党朝野分立竞争、交替主导政权的格局。作为"模仿"西方的"后发民主"国家，韩国政党政治的运转必然带有西式民主的一般规律。同时，基于西式民主具有的特殊性、具体性的一面，韩国政党政治的成长和运转，又与本国的历史、文化、国情密不可分，从而带有极强的民族性和本土性特色。

三、民主转型中韩国政党博弈的政治轨迹

自"二战"结束以来，随着全球开放性程度不断加深，世界范围内的民主化趋势进一步扩大，韩国政治精英面临着日趋复杂的国际大环境。而韩国国内经济社会的跨越式发展，社会分化现象越来越突出，韩国政治精英所处的内部环境发生了根本性变化，由此产生的国民政治参与期望不断提升。因此，政党分化作为政治精英聚合的重要载体和表现形式，在韩国民主转型及巩固的过程中，扮演着极其重要的角色。1961 年 5·16 政变后，韩国结束了战后以来的空壳宪政时代，从第三共和国开始，历经了近 30 年的军人专制，直到 1987 年第六共和国时期，才开始了向现代民主的政治转型。20 世纪 80 年代末期，韩国开始了一场深刻的政治变革，主宰长达 30 年之久的威权体制终呈颓败之势。1987 年 6 月 29 日卢泰愚发表了包括接受总统直选制在内的八点民主化宣言。这标志着走向衰落的权力阶层和日益壮大的民主化势力已经走到了力量的均衡点，成为韩国政治开始走上民主主义道路的出发点。这里着重介绍韩国民主化以来的政党博弈。

总统直选制改宪成功后，执政党民正党为进一步分化在野势力，于 1987 年 7 月 10 日解除了对金大中的限制措施。金大中在加入民主党后，由于与金泳三在总统候选人单一化问题上未能达成共识，1987 年 11 月 12 日，金大中及其支持者宣布退出民主党，单独成立和平民主党，并提名金大中出任党的总裁和总统候选人。另外，

一直处于观望状态的金钟泌宣布重返政界，并于 10 月 30 日正式创建新民主共和党，并被推选为该党总裁和总统候选人。

第 13 届国会选举形成了"朝小野大"的政治局面，执政党民正党由于议席未过半数，控制国会已不再可能，而总统的施政也将处处受制。民主党第二大在野党的地位，也不可能对国家政治过程产生决定性影响，更不可能在下次总统选举中获得胜利。对于共和党来说，当务之急就是避免自身沦落为无所作为的小党。正是因为以上一系列难题，当卢泰愚提出三党合并的要求时，迅速得到了民主党和共和党的响应。1990 年 1 月 22 日，民正党、民主党和共和党正式合并为民主自由党，成为拥有三分之二以上国会议席的大执政党。

1992 年第 14 届国会议员选举中，执政党民自党遭遇惨败，仅获得未过半数的 149 个议席，而民主党则成功获得了阻止改宪的 97 个议席，而刚刚成立的统一国民党也一举获得了 31 个议席。尽管在总统大选前，民自党因总统候选人问题内部出现了严重分裂，原民正党系人员纷纷退党，但以此为契机围绕金泳三为中心加强了团结，进一步增强了凝聚力和竞争力。反观对立阵营，民主党虽经由在野势力整合而成，但其规模和影响仍十分有限，而国民党的创建客观上又分流了票源，因此，在野势力在与执政党的竞争中处于明显的劣势。最终，在 12 月 18 日进行的总统选举中，民自党候选人金泳三以 42% 的得票率战胜民主党候选人金大中，当选为韩国 32 年以来的第一位文职总统，进入了全新的文人政府时代。

在竞选第 14 届总统失败后，金大中曾宣布退出韩国政坛，但时隔不久，又复出重返政界，于 1994 年 1 月建立了"亚洲太平洋财团"，负责搜集舆论和民意动向，试图迂回进入政治一线。借助在野势力在 1995 年 6 月地方选举中取得的优异成就，金大中于 1995 年 7 月 12 日宣布放弃民主党，并于同年 8 月 11 日正式建立了新政治国民会议，并被推选为该党总裁。民主党因此遭受重大打击，在 65 名所属议员转入国民会议后，最终沦落为院内第三大党。

1995 年底，前总统卢泰愚和全斗焕先后因秘密政治资金问题接受审讯，民自党形象迅速下滑。金泳三下定决心与卢泰愚划清界限，试图通过清理民自党这一含有浓重三党合并色彩的名称，实现执政党的"脱胎换骨"，进而迎战 1996 年的第 15 届国会选举。1995 年 12 月 6 日，民自党正式将党名改为了新韩国党，由金泳三继续出任党的总裁，并大大加强了党的总裁对遴选国会议员候选人的决定权，新韩国党也因此成为名副其实的总统的党。随后，在第15届国会议员选举中，新韩国党赢得了34.4%的选票和139个国会议席，而主要反对党国民会议则获得了16.2%的选票和50个国会议席。

1997年11月11日，金大中成功推动了"国民统合推进会议"与国民会议的合并，进一步巩固了泛在野势力候选人单一化的成效，赢得了持改革倾向的年轻选民的更多支持，大大加强了国民会议在岭南地区的影响力。在野势力加紧推进整合的同时，执政的新韩国党因总统候选人提名问题陷入了分裂，李仁济因不服党内选举结果领导成立了国民新党，致使新韩国党走向严重分裂。最终，在1997年12月18日第15届总统大选中，金大中以40.3%的得票率如愿当选总统，成为韩国宪政史上第一位当选总统的在野党候选人。但是，朝小野大的政治局面却使新成立的"国民的政府"举步维艰，韩国政局随之进入朝野对抗时期。

为了化解朝小野大的不利局面，国民会议先是以合并的方式成功吸纳了国民新党，随后，又和自民联加紧分化和策反大国家党议员。在执政联盟的排挤和打压下，在野势力迅速萎缩，而执政联盟的议员数量则超过了国会议席的一半，在短短不到1年的时间之内，朝小野大的政治局面就被转化成了朝大野小。在1997年总统大选结束后不久，由于大国家党内部分议员的退党事件，致使大国家党所占议席失去了国会控制权，大大削弱了党的政治实力。随后，党权派和非党权派之间的派系斗争，更是让大国家党滑落到了分裂的边缘。

2000年4月13日的第16届国会议员选举，民主党的议席率一举跃升到42.1%，分裂后的自民联的议席率猛降到6.2%，而反对党大国家党则独占鳌头，韩国政党政治由三党鼎立转向大国家党和民主党两强争雄。第16届国会选举结束后，民主党由于议席未过半数，不得不再次面临朝小野大的政治局面，而自民联更是失去了组成交涉团体的资格，于是，恢复两党关系成为民主党和自民联的最佳选择。在民主党将4名议员"租赁"至自民联组成交涉团体后，2001年1月10日，金钟泌正式宣布恢复与民主党的合作关系。此后，2001年2月22日，民主党在与自民联、民主国民党联合组成三党政策联盟之后，执政联盟在国会内的议席数首次超过了一半，从而使朝小野大的政治局面又被转换成了朝大野小。2001年9月，在民主党召回"租赁"至自民联的议员之后，自民联籍的部长也立即宣布辞职，最终，两党联盟体制在恢复8个月后不得不再次破裂。

由上可知，韩国政党博弈的一大特点就是政党频繁改组，并且往往随着政党领袖的意志而改变名称，组成新的联盟。因此，与其他国家的政党不一样的是，韩国尚未出现长期稳定的执政党。但是，这并不意味着，韩国政党在推动社会发展方面无所作为，其政党所起的作用仍然有许多值得关注的地方。

第二节　韩国执政党推动创新发展的经验

20 世纪 50 年代，韩国经济结构还是以农业为主，长期发展停滞不前，是世界上最贫穷的国家之一。半个多世纪以来，韩国始终保持着年均 8% 的经济增长速度，成功突破了"中等收入陷阱"，实现了向发达国家转变的华丽转身。在快速实现工业化的过程中，韩国通过借助强有力的政府干预机制，组建经济宏观管理机构，有效地干预引导了经济发展，实现了资源的最佳配置，加速了产业结构的演变，促进了国家工业发展目标的实现。

一、实施积极的产业政策

在实现赶超的目标驱使下，韩国政府通过对市场的替代，意图压缩经济发展进程，尽快实现对发达国家的经济赶超。韩国企业作为实现经济增长的主力，政府通过扶植和政策倾斜压缩企业成长历程，仅用 10 多年的时间就完成了培育大企业集团的过程。政府对财阀等私人垄断资本的大力扶植，迅速培养出了一批富有创新力的大企业集团，实现了减少"交易费用"的家族经营统治，有助于发挥规模经济优势的多元化经营，对经济增长产生了重要的推动作用。韩国政府所做出的所有权安排，是推动经济增长和工业化的前提条件和基础，形成了一种至关重要的企业组织结构，实现了制度"捷径"与经济追赶"捷径"的统一。

在实现赶超的目标驱使下，韩国不仅在制度构建、政策制定、激励机制建设等方面，明显带有"压缩性经济增长"的特点，意图通过对市场的替代压缩经济发展进程，尽快实现对发达国家的经济赶超。在外向型经济发展模式中，政府有意识的通过扶植和政策倾斜，积极投入到为开拓国际市场、拓展海外销售的实际经济营销战略中，来达到压缩企业成长历程的目的。政府对财阀等私人垄断资本的大力扶植，迅速培养出一批富有创新精神的企业家和规模巨大的企业，并通过其有利于减少"交易费用"的家族经营统治和有助于发挥规模经济优势的多元化经营，对推动经济增长和工业化发挥了重要作用。韩国政府、企业在外向型经济发展过程中，对自身不足有着比较清醒的认识，基于危机意识下的挑战精神和冒险精神，政府和企业家的"触角"很灵敏，善于把握和发现机遇，能够在相对劣势的情况下，获得发展机会，实现对先发国家的赶超。

韩国政府在发动经济增长伊始所做出的适宜于国情的所有权安排，是推动经济增长和工业化的前提性制度条件和基础。这种制度安排的一个最直接的结果，是形成了一种对经济增长和工业化都至关重要的企业组织结构。这种企业组织结构越是具有垄断竞争的特性，对经济增长和工业化的推动作用也越加明显，即实现制度"捷径"与经济追赶"捷径"的统一。大企业有较强的资金筹措能力、风险承担能力和技术开发能力，能够按照现代化大生产的要求进行精细分工和优化组合，便于掌握现代化的先进技术，从而通过大批量生产，降低生产成本，增强出口竞争力。大企业除了承担产业结构优化的"火车头"，发展外向型经济的主力之外，还能够多创造就业机会，产业联动效果好，抓住大企业集团这个"火车头"，就可以把握韩国经济运行的全局。

韩国作为一个资本和资源十分有限的国家，大企业—财阀在企业生产能力、资本及资源的调配能力、产品更新和技术、高端人才、海外市场的开拓等领域具有明显的优势，为了尽快扩大出口、振兴经济，提升产业结构，政府不得不将有限的资金和资源作"倾斜式"分配，重点扶植大企业集团在海外市场的开拓和扩大出口，等等，以带动整个经济的发展。对于旨在实现经济快速发展和赶超的政府决策者来说，迅速扩大出口、带动经济增长是压倒性任务。在这一任务指导下，国内企业制度的完善和企业结构的合理与否都成为次要问题。大企业是当时情况下，实现出口导向经济发展的最主要的力量和最佳选择。

（一）利用有利的国际环境因素来推动出口导向的经济发展

"二战"结束后，在两大阵营尖锐对立的"冷战"背景下，韩国受地缘政治天然制约，且不断受到来自北方的军事威胁，只能选择纳入美国主导下的西方阵营中，成为东西方冷战的最前沿。战后美国为了自身的利益，极力推行贸易自由化，逐渐建立了资本主义自由贸易体系。随着1947年"关税和贸易总协定"的签署和启动，国际贸易进入到削减关税、取消各种进口限制，扩大国际贸易的自由贸易时代。美国、西欧、日本等发达国家带头大幅度降低关税和放松进口限制，促成了资本主义国家贸易的自由化倾向，实现了国际商品自由流动。这对韩国实施出口导向的外向型经济发展可谓是天赐机缘。由于韩国与西方国家保持有盟国的特殊关系，它不仅可以充分利用和发达国家缔结的双边贸易协定享受特殊的贸易、技术转让、资金援助的待遇，也可以享受给予发展中国家的普惠制待遇，韩国产品进入发达国家市场可以得到更大的便利，为实施出口主导型经济发展战略提供了重要保障。

出于国家安全和经济发展的战略考虑，新生的韩国走上了"依附性资本主义"道路，特别是对美国和日本的高度依赖——依赖型外向经济，从极端贫苦状态下摆脱出来，克服资源短缺、技术贫瘠、资本严重不足等恶劣条件的约束，实现了经济自立与发展。面对被纳入或者无法避免地纳入西方阵营的情况，韩国成为美国推行全球战略的重要棋子，而这种政治独立性丧失的代价，只能通过经济索取与补偿来进行平衡。在"冷战"背景下，西方阵营国家之间展开了卓有成效的经济合作，正是由于这种彼此之间的支持与合作，才使得韩国在战后迅速复兴，以积极姿态全面融入了资本主义秩序中，为其实现经济发展创造了良好的外部环境。

第三次科技革命掀起了世界经济发展的新一轮高潮，同时西方发达国家之间的相互竞争日趋激烈，加速了国际经济分工的步伐。20世纪60年代初，西方发达国家进入产业结构调整时期，一些劳动密集型产业和污染产业转移到发展中国家，而自己大力发展附加价值大的资本、技术密集型产业。韩国作为反苏、反共的主要阵地的特殊地缘政治地位，成为西方国家，尤其是美国产业转移选择的重要对象国。寻找更大更广阔的国际市场内在冲动，促使了韩国选择出口导向的经济发展战略，坚定不移地走外向型经济发展之路。

此外，20世纪60年代廉价的、有保障的国际原料和能源供应，也是韩国确立和实施出口主导型经济发展战略的重要条件。韩国是资源贫乏的国家，其工业生产对外部能源、原料的依存度平均达80%以上，有些资源甚至达100%[1]。事实上韩国出口导向的外向经济的成功，很大程度上得益于廉价的国际原料、能源的供应。由于

---

[1]　申东镇：《韩国外向型经济研究》，东北财经大学博士学位论文，2011年。

国际分工及产业的转移主要是通过投资和技术转让来实现的，伴随对相关产业的承接，西方国家尤其是美国和日本的资本和技术大量进入韩国，成为出口导向模式取得成功的重要的外部条件。

当"冷战"秩序开始出现裂缝时，韩国及早谋求改善了与中国、苏联、东欧等原东方阵营等国关系，而当"冷战"体制彻底瓦解后，则表现出更加积极主动的姿态，迅速与这些国家建立了外交关系，在一定程度上改变了对西方国家的片面依赖，克服了亲西方一边倒的政策性约束，同时在政治上开展多元外交，迅速适应"冷战"结束以来的国际变局。通过对国际局势变化的调整与积极融入，随着亚太经济时代的来临，使韩国有了更多的战略选择，突破了地理上的制约因素，有利于维持其区域生存地位，进一步谋求在亚太地区发挥更加重要的作用。

当多哈回合谈判进程受阻，区域集团化趋势加速发展，改变以往一味强调推进经济全球化，消极对待区域经济集团化的做法，及时调整韩国对外战略，使韩国摆脱了区域经济集团化进程中的被动、落后状态，一跃成为区域经济集团化进程中的一支重要力量。进入21世纪，韩国开始谋求以战略为中心推进全面的贸易自由化，为进一步开拓国际市场、缓解经济发展压力、扩大国际影响，大力推行战略与多国展开协商谈判提供了不竭动力。

（二）鼓励民营资本的投资创新

基于市场经济的基本原理，韩国将国家的作用与市场功能结合起来，形成了一种特殊的利益机制。政府以集中的宏观经济决策规定产业、企业的发展方向和目标，通过指示性而非指导性的计划、控制经济参数的方式，甚至在很多时候强行推行政府的主要经济决策，将宏观调控性的国家干预和竞争性市场机制巧妙结合，进行了有选择的、以竞争为基础的政府干预——既在战略实施中一直贯穿"指导资本主义"原则。在主导经济发展的过程中，政府通过对金融机构及其运作的全盘统制，克服了经济发展初期资本短缺困难，有效地动员和利用有限资金，引导资本进入出口产业及相关环节。

进入到20世纪60年代，在朴正熙总统"出口第一"的口号下，政府在政策、资金、技术、原料等领域给予大企业特殊扶植，大大提高了企业的生产积极性，同时也使出口业绩好的大企业获得了壮大的绝佳机会。朴正熙改变了60年代的"一致性"分配原则，挑选一些大企业作为依靠对象，为其提供优惠的资金支持，意图尽快建立资本密集型产品部门，以加快重化工业战略的步伐。1973 年，韩国金融机构贷款总额的 72.3% 为大企业获得，大部分又为中等规模的企业所占有。同时，大企业通过成立新企业或合并、兼并其他企业来增加子公司，快速扩张企业实力进而变成"财阀"。仅用 30 年左右的时间，韩国大型企业利用子公司之间的支付担保和出资的方式形成了章鱼式的组织结构，并发展成为以家族为中心的具有所有、支配、经营特征的复合企业集团。

（三）推动公立企业私有化

"二战"日本投降后，所有在韩财产被新成立的韩国政府没收，并以低价拍卖给被选定的企业，而这些财产相当于整个工业资本的 94%，加上其他财产和农地，相当于国家总资产的 80%，几乎是无偿地"处理"给私人企业[1]。大部分财阀企业在这个时候通过低价收购归属财产，完成了资本的原始积累。20 世纪 50 年代，韩国企业通过进入纺织、面粉、制糖等所谓"三白产业"，并在分配没收的日本归属财产和外来援助过程中，利用与政府的"特殊"关系进入严格管制的外贸部门，借此获得了大量资本积累。1980 年韩国的 50 大财团中，在军政时期就已经存在的有 31 家，这些财团的发迹均直接或者间接地与当时从政府的低价拍卖中获利有关。在韩国最大的 10 大财阀中，除大宇外，其余 9 家都是利用当时特殊的环境成长为大企业的，因此而被称为"特惠财阀"。

通过 20 世纪七八十年代的快速扩展，韩国财阀规模越来越大，并逐步形成对生产与资本的高度垄断，十大财团在国民生产总值中所占比重更高达 77.3%。1993 年，韩国前 30 大财团的销售额达 113.1 万亿韩元，占当年国内生产总值的 94.8%。1978 年，韩国列入世界 500 强的企业有 13 家，其中"三星""现代"还被列入世界最大的 50 家企业之中。1995 年，韩国政府启动"世界化战略"，又推动了大企业财阀投资的进一步扩张。到 1995 年，韩国最大的 30 家财阀平均拥有约 20 个子公司，其中最大的 5 家财阀平均拥有子公司 42 个。例如，1995 年"三星"有子公司 159 家，涉及电子、化工、汽车、造船、造纸、制糖、纺织、通信、飞机、金融保险、建筑、贸易、旅游、医疗、报社等几十个行业。

---

[1]　申东镇：《韩国外向型经济研究》，东北财经大学博士学位论文，2011 年。

无论是在经济崛起和高速发展时期，还是在当前，财阀集团都是韩国经济增长的主角，在国民经济中发挥举足轻重的作用。1983 年，韩国 50 家财阀的营业额几乎等于当年韩国国民生产总值的规模，相当于韩国国民生产总值的五分之一。韩国的大企业由组建出口导向企业，到组建综合贸易商社，再到发展跨国公司，成为出口导向的外向型经济发展的重要推动力量。1980 年，韩国最大 20 家企业的出口额占当年出口总额的比重达 42.8%，到 1951 年这个比重又增加到 51.5%。1994 年，前 30 位大企业集团的总销售额占韩国国民生产总值的 82.2%，而排名前 4 位的大企业销售额占全国销售额的 30% 和出口额的 60%。2000 年，韩国外贸进出口总额达 3330 亿美元，居世界第 13 位，其中出口 1726 亿美元，而当年仅三星一家的出口额就达 186 亿美元，占整个韩国出口额的 11%。

根据外向经济发展的需要，在大力扶植和"特惠"下，韩国政府在各个时期都确定了重点发展的产业，并选择大企业作为推行其产业发展战略的重要力量，给予政策倾斜和扶植。结果，韩国外向经济发展过程中的主导产业、重点出口产业几乎全被财阀所掌握。无论是早期的劳动密集型产业，还是后来的重化学工业等资本密集型，及当前的技术密集型产业，财阀无一例外的处于主导地位。当前韩国最重要的、也是最具竞争力的战略产业部门，如汽车、电子、造船、信息、化工等，都是以财阀企业为龙头发展起来的。韩国财阀在势力逐渐壮大、政府的扶植逐渐失去的情况下，企业开始依靠自身的不断投入和创新精神，紧跟世界产业发展的潮流，不断进行产业结构的更新和调整，以全球知名跨国企业集团为竞争对手，积极推进产业结构的高级化、现代化，带动整个韩国的产业水平和竞争力，跨入世界先进行列。

（四）加快产业结构调整升级

1962 年以前，韩国经济结构以农业为主，还有部分采掘业，经济主要依赖于美国政府的发展援助，韩国政府实行进口替代发展策略，经济发展缓慢，外汇奇缺。此后，韩国经济发展可分为四个阶段，而在发展的每一个阶段，韩国政府都会适时选择培育主导产业，并通过资源倾斜与有效配置，以最大限度地挖掘其增长潜力，以此牵动整个经济的发展。

20 世纪 60 年代的出口增长战略时期，以劳动密集型的轻工业作为主导产业。轻工业解决了当时潜在失业压力，出口产品由农产品和采掘业产品为主转为工业制成品为主，并通过出口带动增长，实现了贫困陷阱的超越。为了增加韩国产品在国际市场上的竞争力，1964年韩国政府将韩元几乎贬值了一半，当时由一美元兑133韩元贬到兑255韩元[1]。为了增加产品出口，韩国政府根据各出口企业的年预测出口量，加总得到国家总的出口目标后，由总统亲自主持召开出口促进会议，各部门官员和出口企业代表都一起参加，根据出口目标分析监控月出口情况，以期迅速发现解决问题。在政府的出口增长战略下，韩国出口占GDP的比例由1963年的5%激升至1973年的28%。

20世纪70年代以资本密集型的重工业作为主导产业。随着发达国家由资本密集型产业向技术密集型产业转换，韩国抓住了发达国家产业结构调整的外部机遇，针对本国的资源禀赋结构变化实际，适时确定了资本密集型的重化工产业为主导产业。对重化工业的巨额投资和优惠政策，使重要的现代化工业部门迅速建立起来，让韩国经济迈出了工业化过程中最困难和最关键的一步，也为韩国经济未来腾飞打下了良好基础。到20世纪80年代，韩国的产业结构实现了再一次的转型升级，在国家出口贸易结构中，资本密集型重化工产品已超过劳动密集型轻工产品，成为最主要的出口产品。

20世纪80年代实施以产业重组为内容的政府主导的投资协调与优化。在重化工业过程中，政府对重化工业的大量投资，导致了整个经济结构的失衡，还造成货币供应增长过快、政府财政赤字增加以及通货膨胀恶化等现象。韩国政府注意到相关问题后，从1979年开始停止实施重化工业驱动政策，在1979—1983年连续实施了三轮"投资协调"活动，即提供国有银行贷款以帮助有问题企业进行重组。韩国政府通过金融支持与税收优惠等措施，支持破产企业进行重组，短期内成功避免了产业危机，但政府主导的产业重组，主要依赖于垄断和限制市场准入等一些反竞争手段，这些都产生了副作用。因为只有大的企业集团才有资金和能力去重组破产企业，所以政府的相关措施反而强化了市场垄断，加速了相关行业的经济集中。最为重要的是，韩国政府对产业结构调整的推迟，以及银行部门道德风险的增加，这些都破坏了经济长期稳定的基础，并为1997年金融危机的爆发埋下了隐患。

20世纪90年代以来，实施以知识密集型的高技术产业主要内容的新经济政策与

---

[1] 黄启才：《韩国产业发展政策适变及对突破"中等收入陷阱"的启示》，《东南学术》2015年第2期，第102页。

先进产业体系构建。1992 年新总统金泳三上台后，开始实行新经济政策，以求经济的第二次腾飞。新经济政策与过去政府主导的经济有根本区别，它是政府和民间共同参与的经济，目标是使韩国最终进入发达国家行列。新经济政策提出以技术开发为中心，提出确立民间主导、面向需求的技术开发革新体制，加强建立企业主导的产、学、研联合研究体制，建立政府和民间共同参与的发展体制，使韩国经济产业向技术和知识密集型转变。自新经济政策实施以来，韩国经济增长下滑势头得到了抑制，对外开放进一步扩大，经济国际化程度日益提高，"技术立国"战略在韩国得到进一步强化，产业调整升级进程大大加快。1997 年亚洲金融危机后，韩国经济得到快速恢复，很大程度上得益于信息通信技术（ICT）的快速发展。韩国在 1999 年取得了 10.7% 的增长率，其中信息产业增长了 41.1%，对经济增长的贡献率为 38.3%。2000 年韩国信息产业对经济增长的贡献率更是高达 50.5%。在韩国信息产业发展过程中，同时成长起来一批具有国际竞争力的大企业，比如三星电子、LG 电子、现代电子等已发展成世界级知名品牌。

二、"科技立国"发展政策

在创新发展方面，韩国执政党的一个重要举措就是积极实施科技创新政策。韩国政府已经预见到，随着经济的不断复苏和发展，科学技术将会发挥重要作用。从韩国的实际情况来看，虽然企业界对科学技术的需求不断增长，但作为私营部门由于自身实力和能力都十分有限，不可能展开大规模科技研发活动。因此，应由政府建立科学技术基础设施及政府研究开发机构，来保障经济增长所需要的科学技术供应。除了通过科技行政体系来协调科技发展以外，韩国政府还通过制定完善的科技立法、科技计划、科技政策，对科学技术发展进行全面的引导与规范，构建了韩国特色的国家创新体系。

（一）制定产业发展规划

基于韩国自身的特殊国情，在自身经济基础与经济发展实际、政治结构和政府体制及外部因素的综合影响下，韩国政府做出了主导经济发展模式的战略选择。同时，"二战"后所形成的强烈的赶超意愿，以及在此基础上的赶超战略，也要求政府能够发挥更加积极、主动的作用。韩国政府通过制定一系列政策、计划和经济发展战略，将市场机制和国家干预有效地结合起来，促进了国民经济持续、快速的发展，成功地跻身于新兴工业化国家行列，创造了"汉江奇迹"。

从朴正熙执政开始，就明确提出了政府必须对经济建设发展进行干预，要实行由国家直接、积极干预经济开发的新政策，但国家的干预、介入要有所节制，不能包揽一切、包办代替。朴正熙在控制政治权力的情况下，直到开展现代化获得快速增长后，才逐步转向民主主义体制。自20世纪60年代初开始，韩国将经济活动重心由内部市场转向国际市场，确立了以出口带动经济增长的发展，同时辅之以"进口替代"的模式，完成了全面工业化，创造了经济发展的奇迹。实践证明，通过积极的"出口导向"战略的实施，韩国及时抓住国际贸易扩展和产业结构调整的有利时机，积极参与国际分工，引进大量外资、先进技术和必要的生产资料，消除了制约经济发展的重要障碍。同时将充裕而素质较高的廉价劳动力投入加工出口业，使出口产品具有成本比较优势，实现规模经济效益，使经济的外向发展迅速走上轨道，同时结合"进口替代"政策实现国内民族产业快速发展，并形成了具有国际竞争力的支柱产业，建立了相当完整的工业体系，实现了经济自立。

（二）设立国家主导产业

韩国外向型经济的发展，从发展思路、战略决策、政策制定和实施等，几乎所有领域都贯穿着政府主导的特质，这也是韩国外向型经济的鲜明特征以及赖以成功的重要因素。外向型经济的发展涉及贸易、金融、税收等一系列领域，许多相关政策错综复杂，需要不断权衡多方利益关系，此外，外向经济的特点决定了需要面向海外市场进行活跃的经济交往，更多受到无法左右的外部政治、经济等诸多因素影响。因此，外向型经济要求政府制定更加积极的政策，以主动加以引导和干预。

朴正熙上台后，把南北之间意识形态和军事对峙转变为经济的竞争，明确了只有依靠经济发展才能从根本上解决韩国面临的诸多问题，从而确立了"经济发展第一"的执政理念，一切以经济发展为中心，把工作中心转移到经济发展上。20世纪50年代，韩国国内政治、经济、社会处于无序状态，民族主义情绪日益高涨，而李承晚政权的关注点都集中于国内权力斗争，并未把发展经济作为实现民族自我图强主要手段。通过政变上台的朴正熙，从执政伊始就面临其政治权力合法性问题，发展经济成为其维护巩固"权力合法性"的最主要手段。

选择战略产业并加以全面扶植，使其成为带动韩国经济增长的"增长极"，一直贯穿韩国产业政策的始终。20世纪60年代，基于对自身比较优势的清醒认识，韩国确立了集中发展劳动密集型产业的发展思路，并以此为出口主导产业加以扶植；进入70年代，韩国发布了《发展重化工业宣言》，实施重化学工业化战略；80年代推行《产业重建计划》，针对重化学工业化过程中暴露出的问题，实行积极的产业结构调整政策；进入90年代，重点发展产业、文化产业，向信息产业、高附加值服务业等高新技术产业转换；进入21世纪在继续推进信息产业等高新技术产业发展的同时，着力扶植绿色、低碳、生物、能源等产业，意图培育面向未来的新经济增长点和核心竞争力。

（三）引进外国先进技术

日本在朝鲜战争期间得到经济恢复，并步入了高速发展阶段，创造出了"神武景气"和"岩户景气"，这大大刺激了韩国人的神经，给韩国社会心理带来巨大冲击。更为重要的是，朝鲜作为韩国最主要的威胁，在经济领域处于全面领先地位，韩国在与朝鲜的竞争中处于明显劣势。这种状况使得韩国的统治当局一心希望发展现代工业，提升国家实力，特别是军事实力，进而抗衡朝鲜最终实现半岛统一。此外，美国为了尽快减轻对韩经济援助的负担，不断向韩国政府施加影响，让其转向经济建设，配合美国援助计划的实施，并经常以断绝援助相威胁。美国要求韩国适当放宽对经济的硬性管制、减少军费开支、融入世界经济体系、政府把注意力转移到经济生产上等。美国对韩国政府经济目标取向形成的压力在李承晚倒台之后产生了作用。

1960年7月，张勉政府提出"经济发展第一"的口号，在确定了"经济发展第一"的发展理念之后，所有工作都紧密围绕着经济建设和发展而展开。朴正熙的经济方针具有单纯追求经济目标的特征，是一种以经济增长为目标的"实用主义"，落实到外向经济发展中则体现为"出口第一"的目标。在追求"扩大出口"这一核心目标的驱使下，外向经济的政策制定与执行，有了一个明确的目的性，针对外向经济发展过程中的现实问题、自身特点和外部条件的变化，制定明确、务实、灵活的各项经济政策，而不会受到其他因素过多的影响。

（四）积极进行教育变革

建国后的数十年历程中，韩国制定了一系列教育改革政策，可以说韩国教育史也是一部教育变革与发展史。《韩国宪法》第31条第4项明确规定：教育的民主、专门性、政治中立是由韩国宪法所保障。自1945年建国以来，韩国形成了中央集权的教育体制，监督和管制成为教育管理的主要手段。但随着国家的现代化、法制化和民主化进程，实现教育的自主自律、创新和个性化、多样化已经成为时代潮流。很多教育管理职能被下放到地方或学校，注重宏观协调与服务，加强教育立法，建立健全了专家审议机构和运行机制，正在建立国家与地方教育人力资源开发体系，学校教育正走向法人化和自主自律化，学校与教师比过去任何时候都有了更多的自主和选择权。

20世纪80年代初、中期，与美国、英国、日本同步推行的韩国教育改革与创新，不仅在国家层次与角度，而且在各地方教育部门和学校逐步推开。在金泳三总统执政时期，国家教育改革委员会要求国、公、私立中小学都成立学校运营委员会，旨在适应当地特点和实际需要，自主办学，实现多样化、个性化和教育创新，使学校成为学生向往的学习场所，激励学生，根据自身需求加宽选择和参与范围，鼓励合理、善意的合作与竞争，提高学校教育质量。金泳三执政期间，还着手进行了比较系统的教育改革与创新。直属于总统领导的"教育改革委员会"于1995年5月31日，公布了与教育国际化、终身化相适应，旨在确立"新教育体系的改革方案"。金大中总统执政时期（1998—2003年），在"5·31教育改革"的基础上，对初中等教育、大学、职业教育、终身教育、教师培养与提高、教育设施与教育财政、人力资源开发、教育法律等制度进行了进一步的改革与创新。

为适应21世纪知识经济的飞速发展要求，积极发展终身教育，促进人力资源开发，2000年1月韩国成立了教育人力资源开发部，由教育部长担任教育副总理，整合劳动、妇女、科技、信息通信、产业资源、文化观光部的教育培训及人力资源开发的业务职能。总统直接领导的"教育人力资源政策委员会"于2001年6月提交了"21世纪知识强国政策报告"，教育人力资源部于2001年12月提交了"国家人力资源开发基本计划"，提出"人、知识、飞跃"的发展思路，并推广和实行[1]。2001年8月，韩国颁布了"人

---

[1] 李水山：《韩国教育改革的得与失》，《高等农业教育》2004年第1期，第5页。

力资源开发基本法"，为确立国家人力资源开发的综合体系、具体实施奠定了法律基础，提供了体制保障。

第三节　韩国执政党推动开放发展的经验

历史上，韩国有着长达 1000 年的中央集权传统，而 1948 年大韩民国建立后，虽然传统的中央集权制有了很大改变，但国家与社会关系的基本格局仍未发生根本质变，执政党在整个经济生活中始终处于强大的支配地位。以实现经济增长和提高国际竞争力为发展目标，韩国执政党通过对各项重点产业的支援、调整和介入等，实行所谓的"进口替代"国家发展战略，其领导的对外开放在不同的发展时期起到了关键性的特殊作用。这种以对外开放为特征的政党主导型发展模式，由此实现了韩国 30 多年的经济持续高速增长，更使其由典型的后发国家一跃进入发达国家行列，生动谱写了前所未有的"压缩型"经济发展奇迹。

执政党在韩国经济社会发展中起了至关重要的作用，无论是发展战略的制定还是经济体制的选择以及具体经济计划的制定与实施，韩国政党都发挥了极其显要甚至是关键的核心作用，可以这样说，韩国的经济发展是一种执政党主导型的经济发展模式。20 世纪 60 年代初，一个以发展主义为导向的执政党政府得以建立，成为韩国经济增长过程中的转折点。执政党运用国家力量积累原始资本，进行长期投资，扶植战略产业的成长，引导企业快速扩张壮大。同时，执政党又能有效利用市场机制，广泛促进竞争淘汰，从而使经济成长充满了活力。由此而言，市场力量与非市场力量的有机配合，是促进韩国经济高速增长最为根本的解释。

一、对外开放中的执政党主导

20 世纪 60 年代末 70 年代初，横亘在东西方阵营之间的坚冰开始消融，在出口导向型经济政策的指引下，通过广泛的外交努力，韩国共和党政府与越来越多的国家建立了外交关系。20 世纪 60 年代，韩国实行以出口为导向的外贸政策，出口成为经济增长的动力。在执政党共和党全方位外交政策的指引下，韩国政府本着积极、务实的态度，与世界各地的国家发展互惠互利的友好合作关系，并且取得了很大的成效。此外，70 年代中期以后，韩国同波兰、匈牙利、捷克斯洛伐克、南斯拉夫、民主德国、保加利亚、罗马尼亚等 7 个东欧社会主义国家的关系也有了很快的发展。通过外交方面的努力，韩国不仅获得了国内稀缺的各种资源、资金和技术，促进了国内经济的快速发展，还大大提高了自己的国际地位，增强了在国际事务中的发言权。因而可以说，与第一共和国时期单一、狭隘的外交政策相比，共和党的外交政策堪称是一个巨大的进步。

全斗焕时期，韩国继续奉行亲美外交路线，虽然与苏联、中国等社会主义国家的关系有所缓和，但仍未建立实质性外交关系。而卢泰愚时期，出于自身的政治和经济利益考虑，在保持亲美外交不变的基础上，韩国开始寻求独立的外交路线，提出了著名的"北方外交"政策。民主正义党执政期间，韩国通过实施正确的经济政策，推行行政机构改革和社会民主改革. 实现了国民经济的持续快速发展，确保了国内的政治稳定，大大缓和了同苏联、中国等社会主义国家的关系。在"北方外交"政策的推动下，韩国同苏联和中国的外交关系不断发展，如在 1988 年汉城奥运会期间，苏联派出了 1000 余人的庞大体育代表团参加奥运会，包括最著名的芭蕾舞团和交响乐团到韩国进行演出。以奥运会为契机进行的文化交流，使得苏韩两国同时出现了"韩国热"和"苏联热"[1]。

直到 20 世纪 80 年代早期，韩国进入贸易自由化阶段，整个国家的经济政策由政府管制趋向于市场开放，《进口贸易自由化发展宣言》的颁布正是韩国贸易制度转变的体现。在 20 世纪 90 年代新韩国党时期，韩国政府对外旨在确保国际社会对东北亚的和平与稳定的支持，从而为朝鲜半岛的统一奠定基础。此外，韩国政府还积极推行经济外交，与其他发展中国家分享其经验和专门知识，使韩国跻身于先进国家之林，谋求发挥与其国际地位相称的全球性作用。

进入 20 世纪 80 年代，随着韩国政权的巩固、军事和经济实力的增强，对美国的依赖性也逐渐减弱。面对多极化、经济全球化的发展趋势，历届韩国执政党长期推行的大国外交政策已明显不适应时代需求，因此，90 年代执政党开放国民党提出了"实用型均衡外交"的政策，主张"通过积极参与多方外交提高国家地位"，促进"主导型经济、通商外交"，加强对发展中国家的支援，活跃文化、艺术、学术

---

[1] 张光军：《韩国执政党研究》，世界图书出版公司 2010 年版。

国际交流。所谓"实用型均衡外交"，是指价值和国家利益、同盟和多方合作、世界化和国家整体性、国家和对象国间的均衡和调和。1997年10月起，东南亚金融危机波及韩国。在困境中上台执政的金大中政府果断采取经济和金融整改措施，实施一系列改革，从而使韩国成为"东亚地区遭受金融危机的国家中第一个摆脱危机的国家"。之后的卢武铉政府依据"实用型均衡外交"政策，提出要做"东北亚均衡者"，积极拓展外交空间，扩大国际影响，努力提升国际地位，积极参与地区与国际事务的多层次、全方位外交，以争取在处理国际事务中发挥作用。由于在韩美同盟、朝鲜核武器、经济贸易等方面，韩国仍然受制于美国，因此，卢武铉政府秉承实用主义哲学，以巩固韩美关系为基础，期望谋求更大的国家利益。不仅如此，卢武铉将促进韩中关系作为韩国地区性外交的首要任务，积极推动韩中政界和民间的交流，通过双边往来加深理解和信任。为了均衡美国在韩国政治外交等方面的影响力，卢武铉政府重视发展韩俄关系，希望借助俄罗斯拓宽能源渠道，保持国家长期稳定发展。在发展与大国关系的同时，韩国也注重促进与其他各国的联系与交往，积极拓展多元外交。

韩国执政党在对外开放过程中发挥了积极作用，特别是在弥补市场缺陷、加快经济发展和产业结构高度化等方面，取得了令人瞩目的成绩。但同时也应该看到，对外开放政策作为一种执政党方针也存在着失灵情况，如1997年爆发的金融危机就是一个佐证。总之，韩国经济发展的对外开放模式无疑对许多国家而言，尤其是广大发展中国家，提供了一个可资借鉴的经济高速增长的范例。因而，在肯定韩国执政党采取的对外开放战略所起到的积极作用时，也不能忽视其长期以来对经济增长产生的冲击和弊端，只有在经济发展的不同阶段，以遵循经济发展规律为前提，形成全面协调的"双手机制"，才能实现社会经济公正、有效、持续发展。

二、出口主导型的发展战略

"二战"后，虽然结束了日本殖民统治，在一段时期内，韩国仍然不能摆脱半殖民地半封建的窠臼。20世纪50年代初的朝鲜战争和政局动乱，更使这一地区的经济凋敝不堪。由于自然资源异常缺乏、人口密集以及南北对峙局面等，严峻的国内外形势迫使李承晚政府不得不转而推行"进口替代"型发展战略，以便能进口原材料和必需的生活消费品等。同时，与北方的对峙也使政府面临着发展经济的紧迫性，只有快速发展经济并使国家富强起来，才能使自己的政权稳定。1953 年朝鲜战争结束以后，李承晚顺应历史潮流，将纺织业和食品加工业等轻纺工业部门作为突破口，力图通过消费品工业的发展带动生产资料工业的发展，实现国内市场的工业化。其所奉行的"进口替代"战略，实际上是依靠高关税壁垒和严格的进口限额来实现限制非耐用消费品和中间产品的进口。于是，在继续坚持以美元为支柱的统制经济战略的同时，韩国开始逐步走向以"进口替代"发展民族经济的开发转变。

20 世纪 60 年代以前，韩国的经济主要依靠美国经济援助和过剩农产品来支撑。为解决发展经济所需要的资金问题，"二战"后的韩国除加速资本积累以外，从 50 年代起，还大量接受外国经济援助和引进外国资本。其中，从 1945 年 8 月到 1970 年底，美国向韩国提供的无偿援助总额达 37.8 亿美元。除美国外，联合国和其他一些西方发达国家也曾向韩国提供无偿援助，如在朝鲜战争开始后提供的战时救护援助，联合国韩国复兴委员会的援助。战时救护援助和韩国复兴委员会援助及少量的联合国开发计划援助共计 6.11 亿美元，为"科伦坡计划"与一些西方发达国家提供的援助，主要是发达国家以技术援助的形式提供的，一般为接受韩国的进修生和专家到本国学习先进的科学技术。

在李承晚政府实行"进口替代"发展战略期间，制定了"生活必需品生产资金大纲""中小企业扶植政策大纲"及"小规模工业技术合作资金贷款"等，以法律形式确立对中小企业的扶植政策，使得中小企业对国民经济的发展起了决定性作用。这一系列金融政策基本上从"进口替代"产业政策出发，向中小企业提供优惠贷款，仅在 1953 年至 1957 年的短短五年间，就增加了 800 多间以生产纺织品等劳动密集型产品为主的中小企业[1]。李承晚政权"先统一，后发展"的主张使其在经济发展上收效甚微，但由于美国的大量援助和"进门替代"政策的实行，韩国的国民经济开始逐渐恢复，工业生产也慢慢复苏。但这种发展很大程度上依赖高关税保护支持，虽然对当时韩国经济的恢复与发展起到了推动作用，然而，保护关税的"进口替代"政策不仅限制了外国进口，并且由于将发展经济的基点放在本国有限的人力、物力、财力和市场容量上，容易"跟在别人后面跑"，也不利于企业自由竞争和提高经营积极性。

---

[1]　张光军：《韩国执政党研究》，世界图书出版公司 2010 年版。

自从大韩民国政府成立以来，韩美关系一直是韩国对外关系的基轴，在不同的历史时期，韩美关系的性质和内容有所不同，但都无法撼动美国作为韩国外交核心的地位。从 1958 年开始，由于美国国内经济危机和美元危机的加剧，开始缩减对韩国的经济援助，逐步把过去的无偿援助改为有偿贷款。到 60 年代初，美国停止了无偿援助，1962 年至 1966 年，韩国靠"美援"支持的进口下降到 50% 以下，致使"进口替代"战略难以为继。加上韩国国内市场狭小，产品销量极为有限，到 50 年代末期，许多"进口替代"企业因销路不畅而纷纷倒闭或转行。韩国在资金、技术、市场等各方面的条件，都不足以使"进口替代"工业化战略深入到耐用消费品、资本品以及中间产品的领域。这种内向型经济政策，对于既缺乏资源和资本，又缺少技术和设备，而且市场狭小的韩国来说，无异于作茧自缚，难以使经济保持高速发展。

"10·2 抗命风波"发生之后，强人朴正熙不再充当"四人体制"的幕后指挥，开始亲自掌管大小党务。此后不久，朴正熙发动维新政变，在国内实施"维新政治"。根据朴正熙的需要，在维新体制下，共和党修改了党纲和党章，由于政党活动受到限制，逐渐地沦为朴正熙的个人附庸和维护统治的政治工具。为了巩固自己的统治地位，全力发展经济，共和党政府先后 12 次修改了"政府组织法"，结果政党和国会只在形式上予以承认或协助，不再对议案结果产生正式的影响。在 1962 年到 1979 年 9 月间，为了增加出口，韩国一共举行过 177 次振兴出口扩大会议。朴正熙无一缺席，并且亲自主持会议。会议上提出的大小问题，凡是有关部门能够解决的就立即解决，不能解决的由总统亲自处理。

共和党上台之后，朴正熙广泛听取经济专家的意见，出台了一系列经济发展政策，其中较有代表性的是"出口立国"政策、"扶植重－化工业"政策以及"农工并进"政策。为了设法赚取外汇，从 1965 年起，共和党政府以面向海外市场的"出口促进"政策取代了"进口替代"政策。为了促进该政策的实施，共和党政府采取了许多具体的行政措施：第一，改组了商工部，在每个工业局内部设立一个出口部门，负责制订每年的出口计划指标；第二，继续增设和扩大出口振兴公社驻海外分社，积极帮助企业开拓海外市场；第三，从 1965 年开始，每月召开由总统亲自主持的"出口促进会议"，把各部长官、商会领导人、主要金融机构负责人以及大企业代表召集在一起，讨论并解决有关出口的政策问题；第四，大张旗鼓地召开庆祝会，表彰完成或超额完成出口指标的大企业领导人 [1]。除此之外，为了加强宏观调控，政府还有选择地介入企业的出口活动，保护幼稚产业的发展，促进最终产品的多样化，加速产业结构的调整。

共和党政府实施出口导向型发展战略，最初扶持的是纤维、胶合板等劳动密集型轻工业。进入第三个五年计划之后，鉴于当时的国内外环境，适时地将出口重点转向了重工业和化学工业。政府对重-化工业实行贸易保护，限制相关设备和中间材料的进口，鼓励企业和国民购买国内的重-化工业产品。此外，政府还通过给予出口利息补助、减免出口所得税和法人税等手段，积极促进国内重-化工业产品的出口。通过实施"出口立国"政策，韩国突破了以往由于国内资源贫乏、市场狭小造成的局限，在广阔的国际舞台上闯出了一条生存发展之路。在出口增长的有力带动下，韩国的国民经济快速地发展起来。

全斗焕政府提出"以技术为主导"的战略口号，通过提高产品技术含量扩大出口，确保韩国经济持续快速发展，经济增长率由 1980 年的负 3.7% 增长到 1987 年的13%，年平均增长率达到 8%。失业率和通货膨胀率得到很好的控制，并呈现逐年降低的趋势，特别是通货膨胀率由 1980 年的 28.7% 降到 80 年代中后期的 3% 以下。国际收支经常项目也由 1980 年的逆差 53.207 亿美元逐年递增为 1987 年的顺差 98.539亿美元。在国民经济高速发展的同时，韩国不可避免地仍存在诸多问题，比如这一时期外债持续增加，官商勾结严重，贫富差距扩大，等等。卢泰愚时期，改革重点由减少政府直接干预转变为更多地采取经济手段进行宏观调控。其中，1988 年韩国对外贸易顺差达到 114.45 亿美元，国际收支经常项目达到 141.6 亿美元，创下了韩国历史最高纪录。此外，韩国还成功举办了 1988 年汉城奥运会，这不仅刺激了国内经济增长，更重要的是，大大提升了韩国的国际形象和民族自信心。

1996 年 4 月 11 日，新韩国党出人意料地占据了第一执政党的要位，金泳三任第一任总裁。新韩国党一上台，就提出了新的政治理念，成为新一轮文化改革的主力军，并承载着所有民众的愿望，以新面貌展现在世界的面前。金泳三主张建立清廉的政治、强有力的政府，在安定的环境中推进民主化进程，彻底消除政府和社会中的不良现象。新韩国党建设的核心是经济建设，即必须改革现行的各种制度，以振兴经济。在这一方面，新政府采取倾斜政策、扶持中小企业走出低谷，注重科技投入和科研队伍

---

[1]　张光军：《韩国执政党研究》，世界图书出版公司 2010 年版。

建设，实行引进外资与对外投资并举的政策，充分发挥各企业集团的优势，积极扩大出口创汇。

2003年11月11日，以改革为口号的新型政党——开放国民党正式创建，并在短短几个月时间里，一举从国会第三大党跃升为第一大党。2004年5月20日卢武铉总统的加入，使其迅速完成了从在野党到执政党的发展之路。开放国民党提出，"提高证券市场的公平度和透明度""规范房地产市场"及"构筑公平、透明的经济体系"。为此，卢武铉政府将改组大企业和金融机构作为执行重点，强调营造良好的企业经营环境，构建透明、公正的经济体系，奠定先进的金融基础，推动财政、税制改革。

开放国民党主张扩大技术投资，普及科学技术文化，依托新技术、高生产率、高附加价值，增强企业竞争力，通过科技发展振兴经济。在此基础上，卢武铉政府相应提出了"构建以科学技术为中心的国家"的构思，并制定了高科技与人力资源开发战略，强调进行国家科学与技术体系创新，确保未来经济成长动力的基础，推进建立在知识信息基础上的产业更新换代。卢武铉政府将构筑"科学技术中心社会"作为主要国策，强调通过科学技术创新挖掘增长潜力。韩国政府于2004年7月构建了国家技术创新体系（NIS），同年11月，又对科学技术行政体系进行改造。2004年，韩国政府为建立"u-Korea"提出了"IT839"战略作为未来5年内韩国政府的重点发展项目，大力支持IT产业的发展，通过该项目，韩国将成为世界数字时代的领军人物[1]。

韩国的主要进口产品有原油、煤、焦炭、原棉、原糖、铝、原木、化学原料等。从20世纪90年代开始，韩国进口商品结构有了新的变化。资本货物进口比重进一步增加，原料和包括粮食在内的生活消费品进口比重进一步减少。主要出口产品有电子产品、纺织品、钢铁产品、化工产品、汽车、船舶、机械等。以发展出口导向型经济起家，20世纪80年代以来，韩国对外贸易发展十分迅速，日益呈现多元化发展，对美、日等传统市场的出口相对减少，对其他国家和地区的出口有所增加。1986年，韩国实现了31.3亿美元贸易顺差，结束了持续40年之久的"赤字贸易历史"[2]。为发展以外贸为龙头的出口导向型经济，韩国政府在财政、金融、税收和对外贸易管理等各方面提供优惠政策，并建立有关对外贸易的促进机构，统一组织和协调全国

---

[1] 郭春成：《韩国政府经济政策调整及其对我国的启示》，延边大学硕士学位论文，2001年。
[2] 张光军：《韩国执政党研究》，世界图书出版公司2010年版。

的外贸，从而保证了外贸快速发展。但在 1997 年爆发的金融危机之中，其众多出口企业因汇率和利率的急剧变动均受到了很大打击。

由于国际经济形势发生变化. 世界贸易组织的创立和世界大市场的形成，特别是美国对开放市场的压力，不断冲击着韩国贸易保护壁垒，使韩国企业和商品不能再依赖政府的保护过日子。此外，韩国国内的政治形势变化也要求企业依靠自身的力量发展。1993 年金泳三总统就职后，率先公布了他和直系亲属的财产，宣布在任期内不接受任何企业和个人提供的政治资金，敦促国会通过《公职人员伦理法修正案》，要求政府高级官员进行财产登记、定期申报、离职或退休时必须公布财产，并接连宣布实行金融实名制和不动产实名制，割断了官商勾结的重要渠道，使企业不能再依靠官员的非法保护进行经营，必须在企业公平中求得生存与发展，这是一次革命性的大转轨。所有这些转轨措施和方案，归根结底，都是以对外开放、搞活企业为基本目的，为推行以"出口主导""外资引进"为中心的经济开发战略服务。

从 20 世纪 90 年代初开始，虽然劳动密集型产品的出口总额在进一步增长. 但占韩国出口总额的比重却大幅度下降，而资本密集型、技术密集型的高技术、高附加值产品出口剧增，占出口总额的比重也不断上升，逐渐成为出口主导商品。随着经济的不断发展和产业结构调整的需要，韩国十分注重从发达国家引进成套设备及技术，其技术引进与产业结构调整同步进行。韩国引进成套设备及技术的市场主要集中于日本和美国，从日、美两国引进技术占总数的 77.2%。

三、健全完善的公共服务体系

韩国地域狭小，人口密度大。20 世纪 50 年代末，韩国人口密度为每平方公里 260 人左右，人均耕地面积约 2 亩，少于世界人均拥有的耕地面积（4 亩）。进入 60 年代后，尽管人口增长率呈下降趋势，但仍以 3% 的出生率增长，同时适龄劳动人口迅速上升。由于韩国可耕地不多，即使在农业劳动生产率很低的情况下，仍然存在着大量失业和半失业人口。城市失业情况更为严重，几乎每 3 个经济活动人口中有一人失业或半失业。第一、二个经济发展五年计划期间，韩国政府通过实行重点扶植，使得工业有了很大的起色，但也造成了工农业发展严重失调、城乡收入差距迅速拉大的后果，带来了严重的社会问题。1970 年 4 月 22 日，朴正熙发动了自上而下的"新村运动"，从改善农村的居住条件入手，各地农村开展了一条龙开发计划，统筹安排基础设施建设、生产销售渠道的开辟以及农业机械化等各项工作。

20 世纪 80 年代后期韩国民选政府产生后，以公民为中心的价值观念很自然也就成为韩国执政党确立以公民为中心的精神，并一直沿着这个路径展开改革浪潮，标志着韩国公民社会的建立与走向成熟。20 世纪 80 年代以来，韩国执政党开始注重公共服务体系建设，通过公共服务体系的公平、公益、均等的基础性服务，建立起一种从社会基本救济到维系国民基本文化素质、守护国民民族特性，明示社会道德良知的文明底线。执政党在公共服务部门中广泛开展亲切运动，将是否亲切作为评价公务员行政行为的一条标准，并在政府内设立"亲切服务管理办公室"，专门监督和检查公务员的亲切服务行为。如在 2000 年韩国警察改善行政服务的百天运动中，警察的标志换成了黑猫警长，让人感到亲切。

长期以来，韩国的政治氛围一直处于一种高压状态，民主主义停滞不前。民主党执政后，其所建立的金大中政府是韩国 50 年来首次通过选举和平地进行朝野政治交替而产生的新政府。金大中政府作为事实上人民首次选择的人民政府，大力倡导民主主义，将政府执政视为国家管理的基本方向，从二次建国的角度来落实和发展制度和新的秩序。民主党的缔造者金大中认为，民主主义的基本原则是从"一切权力来自国民"出发，保障个人的权利与自由，限制国家的权利。民主主义保障个人的政治参与，确保正统性，并通过竞争的选举程序，体现对国民负责的政治责任。民主党总裁金大中在 1997 年 12 月当选后的第一次讲话中表示，新政府将同时抓民主和经济发展。

不仅如此，执政党划分了"即决民愿"和"有限期民愿"的不同公共服务类型，成立了叫作"民愿奉侍课"这样一种综合性、独立性的行政机构。根据公正、公开、透明的要求，在提高公共服务质量中，让市民了解和掌握更多的公共信息，来更好地参与公共事务。如首尔市政府办公楼内设有政府资料阅览室，摆放有首尔历史、交通、规划、环境、建设等方面的书籍和各种政府刊物，还设有政府网络资料的查询系统。除了政府资料阅览系统以外，韩国还有出售政府资料的专门书店，内有政府历年的统计资料、年终总结报告、白皮书、年鉴等政府部门编辑的书刊。

在建立了民主政治体制后，20 世纪 80 年代后期，韩国基本完成了政府向公共管理和公共服务的转型，确立了以公民为中心，以为公民与社会服务为宗旨的理念和组织构架，并以此为前提完成了行政科层层面的服务态度、行政流程、信息化的改革，基本建立起一个与韩国经济社会发展水平相适应的现代化的政府，推进了韩国社会的稳定发展。在计算机网络系统出现后，韩国还较早地建立了电子政务系统，包括电子政务中心系统、政府立法检验系统、文化观光部网上公开系统等。通过这些系统，极大地提高了韩国政府的公共服务效率。

随着经济发展、生活水平的提高和医学技术的发展，韩国老年人的平均寿命也得到了延长。近些年，低生育率与人口老龄化日益成为韩国的两大人口问题。根据韩国统计厅统计，2000年65岁以上的老年人口已经达到总人口的7%，进入了老龄化社会，预计2018年将达到14.3%，进入老龄社会，2026年将达到20.8%，进入超老龄社会[1]。根据上述统计，现在韩国已经进入了老龄化社会。老龄化趋势是现代产业社会的新生现象，与此相同．老人问题也是产业社会的产物。进入产业社会，医学技术的发展、死亡率的降低、平均寿命的延长直接导致老年人人口增多，这是现代产业社会必然会出现的现象。因此，韩国的老人问题已经是一个亟须解决的社会问题。

在金大中政府上台前30年的高度压缩性增长过程中，韩国社会将资源集中分配到经济增长之上，从而使社会其他领域发展滞后，环境受到严重的破坏，人们在文化领域里的积极性和创造性受到很大抑制。民主党上台后，金大中政府实行了符合民主市场经济原理的社会政策，首先保障均等的机会．共同分享成果，提供再教育机会和保护竞争失利者，即保障就业，提高产业间劳动力的流动性。金大中政府还将残疾人、妇女等人员的工作推荐、劳动标准的落实、生产事故的预防及母亲和儿童的保护列为工作重点，扩充失业保险和灾害保险。为共享成果，金大中政府通过课税促进再分配和提高企业经营的透明性。

开放国民党明确提出，政府应创造工作岗位，解次工作岗位不确定的问题，健全创造社会工作岗位的制度。为落实政策，实现扩大就业机会和改善劳动力市场，卢武铉政府将人才立国和促进就业作为国家中长期发展战略，成立了直届总统的"人才立国和促进就业委员会"，并对教育、医疗等高级服务产业进行战略性的培育，以此扩大就业机会。卢武铉政府相继制定了《雇佣政策基本法》《建设业雇佣改持

---

[1]　吕方：《公共服务体系与中韩公共管理改革》，《南通大学学报（社会科学版）》2007年第6期，第112页。

相关法》《高龄人口雇佣促进法》《男女雇佣平等法》《失业及工伤保险相关法》《职业安全法》《残疾人雇佣促进法》和《减少青年失业人口特别法》等数十部有关雇佣和就业的法律。2005 年，韩国成立了"再就业支援中心"，为失业者提供各种就业培训和发布信息，并设立中小企业振兴及产业基金，向中小企业提供补助，以稳定经营和就业形势。此外，政府还一直通过实施公共投资项目和扩大公共工程增加就业机会。卢武铉政府积极实施劳工制度改革，推进劳动力市场"柔性化"，实行以业绩为基础的工资制度，建立了"一条龙"服务管理系统。

开放国民党提出，政府应实现最低生活保障，消除两极分化，完善涉及国民切身利益的福利体系，构筑先进福利型社会，倡导"实现男女平等，强化家庭观念、家庭责任，构筑享福美满的家庭型社会"。卢武铉政府积极倡导男女平等，致力于建立一个妇女与男士在家庭、工作岗位和社会每个角落都受到平等待遇的社会。卢武铉政府制定了《女性人力开发综合计划》等多个保障女性工作权益的计划入案，并相继采取了一系列措施使妇女获得了宪法保障的受教育、就业和参与社会生活的平等机会。2005 年 3 月，卢武铉政府通过废除成为歧视妇女主要标志的户主登记制，为建立以民主价值观和性别平等的家庭新文化奠定基础，向男女平等社会迈进了一大步。2006 年 4 月 19 日，韩国国会表决通过了卢武铉总统提名韩明淑为总理的议案，宣告韩国历史上第一位女总理的诞生，为韩国女性参政树立了一块里程碑。

韩国有着重视教育的传统，开放国民党更是将教育上升到关乎国家健康发展、民族文化复兴的极高地位。该党提出了"实现教育兴国，建设知识文化强国"的政策，强调进行"分权、自发、参与的教育革新""继承发扬富有民族特色的文化，恢复民族文化的整体性""奠定文化强国基础，发展文化产业"。卢武铉政府将教育放在政府工作的优先位置，积极推动教育事业发展，促进全民文化素质的提高。2004 年 9 月，韩国国会通过了开放国民党提交的《私立学校法》，该法案旨在构建参与自治的教育共同体，发展公共教育、扩大教育福利，实现科技教育质量跨越式提升。2010 年，地方选举中进步派教育厅长的大举当选，给执政过半的李明博政府带来了新的挑战。以向学生提供免费餐饮、设立 300 所创新学校、制定学生人权条例等为代表的进步派教育厅长的教育政策，在教育的各个方面与政府发生冲突[1]。执政过半的李明博政府推行的教育改革，虽基本上按部就班地推行并卓有成效，然而来自进

---

[1] 万顺芳：《韩国社会保障制度及其改革》，华中科技大学硕士学位论文，2007 年。

步派教育厅长的对抗的声音和部分民众不满的声音仍然很响。

第四节　韩国执政党推动社会发展的政治动员经验

在"二战"以后 60 多年的时间里，韩国可谓经历了西方国家整个政党发展之路。在今天韩国的政治图景中，韩国政党正在朝"全民党 / 选举党"的方向发展。组织发动群众、争取民众支持，特别是争取选民选票，就成为韩国各政党的头等任务。为此，韩国各政党在群众工作方面都倾注了巨大精力。就韩国政党开展群众工作、争取民众支持的相关情况进行考察和研究，可以发现，韩国各执政党都有一个突出特点，即他们都比较注重群众工作策略，努力将群众工作寓于政党的日常工作和政府的执政运行之中，运用各种资源和方式来强化民众对政党的支持和信任。

一、为争取选票贯彻日常工作

当代韩国公民社会形成于现代社会秩序中的民间政治领域，一般不受国家行政权力的支配，公民社会运动与政治运动错综纠结又相辅相成。随着政治民主化的推进，国民参与总统、国民议会选举的比率陡然下跌。民主转型使得政治格局从原先的威权与民主的对立，演变为南部两个地区之间的区域竞争，加上意识形态或政策内涵的缺失，使得其政党制度与其说是"威权主义的对立面"，还不如说陷入了狭隘的地方主义，造成了"民主的赤字"[1]。一些韩国公民组织通过廉洁竞选活动、黑名单活动、宣言运动及请愿行动等对执政党施加影响，充当政治过程的督查者，推进了公民社会的进一步发展。

（一）以选民意向为中心

随着 20 世纪出现"第三波"民主化浪潮以来，考察处于转型期的韩国人文政治，其社会阶层因经济快速发展日益分化，结果形成了复杂的多元利益代表。韩国民众虽然获得了一定形式上的政治权益，然而，出于现实的政治情境考虑，具备明显专

---

[1]　徐学通：《国内外学者聚焦"政党如何联系群众"》，《社会科学报》2010 年 7 月 1 日，第 1 版。

业优势的职业化政治精英，为大众所依靠并借由代议制而获得了充分授权，得以通过正当的政党博弈以及多层互动过程，对民主化进程产生了关键性的作用。在"二战"建国后的早期，匆忙移植而来的"西式民主"水土不服，使韩国很快便陷入民主异化的困顿境地，多党政治的效用非但难以发挥，反而沦为威权统治合法化的独裁工具。后来，在经历了漫长的民主实践后，以1987年的"六·二九宣言"出台为催化剂，一方面标志着韩国开启了民主转型的艰难历程，成为其政党发展前进的重要分水岭；另一方面也奠定了当今韩国政党政治的发展基础，从而一直延续至今。

威权体制下的韩国历届军政府长期把持国家政权，不断打压其他民主政党，形成了长达数十年的一党专权执政局面。在国内外反独裁民主运动的强大压力下，20世纪80年代中期，全斗焕政权被迫采取自由化措施，开始逐步解除对政治活动的限制，为多党政治的正常运作提供了条件。随即，以"民主韩国党""民主正义党"和"韩国国民党"等新创立的政党为代表，各种政治势力纷纷联合了各自所属的政治团体创建政党，一时之间，遭受禁锢的政党活动如雨后春笋般复苏了。可以这样说，霸权党体制的消融淘汰为当时的韩国民主力量破除了最后一道枷锁。

由政治精英组成的所谓韩国党派，不仅随选举情势变化保持了较高弹性，更像是为了瓜分选举成果而聚集在一起的私人政治俱乐部，甚至呈现出"无党"化的政治社会标签。一方面，普通人申请入党的手续极其简便，而上交的党费更是聊胜于无，党派基层更是无所作为，以致连续性大打折扣，更不用说保持一贯的日常组织化。另一方面，连政党总部也难以清算出准确的党员数量，而基层党员亦无法产生实际的政治影响力，其政治运作完全依靠少数核心人物，甚至失去了对总统候选人的决定权。如2007年李明博和朴槿惠争夺总统候选人身份时，基层党员的区区30%的投票权，就是一个典型例证。

在1985年2月举行的议员选举中，新韩民主党获得67个国会议席，一跃成为韩国最大的在野党，对全斗焕的威权统治带来很大冲击。民主正义党内部就大选和前途问题展开激烈争论，加速了党内顽固派与改革派的分裂，并在党内民主力量和在野党的压力下，统治集团的权力精英与在野党就修宪等问题达成了妥协。然而，1986年9月，朝野协议改宪最终演变成一场大规模的激烈政治抗争，统治当局的限制成本开始明显超过其承载能力，这成为导致韩国制度变迁的直接导火索。在这段艰难的政治时期，精英机制充当了政党制度能力的一种完善工具，极大地推动了韩国政治共享与大众信任的双向协调，在利益互动的政治沟通中深切回应了治理能力的寄托。

其后，包括 1994 年末统一民主党系针对共和党系的权力斗争，以及维持了近 5 年的三党统合体系终告尾声，金钟泌宣布建立新党"自由民主联合"等在内，这些对旧的韩国封闭政治格局造成了新的冲击，许多政治派系在彻底决裂与争相联合之间摇摆不定，不断上演着精英之间纵横捭阖的利益互动过程。为整合不同的制度安排（例如议会联盟与组建内阁的关系），韩国政党必须产生相对协调一致的内部等级秩序，并把这种一致性复制和传播到权力争夺领域。如 1995 年自民联在吸收了新民党后，成为继民自党和民主党之后的院内第三大党。尽管后来由于"新政治国民会议"的创建，自民联进一步降为院内第四大党，但其作为以忠清势力为基础的政党，在韩国政治舞台上仍占有重要地位，并催生了更为严重的地域割据现象。

多党制的恢复使得韩国开始跨入民主门槛，这无疑为活跃的国内精英开创了新的政治空间，可是，另一方面，其政治参与触角的进一步延伸扩展，也对新时期的政党能力提出了更多挑战。虽然韩国进入政党博弈体制的历史至今仍为短暂，其发展转型的生成机理还有待发掘。但是，通过采取一系列的经济发展战略，韩国政党高度重视新制度的实际运行绩效，大大切实改善了人民的物质生活条件，更使得综合国力在数十年内便实现了质的飞跃，不断促进民主体制和统治当局的合法性积累。政党竞争为确保执政者履行职责提供了最可靠的鞭策机制，在看似无规则的政治变动过程中，迫使韩国精英为争取权力实践"危机与统合"的斗争方式，以此不断吸纳整合不同的民意基础，并为组建一个成功的政府提供了一套可行路径 [1]。

韩国政党把个人、群体和利益团体连接到特殊的组织成员资格和选举模式上，并不断修正其意识形态和政策立场以容纳新议题。因此，不论是选举制度与议会，还是国家行政机构，韩国政党既被这些制度塑造着，同时也塑造着这些制度。与其说根据立场区分其国内党派，倒不如用地域区分更明确一些 —— 全罗道往往支持民主党，与扎根庆尚道的保守党派相抗衡，双方在本质上没有严重对立的政治分歧。而韩国大选盛况与其说是党派之争，不如说是少数精英政客"朋友圈"之间的对抗，其间区别昭然若揭。建立在地域代表原则基础上的韩国政党，不断警醒政治精英们必须致力于达成公民的普遍共识，从而整合不同政策选择以建立共同的政策目标。

---

[1]　宋国华：《韩国政治转型中的政党政治研究》，山东大学博士学位论文，2009 年，第 32 页。

（二）展开政党合作连横

在以韩国为代表的新兴国家政治民主化过程中，由权力精英构成的所属政党透过融合不同的制度化秩序，发挥了引领发展的特殊历史功能，成为建构国家民主政治不可或缺的主体之一。在决定韩国政治体系状态中的诸多要素中，执政党主要通过制定国家的重大政策，并实施某些关键性的决策，引导控制着政治社会文化生态。在依赖精英人物管理高度组织化的韩国社会中，透过观察在韩国政坛所发酵的一系列党派竞争活动，无论是执政或者在野，足以洞悉其直接发生的一个普遍特征 —— 政治精英之间的合纵连横或策略互动，从而间接协调不同利益集团之间的矛盾分歧。在此基础上，由少数政治精英组成的韩国民主政党，作为国家权力的直接掌控者，把持着最主要的社会派生资源，也为政党成长提供了适应性的社会土壤，已成为一种独特的政治文化现象。

在经济飞速发展之后，随着民主转型成果的不断巩固，主要由城市社会环境和家庭地位造就了韩国当代政治精英，其身份开始稳定为受教育程度较高的文人群体，而上层政治精英实行民主政治的迫切愿望折射出基本的民主共识，并极大表明了精英价值的相似性特质。因此，新生的韩国政党体制若不能回应这些诉求，将会导致政党功能的低效运转，并以治理失败暴露体制上的脆弱性。民主时期各党派精英的目标认同表明，为了避免将政治困境升级为发展风险，无论哪个精英化的权威政党上台执政，抑或政党势力本身发生增减交替，等等，以民主为目标取向的巩固历程都将难以逆转。1997年底，金大中当选为韩国第15届总统，进步与保守两大主要阵营，二者的执政身份互换，第一次按法定程序实现了和平转交政权。此外，自1998年至今，两大政党间实现了两次执政轮替，从2008年李明博执政以来，保守阵营重新执掌政权，但民主党仍保持第一在野党的地位。

自1987年韩国实现民主转型以来，其国内政党政治逐渐摆脱了威权体制的禁锢，获得了广阔的成长发展空间，经过近30年的曲折演变，现已形成多党政治格局下两大政党朝野交替主导政权的格局。风云变幻之下，朝野公平竞争的态势逐步稳定，执政党和在野党更换名称的概率甚高，而每次改名都意味着一次重大的派系分裂或妥协。大量社会资源日益倾注集中于政党内部，使其成为维持国家机器运转的核心组成部分。在政治人的党权斗争过程中，派系林立随处可见，因此，尖锐的阵营切割迫使精英将各种利益诉求整合为统一的公共政策，已成为超越意识形态之争的共同着力点，并依据不同的合作目标灵活调整政策方针及内容，以期联合潜在的团结力量达成最广泛的普遍共识。

激烈的政党竞争为精英之间的博弈较量所引导，结果韩国的政党合法性深受精英采纳的政策输出影响，就此而言，政党竞争不仅是政党统治合法性的赋予过程，其本身还具有改善公共政策质量的择优功能；政治集团无条件地否定竞争对手提出的任何议题，容易导致不同党派固化在彼此对立的格局中，如果缺乏自律的执政党竭力寻求狭隘的集团利益，则公共权力极易沦为分利集团的工具[1]。如 1986 年 12 月 24 日，二金抨击党总裁李敏雨严重违背立场，而新民党内非主流派也借机接近政府取向，致使党内分裂迅速扩大。最终，二金另组"统一民主党"继续领导改宪斗争。1995 年底，金泳三决心更改党名以实现"脱胎换骨"，并加强了对遴选国会议员候选人的决定权，新韩国党也因此成为名副其实的总统的党。转型初期形成的"一朝三野"四党格局，并没有维持多久，随即进入纵横捭阖的新一轮大棋局中。

经过多年的离合聚散，以执政党大国家党为中心的保守阵营，与以在野党国民会议为主体的进步阵营，两大主要政党对峙格局渐具雏形，最终演化为两股力量分庭抗礼的对立局面。在选举被政党派系分割的条件下，民主政治不仅为多元利益的表达提供了舞台，通向公共利益的整合渠道亦经此被阻塞，政党内部根本严重缺乏民主制衡机制。政治竞争并未在韩国催生理想的善治，恰恰相反，选举后的权力更迭反倒衬托出制度衰弱的延续。故而，综观韩国权力精英崛起的长期政治历程，逐渐建立起以党首为核心的"家长制"式权力谱系，使之政客在重大决策、人事安排及经费筹措等方面手握利器，且在党内绝对不允许被挑战其权威，造就了党派兴亡与政治名流休戚与共的命运共同体。

一般民众对少数掌权者分裂合并党派置若罔闻，部分魅力型领袖惯用借助非民主的手段，如压制异己力量、收买选举及幕后交易等来维护统治，就此来说，韩国政党很大程度上凸显为政治精英的附庸品，这便使得其由创生之初就怀有极大弱点——政党私人化，而围绕在以权力斗争为核心的阵营对立方面，更是昭示了韩国政党政治根基之脆弱，难堪重任。如卢武铉由于与旧主流派之间不可调和的政见矛盾，其断然退党之行为致使执政的新千年民主党一夜之间大权旁落，这一打击无疑是致

---

[1] 洪明月：《政治现代化进程中的韩国政党政治转型》，上海师范大学 2007 年版。

命的削弱。然而，庆幸的是，以精英决策为核心特征的韩国政党，在对国内政经互动反馈的信息进行充分吸纳之后，新生政党如开放国民党曾锐意改革所带来的新气象，推动了韩国方方面面的发展。

（三）维护政党公开形象

始从军政独裁时期到刚刚履新的文在寅政府执政过渡，历数韩国历史上的主要政党，都曾因为政治名士的离合聚散而出现变动，产生了或多或少的分裂或重组。韩国现代社会的政党分化组合，实际上是在制度变迁大背景下的特有政治现象，但与韩国历史上的极权领袖少数群体不同，在民主转型的社会进步潮流中，其政治精英更多的是在民主、知识和大众等因素的共同作用下，通过开放流动的社会竞争机制脱颖而出，从而组成了不同政党骨干成员的新鲜血液，形成了民主机制主导下的有序层级流动。

由于军队强硬派的直接政治控制，乃至统治集团内部的派系斗争，致使韩国的政治开放始终步履蹒跚，直到 20 世纪 80 年代末期，主宰数十年的威权主义政治终呈衰败之势，从 1987 年开始，韩国进入了向现代民主社会过渡的转型新阶段。对于新兴民主国家韩国而言，以中产阶层为主的民众依旧认同精英支配的政治惯例，因此，在维护者和破坏者两者之间摇摆的最终定位，很大程度上取决于政治精英对具体制度设计的战略选择。"六·二九宣言"正逢其时的出台，标志着外部环境的剧烈变化倒逼精英回应政治开放的大众诉求，传统的韩国权贵阶层开始走向了衰落，而民主化的势力日益壮大，使二者走到了力量对峙的历史性均衡点，这成为政治精英阶层有序流动更换新鲜血液的一个绝佳契机[1]。

第 13 届韩国选举酿成"朝小野大"的局面，执政党民正党由于议席未过半数，控制国会已不再可能，而总统的施政也将处处受制，这就为改变固化的韩国政局创生了一个突发性拐点。制定政策、组织竞选、组建政府及议会运作等，所有这些都要求一定数量的集团行动一致，联盟因而可以被理解为政党自身的一种生存策略，即通过创造有利的政治环境来巩固自身发展，以增强其资源和地位的方式获得公共特权。正是基于以上考虑，当卢泰愚提出三党合并的要求时，迅速得到了民主党和

---

[1] 杨景明：《引领转型：变革社会中的韩国和俄罗斯政治精英》，上海交通大学出版社2011 年版，第 63 页。

共和党的响应。1990年1月22日，民正党、民主党和共和党正式合并为民主自由党，成为拥有三分之二以上国会议席的大执政党。在国内城市化、工业化的特定历史过程中，建立在社会动员背景下的韩国政治选举日益常规化，人们的利益诉求变得更趋于碎片化，将资源分配到基层的政治参与变得日益困难，政党整合需求的能力不可避免地有所下降，因而，其分化组合渐渐成为一种暂时的特定现象。

一般而言，由政党自发选择精英并对其行为进行规范，以确保当选后成功实施政治纲领的能力历来乏善可陈。然而，根植于政党角色职业化的组建政府功能下降，以及更加依赖国家收入与认可，这些相互关联的因素迫使政党偏离了早期构建与认同的功能，从而更难控制执政精英的行为。如在第15届国会选举中的失败，促使金大中重新考虑恢复国民会议与自民联的两党合作体制，以共同应对当前所面临的危机，以及1997年总统大选中执政党的强大挑战。1997年10月31日，最终达成了由金大中出任两党共同候选人的联合协议，随后前民自党最高委员朴泰俊也宣布加入合作，实现了真正意义上的在野统合。

与因地域划分和代表共同利益而变成政治性安排相比，韩国的权力精英率先以退为进，寄希望于在选举过程中寻求突破，致力于整合协调未组织化的利益诉求和公众意见，并通过选举的平衡作用来协调彼此之间的制度相容性。2000年4月13日的第16届国会议员选举，民主党的议席率一举跃升到42.1%，分裂后的自民联的议席率猛降到6.2%，而反对党大国家党则独占鳌头，韩国政党政治开始转向大国家党和民主党两强争雄。此后，民主党与自民联及民主国民党组成三党政策联盟后，使政治局面又被转换成了"朝大野小"。2001年9月，在民主党召回"租赁"至自民联的议员之后，两党联盟体制再次宣告破裂。为了顺利实现政策制定的一致过程，政治整合要求控制个人或集团的行为，党同伐异的残酷斗争更是要求步调一致，而韩国政党正是通过忠诚与党派认同体系、政治联系、物质奖励及庇护网络来组织、塑造、影响和最终控制利益集团、社会运动及议会党团的行为。

在韩国碎片化的多党制现状之下，为了呼应竞选对象的民意取向及政策偏好，以争取更多的竞选支持，不同政党必然表现出相应的社会代表功能，使政党在塑造成员偏好以及联合权威时高效运转。此外，通常在选举之后进一步发生利益整合，并对今后长时间内公共政策的连续与稳定具有特殊的指示作用。在遵守宪政代议民主制的游戏规则前提下，由于许多政策目标不断趋同，韩国政党大多逐渐倾向于"全方位"战略，即所谓在大多数问题上走中间路线，更多地谨慎奉行中庸之道，在大政方针上几乎无所差异，以此迎合尽可能多的政治期待。就此而言，韩国政党仅仅是消极地将多种个人意愿集合起来，而不是积极地塑造一个更高的公共目标，在一定程度上偏离了有效动员社会资源的前进方向。

韩国执政党倾向于运用民众接受的方式和途径，通过塑造亲民为民、清廉勤政、匡扶正义的良好政党形象争取民众。由于韩国社会实行个人私有制度，且受美国个人自由主义影响较深，民居不得擅入，而且韩国政党和民众都不倾向于采取和接受政党入户开展相关工作的群众组织动员方式。为此，韩国政党普遍选择组织党员和义工到养老院、孤儿院、残疾人康复机构开展服务，通过类似活动向民众表达亲民为民、关心社会底层和弱势群体、热心社会公益、主持社会正义的主张，以在群众中树立亲民为民匡扶社会正义的形象。

韩国各级政府办事机构的办公条件都严格执行制度规定，建设面积的超出部分留作社会公益事业场所。公众图书阅览室、青年自习室、社会组织办公场所等，政府大型会议室定期免费提供青年婚礼礼堂服务或群众集会演讲场所之用，党政要员也经常参加这些群众活动。卢武铉本人非常勤政，但李明博上任总统后表现得比卢武铉更加勤政，据报载，李明博每天早上都会比上班时间提前一个半小时开始办公，很多政事以及议事会议在上班之前就已解决和议定，上班时间李明博就可以专事有关国事和外事工作以及赴各地视察督促。据民间人士介绍，李明博之所以在 2007 年获得总统大选成功，很重要的一个原因就是他在首尔特别是市长任上勤政为民及其前所未有的执行推进能力为市民所高度肯定，他在群众中树立的勤政能干为民的良好形象，亦使其所在大国家党在民众中的威信极大提高，最终使李明博在总统大选中胜出 [1]。

从深层次上讲，良好的政党形象是政党争取民众支持和赢得民心的基础。就一个政党而言，形象就是生命，形象就是旗帜。在当代政党政治图景中，政党形象就如同政党的信用评级和民心储蓄。有良好的政党形象，群众就易于接受政党的组织和领导，政党的社会威信和社会动员能力就强。哪个政党不注重维护和改善自己的形象，其民心储蓄就会贬值、缩水，进而危及政党的社会威信和群众工作基础。为此，

---

[1]　徐学通：《国内外学者聚焦"政党如何联系群众"》，《社会科学报》2010 年 7 月 1 日，第 1 版。

要把政党形象作为党的群众工作战略性储备和资源来积累和运用，在建设党的良好形象的同时，合理运用党的形象资源，反哺党的日常群众工作，实现党的形象与群众工作的良性互补和互助。

执政党运用政党的执政能力和人才智力优势，通过充分体现政党能干事会干事的良好执行力和经济社会发展领导能力来争取民众，而民众寄予政党最大的期望，是希望政党能够运用团体的智慧和力量带领民众克服各种阻力，实现民众的普遍愿景和希望。因此，各国的民众都希望追随一个依法执政且具有高度执行推进能力的政党。对于那些专擅许诺而不擅执行、只开空头支票而没有实干能力，无法领导民众克服经济社会发展中遭遇的困难与危机的政党，即便民众一时被其蒙蔽，但经过实践的检验，这种政党迟早都会被民众抛弃。2007 年 8 月 20 日，李明博以约 8.1 万票击败前总统朴正熙的长女朴槿惠，在选举中胜出，从而使其代表的大国家党再次成为执政党。往届总统朴槿惠与李明博同属大国家党，在参加 2012 年总统选举前是新国家党（即原大国家党）党魁，朴槿惠代表新国家党参选总统成功，除了其本人在韩国政界的出色表现和很深的渊源，很大程度上也是得益于新国家党长期以来在韩国社会的良好政声和人气积累。

可见，政党的竞争说到底还是人才的竞争，从深层次上讲是民众对于这些政党英才领导经济社会建设的强大执行力的认同与期待。政党要动员社会成员积极参与社会建设，必须具备强大的政治执行力，这既是体现政党强大政治动员能力的重要方面，也是一个政党获取选民支持、动员社会力量践行政党政治主张和经济社会建设方针的重要资源。政党具有强大执行力，就会在民众中间树立雷厉风行、励精图治的党风，对这样的政党民众会心向往之；政党缺乏执行力，就会给民众留下只尚空谈、装腔作势的不良印象，广大民众也就不可能长期追随和支持这样的政党。因此，政党必须倡导想干事能干事会干事的良好党风，努力提高党的执行力和执政水平，从深层次上吸引人民群众的关注和支持，只有这样，其群众工作才能有底气、有后劲、见实效。

二、为赢得民众信任构筑执政基础

综观新世纪以来韩国政党的政治沉浮，韩国民众表现出了一种非常突出的政治倾向，就是选择追随具备突出经济社会事务执行力的政党，越是当经济社会普遍面临危机的时候越是这样。从卢武铉到李明博再到朴槿惠，他们所在政党之所以能够成为执政党，莫不是因为这些政党通过其党内领袖在日常就向韩国民众展示了良好的社会领导能力和建设执行力，而使广大民众相信，选择这样的政党和领导人执政能够带领他们度过时艰，开创辉煌未来。比如，李明博在任首尔市长期间先后复原市区 5.8 公里清溪川、改善大众交通体系、建设首尔林和首尔广场等，推进了历届市长都无法相比的利民大型工程，如期兑现了他的施政诺言，取得了民众的信任和赞赏，被韩国媒体评论为"拥有强有力的行政推进能力"的新一代首都领导人。

（一）发展社会福利事业以赢得民众支持

韩国社会福利服务主要面向一些有特殊情况而需要得到帮助的人，诸如老年人、残疾人、儿童、孤寡等，以保障他们生活能力。社会福利服务由保健福祉部（社会局、家庭福祉局）主管，由内务部地方组织——各市、道——市、区、郡——邑、面、洞管理。社会福利服务的主要对象为：没有年金的 65 岁以上老年人；残疾人；18 岁以下孤儿以及保护人无力或不宜抚养的儿童；寡妇、未婚母亲、贫困的母子家庭、失足女青年及流浪者[1]。1961 年先后颁布了"儿童福利法""孤儿收养特例法""关于孤儿监护人的法律""沦落行为等的防止法"及"更生保护法"等。政府关心福利问题从 1968 年成立社会保障审议委员会开始，该委员会对社会开发长期规划和社会保障问题进行了深入研究，从此在韩国法律上第一次出现了"社会福利事业"字样，而且从贫困救济和分发救济物资转为对贫困者进行经济支援并提供多种服务的社会福利事业。然而，尽管在 1970 年制定了福利服务的基础法——社会福祉法，但由于财政上的原因政府未能建立福利服务体系，主要由民间社会福利法人来从事这项工作。

进入 20 世纪 80 年代以后，"先增长后分配政策"带来的分配不公平问题导致严重的社会问题，引起政府的关注。而且到 80 年代后期，韩国的人均国民生产总值超过了 4000 美元，在这样的情况下，政府开始重视社会福利，制定了母子福祉法（1989年）、婴幼儿保育法（1991 年），修改了残疾人福祉法（1989 年）、老人福祉法（1989 年）、医疗保护法（1991 年）和社会福祉事业法（1992 年）等。特别是 1987 年在全国的邑、面、洞配备专人管社会福利，而且把社会福利馆和在家福利服务中心并为地区福利中心，

---

[1] 万顺芳：《韩国社会保障制度及其改革》，华中科技大学硕士学位论文，2007 年，第 16 页。

服务对象也正在扩大到为一般社区服务。社会福祉协议会也变成法定团体，以实现福利服务的专门化和福利机关、团体的组织化。

社会福利服务由保健福祉部（社会局、家庭福祉局）主管，由内务部地方组织——各市、道——市、区、郡——邑、面、洞管理。经费由国库和地方政府补助金来解决。老人福利的对象是没有年金的 65 岁以上老人，1995 年有 254 万人、占总人口的 5.7%，今后将继续增加，老人福利目前主要是兴办老人福利设施（养老设施、老人疗养设施、老人福利会馆等）和敬老优待（公共费用减免）以及组织老人再就业。1995 年老人福利设施共有 146 所，收容人数有 8396 人，占老年总数的 0.3%。在 146 所中，免费养老设施有 84 所，收容 4806 人；老人疗养设施 41 所，收容 2784 人；收费养老设施 21 所，收容 806 人。今后拟鼓励大企业集团对养老设施投资，办收费养老院等，政府对这一投资给予减税等优惠。

残疾人福利问题是 1988 年残疾人奥运会以后才提到日程上。韩国有残疾人 100 多万人，占总人口的 2.5%。政府为残疾人福利颁布了三项法律：残疾人福祉法、残疾人雇佣促进法、特殊教育振兴法。有福利设施，也有特殊学校。在韩国残疾人福利除经费问题之外，首先是国民意识问题，要唤起人们对残疾人的关心，使他们也能过一般人一样的生活。儿童福利是指 18 岁以下孤儿以及保护者无力或不宜抚养的儿童。儿童福利主要是通过儿童保护设施，如儿童咨询所、婴儿设施、幼儿设施、职业辅导设施等。为了调查研究有关儿童福利事宜，保健社会部设有中央儿童福利委员会，各市、道设有地方儿童福利委员会，而且为了指导儿童福利工作，市、道配备儿童福利指导员，市、邑、面设有儿童委员。妇女福利是指对寡妇、未婚母、贫困的母子家庭、失足女青年的福利和教育。妇女福利主要是通过妇女福利设施，如妇女咨询所、母子保护设施、妇女职业辅导设施、女性会馆等以及对失足者的支援、指导和启蒙。

（二）广泛吸纳集中民意凝聚政策支持

韩国民众关心政治，主要归因为其关注关系其切身利益的国家政策的实施和走向。韩国前总统李明博及其所在政党在韩国中产阶级以上民众中支持率颇高，而以李明博为代表的大国家党在环境保护、经济转型、社会管理、文化教育等方面，由其主导韩国政府制定采取了一系列引领未来发展趋势的政策措施，奠定了韩国未来发展的基础，增强了韩国经济社会的发展潜力和后劲，自然在民众中间获得了良好的口碑，进而为获得民众支持和开展群众工作奠定了民心基础。通过这一点可以看出，政策本身就是民众认识和了解政党的一把钥匙，因为政策最终实行的效果会体现和落实在群众的现实生产生活当中，政党的施政诺言能否兑现最终也要看具体政策的落实，选民只有通过政府政策的实施才能分享发展成果和实惠。因此可以说，政党推动制定的政策法令本身就是政党开展群众工作、争取民心最重要的途径和武器。

民众感受一个政党的执政能力和水平，最重要的一个方面就是看其政策制定水平和政策实施效果，看由政党主导制定的大政方针能够给民众给社会带来多少实惠。因此，政策法令是一个政党从长远、从根本上开展群众工作、争取民众支持的途径和工具。政党要想获得民众的理解与支持，要想实现与群众的密切联系，很重要的一条就是要树立群众工作的"政策工具意识"，将方针政策作为联系群众、服务群众、争取群众的根本途径，通过制定科学合理、有远见的政策措施，通过推动方针政策的合理贯彻和实施，通过推动政策发挥最大的惠民效能和推动经济社会发展的功用，来体现自身的施政能力和执政水平，从根本上从长远上奠定开展群众工作和争取民心的基础。

韩国执政党运用政党领袖和重要领导人物的影响，通过建设以真性党员为核心力量的党员队伍来巩固和扩大政党的群众基础，韩国政党没有经历过大众阶级政党的发展阶段，党员基础、阶层基础不明显。韩国新国家党的阶层基础相对清晰一些，是以主要产业化势力为主，重视企业、市场经济、经济增长等。而其他政党的历史较短，阶层基础则不像新国家党那么明显。为强化党员组织，韩国政党普遍实行"真性党员制"，将每月交纳党费的真性党员与其他普通党员区别开来。目前，新国家党的党员总数大概有 100 万人，但每月交纳党费的真性党员数大概是 35 万人。开放国民党自建党之初就开始实行真性党员制，现在真性党员大概有 60 万人[1]。韩国的政治现实表明，各个政党的真性党员才是各政党实施选票政治、争取民众支持的中坚力量。为了争取真性党员，韩国各政党对这部分党员的利益都有所倾斜，这从各政党在获得执政权力以后给予真性党员集中地域的政治经济政策就可见一斑。

韩国政党存在较为明显的政党个人化倾向，政党立废由政党领袖主导，如韩国

---

[1]　徐学通：·《国内外学者聚焦"政党如何联系群众"》，《社会科学报》2010 年 7 月 1 日，第 1 版。

原总统卢武铉就曾因政治需要和政党利益需要平衡以及推进政党改革等原因，作出退出新千年民主党、建立开放民主党的决策。民主自由党的组建也是时任民正党总裁卢泰愚与联合统一民主党总裁金泳三和民主联盟总裁金钟泌三位党首合作的结果。可见，政党领袖个人在韩国政党发展中起着决定性作用。政党内部成员地域分布与党首密切相关，政党内部由此而形成的派系特征也比较明显。在韩国历史上，比如金泳三、金大中当政时期，他们所在政党的党员多为他们的同乡或发迹地民众，党内成员也因与党首关系的亲疏而形成不同的利益团体。尽管现在韩国政党个人化的问题正在得到改善，精英政党的色彩也在减退，但各政党利用党首个人影响发展党员尤其建设真性党员队伍的情况依然存在。每每在议会选举或总统大选等关键时刻，政党内与参选人关系最密切的真性党员也是其开展选举宣传和组织发动民众的可靠力量。

随着韩国政党的发展，特别是自卢武铉时代积极推行政党改革以来，韩国政党强化了制度约束的重要性，现在韩国各政党普遍采取措施，提高党内的民主化程度，对于克服政党个人化问题发挥了一定作用。与此相联系，地域主义也出现了松动的迹象，政党之间的竞争更多的是在政策主张的层面上进行，出现了进步和保守的分化。但是，由于韩国社会已经体现出很强的后工业社会的特征，去政治化的倾向很明显，强化党员组织并不容易，这在客观上又使韩国政党对真性党员的实际依赖有增无减。韩国政党的这种党员队伍状况反映了选举政治的现实情况，对于这些政党而言，通过建设以真性党员为核心力量的党员队伍来巩固和扩大政党的群众基础，仍不失为一种有效的群众工作策略。

（三）完善社会保障体系以巩固政治稳定的基础

20 世纪 60 年代以来，韩国从经济重建到经济起飞再到经济腾飞的过程中，社会保障制度也不断发展与完善。20 世纪 60 年代至今，韩国社会保障制度的发展大体上可按时间分为五个阶段，第一阶段为 20 世纪 60 年代的"救济期"，第二阶段为 70 年代的"口号期"，第三阶段为 80 年代至亚洲金融危机前的"民主扩大期"，第四阶段为金融危机至 2002 年的"重建期"，第五阶段为 2002 年至今的"改革期"。

1961 年朴正熙上台后提出消除贫困，建设福利国家首先要发展经济，扩大救济，并着手制订和推行了经济开发五年计划，实行"先增长后分配"策略，长期利用廉价劳动力发展经济，实现工业化。战后韩国采取的是经济增长与减轻贫困相结合的综合发展方案，为穷人提供更多的就业机会，经济增长过程中增加了穷人的参与度，从而减轻贫困问题。随着韩国20世纪60年代以来的经济高速增长，劳动者人数大大增加，政府制定了一系列与职业有关的法律法规，如1961年的《职业安定法》，1967年的《职业训练法》，1976年的《职业训练促进基金法》，等等，目的在于扩大就业，推动人力资源开发，扩大公共政策对社会公用事业的投资，以鼓励私人加大对第三产业投资的方法吸收剩余劳动力。

第一个五年计划开始后，韩国经济有了发展，但政府实行"先增长后分配"政策，只顾经济增长而忽视了分配和福利，而且认为靠传统的家族关系和互相帮助比国家的救贫政策更加道德而优越。20世纪60年代政府为建立社会保障制度做了努力，但由于国家财政有限和经济发展优先，这一方面的政策停留在救济和抚恤上。尽管制定了10多个法律，但它是巩固政权的政治需要，付诸实施的很少，实行的只有公务员年金、军人年金等特殊部门的社会保险和产业灾害补偿保险，而这些还算不上是社会保险，只是雇主责任的法定化。

到了20世纪70年代韩国经济有了较大发展，政府拟实行扶贫为主的社会福利政策，制定了社会福利事业法（1970）、国民福利年金法（1973），还设立了国民福利年金特别会计。但由于1973年的石油危机，导致国民福利年金制度的实行不得不推迟，后来改为国民年金法，1988年开始实行。1976年还修改1963年制定的医疗保险法，准备全面实行，但总的施行令迟迟不颁布，医疗保险便一直处在试点阶段。韩国政府看到发达国家的社会保障制度出现了财政赤字，认为经济发展优先的时期不应该过早地实行医疗保险。因此，韩国正式提出社会保障是从第三个五年计划（1972—1976）开始的。但第三个五年计划里对社会保障制度却只字未提，而计划开始后的第二年突然制定了国民福利年金法，其目的不是为了真正实行社会保障制度，而是为了筹集发展重化工业所需要的资金。在社会福利方面，尽管在1970年制定了福利服务的基础法——社会福祉法，但由于财政上的原因政府未能建立福利服务体系，主要是由民间组织从事这项工作。

需要特别强调的是，韩国经济发展模式的选择和经济奇迹的创造不是依靠自由资本主义发展模式中的自由放任政策完成的，而是通过权威政府的强制政策和主导政策来实现的。在"增长导向型"或"出口导向型"经济战略下，政府依靠权威统治体系，对各种独立组织予以取缔从而保证政治稳定与经济的发展。韩国在 20 世纪 60—70 年代的经济发展期，经济发展政策偏向资本家和大财阀，而忽视广大工人阶级的福利和工作条件。这也是政府推行"增长第一，分配第二"的必然结果。韩国的高速经济发展以长期的低工资制度为代价。此时期韩国政府一直拒绝参加"国际劳工组织"，在权威统治时期，韩国工人的要求受到抑制，1971 年《国家安全保卫特殊法》颁布后，不允许罢工，工人争取提高工资的活动受到极大限制，此时期政府对社会保障制度的有意忽视，导致社会保障的发展仅停留在口号期。

韩国在 20 世纪 60—70 年代成功地推动了经济现代化后，经济结构和社会结构都发生了重大变化，促使市民社会日益壮大。由于实行了 20 年"先增长后分配"政策，社会出现了收入分配扭曲、两极分化等许多副作用，自 70 年代末期开始，市民社会不断向权威统治发起挑战，权威统治的合法性基础逐渐削弱。随着社会结构的变迁和人们自由民主意识的增强，各种新兴社会力量通过一系列的组织运动要求民主和自由，统治者也发现再实行控制与镇压，成本大为增加，于是进入 80 年代后，政府不得不改变单纯追求经济增长开发战略，重视社会开发，通过改革或调整政治体制的方式，逐步从军人权威统治体制向民主政治体制的转变过渡。1980 年 10 月 27 日制定的第五共和国宪法在国民的权利和义务中增加了追求幸福权、适当工资请求权、社会福利权、环境权等，而且在经济条款中规定了保护社会上的弱者。1982 年开始的第五个五年计划也改名为"经济社会发展计划"，而且就社会保障问题制定了有关法律。但是此时的福利政策不是积极的而是消极的，认为实行福利政策的费用是非生产性的。

韩国的社会保障制度从 20 世纪 80 年代后期才出现转折，此时韩国的人均国民生产总值超过了 4000 美元，1986 年韩国国际收支转为黑字，社会福利从口号转为实施，落实了全民医疗保险、国民年金、最低工资制等三项措施。1988 年实行社会保障制度采取了一系列措施：1989 年通过地方自治法，地方也成立议会，把区域福利问题提到日程上；以设施收容保护为中心的社会福利事业开始转向以区域福利和居家福利为中心；政府对残疾人的关心增加；配备社会福利部门的专职人员。福利政策从与市场经济原则对立的领域变成了与政治、经济不可分离的领域。

韩国在此时期建立并完善了国民年金、医疗保险、雇佣保险、产业灾害保险等四大社会保险，并通过不断扩充公共救济与社会福利服务，形成了一定的社会保障体系。但因为财政支出仍偏重于生产性投资，社会福利支出的比例较小，无法满足与经济发展相适应的迅速增长的社会保障和社会服务需求，注重于量的增长，所以尽管扩大了获利范围，但相应的保障质量未能得到提高。与此同时，政府对"脆弱"阶层的安全设施尚未完备，对贫困人民的援助也没有摆脱施舍的性质。虽然韩国不断建立各项社会保障制度，但社会保障支出较低也意味着社会保障水平低。还需注意的是，韩国以经济增长为首要目标，赶超西方发达国家，但这一赶超过程并不是市场经济自然发展的过程，而是政府干预与市场机制相结合的过程，经济的高速增长和市场制度的变迁必然带来经济社会生活的剧烈变化，蕴涵了众多不稳定因素。

过去30多年的高速增长说明韩国的发展战略选择在一定程度上是成功的，但与经济发展相比，韩国的社会保障事业仍比较落后。韩国执政党相对于"社会性业绩"来说，更注重于"增长业绩"，与其他国家相比，更强调"只要经济持续增长，福利水平就会逐渐提高"。从深层次来看，它从根本上是社会凝聚力和经济发展之间的相互妥协。在韩国的现代化进程中，执政党与民众间近乎形成了一种社会约定，即人们生活水平的提高、贫富差距的缩小都通过高速经济增长来实现。这种增长确实使全民受益，人民生活水平迅速提高，贫困率迅速下降，然而这种约定在增长停止甚至倒退的情况下受到冲击。随着韩国由农业社会向工业社会转变，传统的社会保障网依靠家庭、亲朋的资助已经失效，而新的社会保障制度尚不成熟，尤其是对失业的救济尚未建成。金融危机的爆发使大量新增失业人口跌入贫困，引起社会动荡，不仅动摇了经济增长的基础，恶化人民生活的条件，也动摇了政治体制和社会基础的稳定。

金大中带领的国民政府在金融危机爆发后，首先采取应对措施使韩国从金融危机中复苏。政府积极采用新自由主义经济政策，在经济体制改善的名分下调整了企业结构及劳动弹性化，扩大社会保障的覆盖面来保证社会的稳定发展。随着国民年金的覆盖面扩大到城市的私营者，韩国社会保障进入"全民保险"时期。随着民主化进程的加深，政府在管理公共资金和项目中保持透明，实行多元主义，也促使了社会保障的发展。同时民主制度的发展也将迫使政府建立更全面的社会保障制度。金融危机后至2002年间，政府不断完善公共福利设施，不断增加社会福利支出，社会保险的覆盖面逐步扩大。政府也不断增加社会保障与社会福利预算，由1981年的

2.4%上升到 2002 年的 9.7% [1]。2000 年韩国有 879 家社会福利机构，比 1990 年上升了 32.4%。2001 年社会保障预算达到 17746 亿韩元，与 2000 年相比增加了 33.1%。

金融危机后，韩国坚定的实施四大社会保险和新的公共救助，社会服务也改变以往的选择性原则，扩大覆盖范围，儿童和老人的照顾系统更完善，这也使韩国的社会保障制度更多样化。但随着韩国经济的不断发展，人口不断地向城市集中，出现城市人口过密、生活环境恶化等情况。现在，韩国的社会福利体系正面临着前所未有的社会、经济和政治环境，另外为了改善城市生活环境，解决人口过密以及公害等各种问题，出现了新的城市社会福利需求。韩国人口结构的改变，人口寿命的增加，出生率的下降，人口老龄化进程的加快，迫使韩国进行制度的调整以保障制度的可持续发展。韩国正努力进行适当的改革提高劳动者的福利，同时巩固养老制度，并提高老年人口的生活质量。

20 世纪 60—90 年代，韩国经济一直保持快速增长，创造了"汉江奇迹"。经济危机后，韩国政府高度重视社会与经济的稳定性发展，进一步完善了以"三大保险"（健康保险、雇佣保险、产业灾害保险）和"四大年金"（国民年金、公务员年金、私立大学教职工年金和军人年金）为主体的社会保障制度，为社会构筑了"安全网"，为快速经济增长提供了重要的制度保障。

---

[1] 万顺芳：《韩国社会保障制度及其改革》，华中科技大学硕士学位论文，2007 年，第 7 页。

第四章　南非非国大与社会发展

第一节　南非民主化二十年

南非是非洲的经济强国。经过一个半世纪的矿业开发和工业化进程，南非已经建成世界领先的矿业、门类比较齐全的制造业、现代化的农业以及先进的能源工业，拥有相当完备的金融体系和基础设施。随着工业的发展，服务业迅速兴起，新兴产业与对外贸易蓬勃发展，成为拉动经济发展的新增长点。自种族隔离政策废除以来，南非经济一直保持稳定发展状况，被称为"彩虹之国"。南非自1994年实现了民主化以来，其经济与政治都发生了重大的变化。政治上，南非非国大实现了连续执政20余年，经济上实现了平稳发展，推动了各个方面的经济改革，取得了一定的成效。

一、新南非经济发展之路

南非自1994年废除种族隔离、建立种族平等的民主制度以来，实现了政治稳定与民族和解，这给经济发展带来空前有利的国内和国际环境。南非的政治变革，是对立双方谈判与妥协的产物。因此，南非的经济变革不是所有制性质的革命，而是资源分配的调整。南非结束了种族隔离后期的经济衰退，在保持宏观经济稳定的同时，稳步进行经济改革。经济基本面保持健康，投资环境和经济结构更趋优化，应对全球化挑战的竞争力加强，经济社会呈现良好的发展势头。

（一）保持宏观经济稳定的政策，经济稳定过度、平衡发展

1994 年非国大领导的新政府上台后，面对种族间经济地位的悬殊、满足广大黑人的基本生活需求与创造有利条件拉动经济增长之间的尖锐矛盾。非国大在纳斯莱克"国家重建和战略会议"特别会议上发布了《重建和发展计划》（RDP），旨在稳定经济过渡的同时，扶持黑人经济的发展并改善黑人社会的经济条件。但收效甚微，面对高达 30% 的失业率，南非迫切需要振兴时局，特别是吸引投资以增加就业。新政府迅速地对经济政策做出调整，并于 1996 年制定了《增长、就业和再分配——宏观经济战略》（GEAR），强调增长优先、创造就业优先的发展规划，制定了更为现实的吸引投资的政策[1]。

在面临巨大的就业压力，百业待兴，信贷需求旺盛的形势下，为了使经济得到进一步恢复和发展。南非新政府采取一系列保持宏观经济稳定的政策，自 1994 年以来南非政府坚持财政紧缩和货币从紧政策，以保持金融秩序的稳定，抑制通货膨胀。此外，南非在经济恢复和发展的过程中还建立了稳固的税收基础，并使公共债务保持在低水平。南非政府自 1998 年开始，实行"三年中期开支框架"，即三年滚动预算，以保证公共财政良好运行，削减政府开支，改进国内储蓄，降低通货膨胀。

根据南非官方发表的"十年回顾"的数据，1994—2003 年，国内生产总值年均增长 2.8%，（除去受亚洲金融危机影响的年份，增长达到 3.5%）；人均国内生产总值年均增长 1%；财政赤字从 1993 年占国内生产总值的 9.5% 降到 2002—2003 年度的 1%；公共部门债务从 1994 年占国内生产总值的 64% 降到 2003 年占国内生产总值的 50%；南非储备银行在国际外汇市场的净负债（Net Open Forward Position）1994年达到 250 亿美元，1998 年降到 225 亿美元，到 2003 年归零；此间外汇储备由可支付 1 个月的进口，达到可支付 2.5 个月的进口；1993—2003 年，消费物价年均上涨 7.3%，比 1993 年之前十年的 14.3% 几乎下降一半，多数年份通货膨胀率保持在 3%—6% 的目标水平；制造业产品占出口总值的比例 1994 年为 25%，2003 年增长到 38%；私人部门投资过去十年年均增长 5.4%；居民家庭实际可支配收入在 1993—2003 年间综合计算年均提高 3%[2]。

---

[1]　李安山：《非洲梦——探索现代化之路》，江苏人民出版社 2013 年版，第 685—687 页。

[2]　南非财政部 2004 年度财政报告；南非储备银行 2004 年度经济报告。

为了实现联合国提出的《千年发展目标》，南非政府在 2006 年初提出《加速和共享增长计划》[1]，计划在 2005—2010 年间实现 4.5% 的经济增长率，在 2010—2014 年间达到 6%。南非统计局 2006 年 11 月公布的经济统计修正数据表明，2006 年南非经济实际增长高于年初预期，达到 5%；并将 2005 年的经济增长由 4.9% 修订为 5.1%。业界曾担心政府收紧银根的政策会影响经济的增长，但统计表明，储备银行的软着陆政策已经实现，经常项目赤字、财政赤字和公共债务与 GDP 的比例也有所降低。南非经济专家认为，这使政府有条件实现 2010 年前经济增长保持 4.5%，2010 年后达到 6% 的经济增长率。进而到 2014 年实现失业率和贫困人口各减半的目标 [2]。2006 年南非已实现联合国千年发展目标中的为居民提供基本饮用水的目标，已经至少有 3579 万人（占南非总人口的 78%）可以得到免费的基本饮用水 [3]。南非经济在近几年呈现出良好的发展态势，根据国际货币基金组织有关南非的一份评估报告表明，南非政府在稳定经济方面取得可观的进展，并奠定了经济取得更高增长的基础。公共财政得到有效的加强，通货膨胀得到良好的控制，实际利率降低，负债状况得到改善。通过贸易自由化和放松管制，使南非的经济更具有竞争力 [4]。

（二）经济全面改革，实现产业结构的优化

随着南非政治变革的完成和种族隔离制度的废除，新南非政府实现了政治稳定和民族和解，从而为经济发展创造了空前有利的国内和国际环境。随着国内经济水平的提升及国际发展空间的不断开拓，新南非政府与时俱进地调整经济发展战略，成功推进产业结构的优化升级，适应了国内国际发展的需要，为实现南非经济的平稳增长奠定坚实基础。

第一，稳定推进农业改革。南非农业的就业人口达 165 万，约占劳动力总量的 10%。除少数干旱年份外，南非一直是粮食自给有余且能出口的国家，1996 年农业总产值达 147.55 亿兰特。1995 年食品出口占总值的 9.15%。农产品及其加工产品的出口占非黄金出口额的 30% 左右，每年创汇 10—20 亿美元，较好的年份可达 30 亿

[1] Shared Growth Initiative for South Africa (ASGI-SA) 1996.

[2] Business Day 2006/11/29.

[3] Bua News (Tshwane) 2006/07/07.

[4] IMF, "South Africa Staff Report for the 2004", Article IV Consultation 2014/08/12.

美元[1]。农业在南非经济中仍占重要地位，并且对整个南部非洲地区的发展和稳定起着至关重要的作用。为解决农业发展问题，促进农业经济的增长，新南非政府于1995 年 6 月公布《农业白皮书》，制定了农业发展政策的基本原则：①为以前被排斥在农业资源之外的人提供更广阔的渠道；②为刚开始从事农业的农户提供资金和技术援助，使他们最终能成为独立经营的农场主；③保持和发展现有商品农业部门的经济活力和竞争力；④促进国家和家庭的食品安全；⑤发展和支持市场体制，以形成国内的自由竞争，同时有利于南非农场主在国际市场的竞争；⑥农业生产应可持续利用农业和水利自然资源；⑦发挥妇女和农业工人在农业中的作用；⑧制定农业灾害管理政策，在制定生产和营销计划时要考虑到干旱的影响。

　　农业改革过程中的一件划时代意义的大事就是土地改革。土地是农业发展的根本，是与广大农民血肉相连的命脉。正确处理土地问题是政府维持国家稳定，获取民众拥护的重要途径。种族隔离制度下的土地占有的不平衡，特别是旧政府对非洲人民土地的强制性剥夺，是新政府必须解决的问题。1994 年以来南非开展土地重新分配计划，共 180 余万公顷土地所有权转移到 137478 户人家手中。到 2002 年政府规定的土地追索要求的最后期限为止，共接受 6.9 万份申诉，其中 72% 来自城市地区，28% 来自农村地区。到 2004 年 3 月已有 48825 份申诉得到解决，810292 公顷的土地转给受益人[2]。城市地区被强制搬迁的受害者得到共计 12 亿兰特的赔偿金，农村地区的赔偿则以归还被侵占的土地为主要方式。土地改革政策成为民主选举后南非实行农业支持的基础。南非政府在归还黑人土地所有权的基础上，为促进黑人家庭农场的发展，缩小家庭农场（主要是黑人拥有的、生产规模较小，主要依靠家庭劳动力经营，生产现代化水平较低的农场）与商业农场（主要是白人拥有的、生产规模较大，占有较多耕地，主要依靠雇佣劳动力来经营，生产现代化水平非常高的农场）的差距，实施了以黑人家庭农场为主要支持对象的农业支持政策。2001 年南非政府又继续制定了《南非农业战略计划》，提出了三项目标：①平等进入和参与；②国际竞争力和收益；③可持续的资源管理。时至今日，南非的农业仍保持稳定发展状态，在新政府积极的农业政策推动下，南非的种植业、畜牧业、渔业和林业得到和谐发展。

---

[1]　南非农业概况，来源：上海农业网，2013 年 12 月 25 日，http://www.agri.cn/V20/ZX/sjny/fz/201405/t20140526_3915814.htm。

[2]　李安山：《非洲梦——探索现代化之路》，江苏人民出版社 2013 年版，第 697—698 页。

在满足国内市场需求的同时，积极开展农业国际贸易，成为非洲为数不多的农产品出口国。在为本国经济发展提供稳定支持的同时，对于缓解南部非洲地区的粮食危机、甚至保障整个非洲地区的稳定都将起到一定的积极作用。

第二，积极推动矿业改革。南非可以说是一个因矿业而兴起的国家，南非的矿产资源虽然在种类和储量上都高居世界前列。但矿产资源有一个先天固有的致命缺陷——不可再生。以黄金为例：南非黄金产量截至 1985 年一直占世界产量的 40% 以上，2006 年仍居世界首位，但占世界黄金总产量的比例下降到 10.8%。2009 年黄金产量更下降到第 5 位，仅占到 7.7%[1]。为规范矿产资源的开采，实现南非矿业的可持续发展，1994 年新南非政府成立之后，制定了矿业的发展目标是：使矿业更具有国际竞争力，继续成为南非有活力的生产和金融基地，并在国际矿业领域继续发挥重要作用。南非政府于 2001 年制定了《矿产和石油资源开发法》。历史上，南非实行的是矿产资源国家所有和私人所有并存的二元所有制。本法明确规定，矿产资源和石油全部由国家所有，是全南非人的财产。这项法律承认国家对矿产资源的主权和管理权，规定对历史上受到不公正待遇的人（主要是黑人）得到平等利用矿产资源的机会，得到经济发展、就业和社会经济福利，以及土地使用权的保障。国家还依据该法律建立了全国矿业促进体系，为矿业能源部改进矿业注册管理、促进投资、开采权注册提供了极大的便利。2003 年，新的《矿产和石油资源开发法》开始实施，其他配套法规尚在制定和完善中。2004 年 5 月，《矿物和石油资源开发法》增加了"南非矿业的广泛的社会经济授权"一章，这个法代替了 1991 年的矿物法来调节各种矿物的勘探、开采、选矿和使用活动，矿业的安全健康准备，管理勘探和开采的土地复原。2005 年制定的金刚石修正法和贵金属法，在 2006 年 2 月和 4 月发布，并于 2007 年贯彻实施。

在新南非政府的重视和新政策的引领下，南非的矿业逐步走向可持续发展之路。近年来，南非的矿业跨国公司也开始向着更加集中化、大型化和国际化转变。2005 年，南非矿产品总销售额为 224 亿美元，出口额为 160 亿美元，出口初级矿产品 375 亿兰特，加工制品 748 亿兰特。2005 年南非的矿物产品出口到 101 个国家，欧洲占 89.9%。矿物出口收入占全国出口的 29.3%。矿物加工产品，包括铁合金、铝、碳钢、不锈钢

---

[1]　South Africa Yearbook 2006/2007, Minerals and Energy.

出口增长 37.4%[1]。

第三，积极推动制造业改革。南非制造业的国际竞争力不高，特别是长期的经济制裁造成的设备落后，急需大量的固定资产的投资。新南非政府的产业政策调整思路是：促进劳动密集型加工制造业发展和提高工业化程度，以提高整个制造业的国际竞争力。在这一思路的正确指导下，南非制造业的优势部门得到发展，如汽车业得到极大的发展空间，汽车和零部件生产增长最为强劲。矿山机械、交通机器设备、电子机械等部门也有明显的增长。南非制造业自 2001 年以来呈现增长趋势，在 2003 年受到兰特升值和出口竞争力下降的影响，出现短暂下滑。2009 年受国际金融危机的影响下降了 12.9% 之多，但到 2010 年又逐步恢复，呈现增长之势。[2] 制造业还是创造就业的重要部门，因此在政府发展战略中占据重要位置。南非政府一方面推动制造业大型资本集中项目的发展，同时鼓励劳动密集型制造业的发展。到 20 世纪 90 年代中期，制造业雇佣员工占就业总数的 18%，约 140 万人 [3]。到 2006 年制造业就业人数增加到 173.7 万人，虽然占就业总人数的比例下降到 16.2%，但由此可见南非总就业人数的增长 [4]。由于政府对制造业的重视以及适时的调整策略，南非制造业在经济中的比重逐渐增加。近十年来，随着产业结构的调整，南非制造业产品中高科技产品比例增加。制造业产品占出口总值的比例 1994 年为 25%，到 2003 年增长到 38%。高科技产品在制造业出口中的比例也由 1999 年的 8.2% 增长到 2002 年的 5.1%[5]。

（三）积极推动新兴产业发展

在保持传统产业（农业、矿业和制造业等）稳定发展的同时，南非充分利用广阔的国际空间，科技信息产业迅速发展，信息通信技术产业发展尤为迅速，成为拉动经济增长的重要因素。随着国际市场的进一步开发，南非的对外贸易也迅速兴起，成为经济增长的又一重要推动力。

---

[1]　周进生、鲍荣华：《南非矿业现状及与我国合作前景分析》，《矿业研究与开发》2009 年第 1 期。

[2]　http: //www. info. gov. za/speech/DynamicAction? 29 Sep 2011.

[3]　South Africa Data Profile，The World Blank Group, World Development Indicators database, August 2004.

[4]　South Africa Labour Force Survey, September 2006, Tables D and N.

[5]　李安山：《非洲梦 —— 探索现代化之路》，江苏人民出版社 2013 年版，第 697—699 页。

1996 年南非政府建立创新基金。2002 年，政府批准"全国研究与开发（R&D）战略"，努力提高企业竞争力，同时注重人力资源的开发，特别是黑人科技人员的培养。另一方面，南非的科研经费逐年增加。到 2008 年，南非全国研发投入占当年 GDP 的 0.92%，接近南非将研发经费占 GDP 的比例提高到 1% 的计划目标[1]。南非的通信业和电子产业是南非经济中的新增长点，其发展速度超出世界平均水平。南非当地的信息通信技术和电子部门共有 3000 多家公司，形成一个具有相当规模的尖端产业。根据南非官方信息网的数字，其信息产业的投入排在世界第 22 名。电信业是南非增长最快的产业。政府的重视及相关的政策扶持使该产业发生了革命性的进展。南非的电信技术市场在非洲最为发达。南非国家电信公司（Telkom）不仅在南非电信市场占主导地位，也是非洲最大的综合性一体化的电信公司。该公司在 2003 年实行部分私有化，寻求战略投资者；在 2009 年公司集团机构更新，分为国内部、国际部和信息数据部。2010 年开始建立移动通信网络。目前，南非通信信息网络已经 99% 数字化。Telkom 公司还积极推动非洲东海岸海底电缆项目，并参加了《非洲增长新伙伴计划》（NEPAD）的宽带网络基础设施建设项目，旨在满足非洲今后 25 年通讯业的发展需求。2007 年南非信息通信业的支出占到国内生产总值的 9.7%[2]。

二、非国大的执政历程

南非非洲人国民大会（African National Congress of South Africa），简称非国大（ANC），成立于 1912 年，当时称南非土著人国民大会，1925 年改为现名。它是南非最大的黑人民族主义政党，也是南非唯一跨种族的政党。该组织主张非洲人团结，反对任何形式的种族主义，主张建立统一、民主和种族平等的南非。迫于南非的白人种族主义统治，非国大自成立以来一直致力于废除种族隔离制度，争取黑人平等权利的斗争。历经 80 余载的斗争，非国大终于在 1994 年通过全民选举上台执政。非国大上台执政后政治上继续推行民族和解政策，经济上采取一系列保持宏观经济稳定的政策。近 20 年来，南非获得历史性的政治统一、种族和解、经济稳定发展的机遇。南非政治社会变革和转型的进程，避免了种族仇杀和动乱，构建了以宪法为

---

[1]　http://www. southafrica. info/about/science/rnd-180908. htm15Aug2012.

[2]　World Bank·ICT at a Glance, South Africa, Information and Communication for Development 2009.

核心的一整套法律体系，坚持平等、包容理念和政策，取得了举世公认的社会进步。

1994 年 4 月 27 日，南非举行了有史以来的第一次全民大选。非洲人国民代表大会获得压倒多数的胜利。同年 5 月 10 日，曼德拉就任新南非的第一任总统。非国大在曼德拉的正确领导下，开始着手解决种族隔离制度带来的种种创伤。经过曼德拉政府的不懈努力，新南非政治、经济和社会各方面开始逐步走上正轨。非国大也逐渐赢得绝大部分民心，在曼德拉之后非国大连续赢得竞选，姆贝基、祖马等也秉承曼德拉时期留下的优良传统，并适时的调整内政外交政策，使新南非逐步走向新生。

（一）曼德拉执政时期（1994—1999 年）

曼德拉上台执政后，面对百废待兴的南非开始着手进行各方面的改革，为新南非未来的发展打下坚实的基础。具体改革如下：

第一，医治种族隔离制度所造成的巨大创伤，努力消除种族间在经济收入、住房条件等基本物质生活上的巨大差距。曼德拉执政后，把消除种族隔离制度遗留的诸多弊病作为当务之急。新政府着手实施重建与发展计划中的第一年计划，经过一段时期的努力，众多贫困的黑人生活水平有了明显提高，在很多的黑人居住区开始出现新建的图书馆、学校、医院等，这些在之前都是无法想象的。最为重大的改革则是 1994 年 11 月 17 日曼德拉签署实施了《土地法》。这项法律对关于土地的旧有法律进行了清算和纠正，使广大黑人民众拿回了被非法侵占的土地。

第二，调整经济发展战略。曼德拉试图打造一套强大且富有活力的经济体系。具体包括：开发更多新产品，实现出口的多样化；调整工业生产结构，以提高其国际竞争力；在吸引外资的同时，鼓励南非企业积极向外投资。

第三，促进各党派的团结合作，推进制宪进程，以尽快完成民主过渡。根据规定，大选产生的制宪会议必须多党制宪谈判的原则，在两年内制定新的宪法以代替临时宪法。在制宪过程中，曼德拉极力调节各党派间的矛盾，使得制宪会议能谨遵临时宪法规定的制宪原则。在曼德拉的努力下，新南非各个政党之间暂时放下各自偏见，为新南非初期的政治稳定打下坚实基础。

第四，曼德拉认为转变南非全体人民的思想，与实施经济发展政策一样重要。他认为民族团结和统一才是至关重要的，为此曼德拉力排众议保留了新政府中部分白人要员的职务与地位。

曼德拉为新南非的发展做出了巨大努力，尽管出现一些不和谐的声音，许多改革也未能达到预期的成效，但是曼德拉的努力还是得到了回报：南非转型过程中未出现巨大动乱，确保了政局的基本稳定；经济改革也初见成效，经济保持平稳发展；社会改革也取得一定成就，部分黑人生活水平有所改善；实现了多党派的联合执政，尽管各党派间还存在一定分歧，总的来说还是保证了联合执政的稳定性。

（二）姆贝基执政时期（1999—2008 年）

曼德拉执政期间成功稳定新南非的政局，并本着和解、平等、团结的精神进行各方面的改革，成功开启南非发展的新道路。姆贝基上台后继承了曼德拉的衣钵，并提出"非洲复兴"的伟大构想。在其执政的十年间，非国大贯彻执行了一系列行之有效的内外政策，并取得引人瞩目的成就 [1]。

在经济方面，实施了"重建和发展计划"与"增长、就业、重新分配"的宏观经济政策，提高了黑人社会经济地位，改变了社会不公正现象；加大政策倾斜力度，鼓励黑人发展中小型企业积极参与国家大型企业的发展；进行土地改革，运用政府行为，赎买白人大型农场，将其分配给无地的贫困黑人，改变过去不合理的土地所有制；完成"百万安居工程"，建造了一百万套低成本住房分配给无房贫困黑人。

在政治方面，淡化黑白界线，奉行和解、稳定、发展的政策，在经济上兼顾各方利益的同时，努力纠正种族隔离造成的不公正现象，这一"温和政策"受到各方、特别是白人的赞同保证了政权的平稳过渡，实现了社会的顺利转型。姆贝基每次演说，在讲到"全体南非人民"时，后面必加上"包括黑人和白人在内"。

在社会文化方面，保护弱势群体利益，强调各族传统特色，促进各族人民之间的了解与友谊。多姿多彩的民族文化展示着"彩虹国度"的无穷魅力。

在社会发展与改革方面，姆贝基执政以来，继续沿着曼德拉的政策，推进各项提高黑人经济地位的措施，从根本上扭转种族隔离时期造成的黑白种族之间经济上的巨大鸿沟，从而改善黑人的社会地位和生活条件。在社会保障制度的完善方面尤为突出：2003 年，南非政府通过《失业保险法修正案》，解决了失业保险基金的管理和发放，完善了失业人员数据库。南非税务局继续管理工人交纳了雇员税的企业应纳的失业保险金；其他企业的失业保险由失业保险委员会征收。2004 年，南非通

---

[1]　李新烽：《悲情英雄姆贝基》，《世界知识》2008 年第 20 期，第 53—55 页。

过了《南非社会保障机构法》和《社会援助法》。据《南非社会保障机构法》的规定，2006 年建立了南非社会保障局，作为法人，它是全国唯一负责社会救助金管理和发放的政府代理机构[1]。

在外交方面，作为"非洲复兴"的倡导者，姆贝基强调"南非的发展离不开非洲大陆的发展与非洲复兴"。姆贝基坚信非洲能够独立解决自己的问题，不需要西方干预。他利用其能言善辩的外交才能，成功调解了科特迪瓦冲突、苏丹内战、津巴布韦政治危机等，努力维护非洲国家的稳定，力避非洲国家发生政变和叛乱，为非洲大陆的和平与稳定发挥着自己的积极作用。姆贝基政府还积极推动中东和平进程，主动提出并派出专家小组，帮助伊拉克销毁大规模杀伤性武器，采取一切可能的措施避免伊拉克战争的爆发。在国家关系中，南非是西方大国和发展中国家元首或政府首脑访问非洲的所经之地，其国际地位与影响由此可见一斑。

在姆贝基总统主政时期，南非的经济发展形势还是比较好的，南非 GDP 的增长率一直维持在 4% 以上，经济的良好发展态势，巩固了新南非政权，赢得了非国大党内和广大黑人群众的支持，这为姆贝基积极推行国内社会改革创造了必要的条件。黑人经济、政治地位的提高，不仅在南非国内出现一个新兴的黑人中产阶级，同时也提升他们的消费能力，盘活了南非的市场经济。这也是种族隔离时期所不可能出现的现象。南非经济在广大黑人中产阶级的支持下，出现了一定程度上的欣欣向荣景象[2]。

（三）祖马执政时期（2009 年至今）

2009 年 4 月 22 日南非举行了新体制下的第四次大选。结果非国大以 65.7% 的得票率赢得继续执政的地位，祖马于 5 月 9 日宣誓就任新一届南非总统。祖马在批评前任姆贝基政府的"亲资本"经济政策背景下，他强调新政府的"亲穷人"立场[3]。祖马政府重视解决贫困、就业和公共服务的问题，但在国际金融危机和世界经济衰退的形势下，能否继续保持南非的稳定发展态势，是祖马政府面对的挑战。

---

[1]　朱光兆，《姆贝基时期的南非社会发展研究（1999—2008）》，上海师范大学博士论文，2011 年 5 月，第 36—37 页。

[2]　朱光兆，《姆贝基时期的南非社会发展研究（1999—2008）》，上海师范大学博士论文，2011 年 5 月，第 53 页。

[3]　杨立华，《南非祖马政府的政策取向》，《亚非纵横》2010 年第 1 期，第 46 页。

　　第一，调整内阁，稳定政局。祖马就任总统后，保持政局的稳定是其首要任务，而政局的稳定又取决于执政党的团结与否。祖马上台后就对内阁做出调整，新内阁由以前的 28 个部扩大到 34 个。祖马看到了南非的经济发展应是政府工作的首要任务。及时地调整内阁，不仅是为了应对当前经济危机对南非社会造成的冲击，同时也是兑现南非社会稳定发展的承诺。另一方面，祖马虽然在与姆贝基的竞争中，赢得了非国大的领导权，但是也造成了党内的动荡。为了弥合党内的裂隙，祖马肯定了姆贝基在担任南非总统期间，对南非社会、民主制度、经济发展等方面做出的贡献。为了保持经济稳定，祖马还沿用了姆贝基时期的经济班子。这样既保持经济政策的持续性，也安抚了非国大内部的"亲姆派"，有利于非国大党内的团结与发展。

　　第二，应对经济危机，保障就业。在成功当选总统后，祖马政府开始逐步兑现竞选中提出的解决贫困、提高青年人就业和完善公共服务等承诺。但随着 2009 年全球性的金融危机对南非经济造成的冲击，南非经济呈现下滑趋势，经济衰退更是引发罢工潮，祖马政府面临巨大挑战。对此祖马政府采取一系列应对措施，将稳定南非经济，保证就业作为当前的第一要务。首先，为避免大规模裁员，政府对企业实行救助计划，准许企业对工人停职 3 个月以下，同时政府拨款 24 亿兰特，用于对工人培训并提供工资补贴，月补贴最高达到 6239 兰特。同时，政府拨给国家工业开发公司 60 亿兰特，用于扶助企业的发展 [1]。根据政府三年中期发展框架的"全国就业计划"，今后三年财政投入 100 亿兰特，用于稳定和增加就业 [2]；其次，推动农业和农村发展。祖马政府把促进非洲人聚居的农村地区发展列为农业开发的重点。2009年 8 月 17 日，政府宣布启动"全国农村综合开发计划"，政府拨款 26 亿兰特，用于各省的农业基础设施建设、农业专业人才培训和提高农业院校的水平 [3]；最后，着眼长远发展。祖马政府的经济战略着眼于南非经济的可持续发展。2009 年 9 月，总统事务部公布了国家计划部起草的《国家战略计划绿皮书》，以及政府工作监督部提出的《政府工作监督与评估政策文件》。绿皮书提出南非到 2025 年的发展战略，旨在引起社会公众对国家中长期发展远景和规划的讨论和建议。

　　第三，提高执政效率，完善执政。祖马政府执政以来采取稳中有变的执政策略，

---

[1]　BuaNews20090805, all africa. com.

[2]　Fin24. com20090609.

[3]　杨立华：《南非祖马政府的政策取向》，《亚非纵横》2010 年第 1 期，第 49 页。

在稳定政局和舆论的同时，有效地提升了各级政府，特别是地方政府提供公共服务的能力。在一定程度上满足了广大民众的期待。2009年10月15日，祖马政府紧急召开了全国地方政府工作会议，祖马总统与莫特莱迪副总统，以及内阁成员、各省市负责官员出席会议，目的是为了切实提高地方政府部门的工作效率。在治理腐败的问题上，祖马政府一方面，开通"总统热线"，鼓励监督政府部门的工作和举报腐败现象；另一方面，公开廉政监督，接受舆论对政府部长中牵涉商业利益的人选的质疑。除了积极治理腐败，祖马政府也着手强化治安管理，严厉打击犯罪活动。南非政府在治理严重犯罪方面，采取强化警察打击犯罪的措施，同时解决警察的装备不足和待遇差问题。在加强警备的同时，避免重蹈种族隔离时期的"警察国家"的政治糟粕，加强"独立申诉委员会"的作用，保证社会稳定与安全。

第四，独立自主的外交。祖马政府的外交政策延续非国大的外交理念和原则。主要表现在：支持建立国际经济新秩序，努力摆脱经济危机的阴影；加强与美欧国家的合作，积极促进南南合作；注重通过对话协商解决争端。总的来说，南非祖马政府奉行的独立自主和平外交政策，扩大了南非在国际舞台的回旋余地，促进了非洲大陆的稳定与发展，扩大了南非在南北对话中的声音，推动了南南合作，为南非经济复苏营造了有利的国际环境[1]。

祖马总统执政期间，进行了一系列的改革与调整措施，保持了政局稳定，实现经济平稳过渡。新南非在经济领域、教育领域、医疗卫生领域、打击犯罪与腐败方面、农业农村发展方面、基础设施建设方面都有了不小的进步。但同时也应看到，一些问题与挑战也依旧存在并制约着南非的发展，如艾滋病问题、犯罪问题、失业问题等都是南非政府亟待解决的问题。

第二节　非国大推动共享发展的经验

非国大上台执政后，面对百废待兴、亟待转型的南非政府，非国大本着共享发展的战略思想，新南非发展二十年来成绩斐然，值得学习。政治上，以民主平等的

---

[1]　王巍：《祖马执政后南非对外政策特征》，《中国非洲史研究会三十年》，2010年12月，第182页。

新宪法为核心，构建起多元一体的民主制度及健全的法律体系与监督机制，为今后的依法有序发展提供了制度保障；经济上，保持宏观经济的稳定，使经济得到恢复和发展。在提升黑人经济地位的同时兼顾白人的经济发展利益，避免了种族之间经济矛盾的加剧；特别在社会发展方面，给贫困黑人干净饮用水，建造房屋，重新分配土地，安装了电灯电话，为6岁以下儿童和孕妇提供免费医疗，等等，作出了巨大的努力。但与此同时在共享发展方面也面临巨大困境。首先，南非经济社会发展仍存在巨大差距，贫富悬殊、就业问题仍是阻碍新南非发展的两大顽疾；另外高福利带来的成本负担使南非的经济发展不容乐观。总的来说，非国大在共享发展方面，成就与得失都非常突出，值得我们深思。

一、非国大推动共享发展的努力

历经80余载的不懈斗争，南非终于废除了种族隔离制度走向民族和解。非国大也作为新的执政党开始领导新南非的发展。非国大上台后，面对旧制度造成的政治、经济和社会方面的种族分割及由此带来的一系列社会发展问题，非国大始终坚持民族团结和解放，逐步消除种族隔离时代造成的种族鸿沟，致力于构建一个涵盖全体人民的和平民主国家。包容和共享是区别于旧制度的最鲜明的特征[1]。

（一）种族隔离制度的废除和政治民主化构建

非国大共享发展方面最重大的成就当属废除了种族隔离制度，这是造成南非民族间不平等的根源。但种族主义在南非长期统治所造成的各民族、黑人与白人之间在政治、经济、文化和社会地位上的巨大差别和不平衡，以及种族歧视思想、情绪在一部分白人中根深蒂固的存在，这一切在短时间内还是难以消除的[2]。为了根除种族隔离制度带来的"后遗症"，结束长达三个世纪的种族歧视和排斥，进一步促进统一、民主、多元国家的构建，非国大领导下的新政府迅速制定并颁布了新宪法，形成了以宪法为核心的一整套法律体系，确立了民主、平等的新宪政体制，这成为南非走向政治现代化的起点[3]。

---

[1] 李安山：《非洲梦——探索现代化之路》，江苏人民出版社2013年版，第680页。

[2] 郑家馨：《南非史》，北京大学出版社2010年版，第373页。

[3] 李安山：《非洲梦——探索现代化之路》，江苏人民出版社2013年版，第681页。

1. 新制度下的种族关系

种族隔离制度废除后，南非的种族关系发生根本性变化，总的来说是：黑人当家做主，白人失去特权，人人权利平等。在处理种族关系矛盾的过程中非国大确立了正义与和解的双重目标。所谓正义就是要对种族隔离制度下的罪恶进行清算，使受害者得到精神和物质上的补偿。和解的实现则需要谅解和宽容[1]。

和解的前提是对种族隔离制度下的罪恶进行清算。为了即使罪恶得到惩罚，又不至于进一步扩大刚缓解的种族矛盾，南非新政府对种族隔离时期罪行的清算主要是针对旧制度的整体清算，而不是针对个人的惩处。但个人必须通过坦白，求得宽恕。根据《促进民族团结与和解法》[2]（1995年）建立了"真相与和解委员会"。其任务包括：①促进民族团结与和解，以理解的精神超越过去的冲突和分裂，通过调查与听证，对1960年3月1日至种族隔离制度废止期间发生的粗暴侵犯人权的罪行进行认定；②对于彻底坦白全部相关犯罪事实者，给予赦免，但其行为必须是出于政治动机，并且其坦白符合该法令的要求；③确认并公布受害者的下落，通过给予受害者机会讲述自己受害的情节，以恢复他们的人格和公民尊严，并对给予他们的赔偿措施提出建议；④编写一部尽可能全面的报告，记述"真相与和解委员会"在履行上述3项职责时的活动和结论，包括对今后避免发生侵犯人权问题的措施建议。

从1996年到2003年，"真相与和解委员会"共审理2.2万多个案例。到2003年3月"真相与和解委员会"提交最终报告时，共有1200人获得大赦，5500人的申请被驳回[3]。这一历史任务的完成，确保南非"避免了众多生命遭受涂炭的种族冲突的灾难"[4]。这种谋求这种和解的新创举得到国际社会的认同与赞许，同时促进了南非民众的国家认同感和共同文化心理的形成。

2. 新宪法下平等民主的宪政体制

1994年非国大上台后首要任务便是重新制定新宪法以取代1993年的临时宪法。南非新宪法的制定过程，体现了民主原则，公众参与程度非常广泛。南非各种民间

---

[1]　杨立华：《新南非十年——多元一体国家的建设》，《西亚非洲》2004年第4期，第44页。

[2]　Promotion of National Unity and Reconciliation Act, No. 34of1995.

[3]　UN Integrated Regional Information Networks, March21, 2003.

[4]　Truth and Reconciliation Commission of South Africa Report, released on 21 March 2003. http://www. info. gov. za/otherdocs/2003/trc/, South African Press Association, March 21, 2003.

团体和利益集团以论坛的方式发表意见，向有关专门委员会提出制宪要求。同时，制宪议会通过各种大众媒介向全国公众征求意见和建议。宪法以种族平等、男女平等和保障公民广泛的民主权利为特征，与种族歧视的旧宪法形成鲜明对比，被认为是世界上最进步的宪法之一，得到国际社会的高度评价[1]。

第一，坚持国家统一原则。南非真正意义上的国家统一始于1994年。新宪法第一章第一条对南非共和国的国体作出明确规定：南非共和国是统一的、主权独立的民主国家。种族隔离制度废除后，南非实行立法、行政、司法三权分立的政权体制。中央、省级和地方政府相互依存，各行其权。政府间共同遵循的治理原则是：各级政府不得越权，不得相互侵犯地域、功能和机构完整；议会通过立法手段协调各级政府间的关系，制定相应的机制和程序解决各级政府间的争执；法院有权裁定政府机关是否妥善依法解决各级政府间的争执。南非宪法第三章对各级政府的运作原则规定，各级政府和国家机构必须维护国家的和平、统一，维护共和国的不可分割性，必须保障全国人民的幸福。

第二，保障基本人权。南非宪法第二章规定了基本人权，本章明确规定保障公民权利、人格尊严、平等和自由的民主价值，适用于一切法律并约束立法、行政和司法机构。还详细规定了公民享有平等权、人格尊严权、生命权、自由与人身安全权等一系列权利。其中平等权作为首要基本权利包括：法律面前人人平等，国家采取立法等措施保证并促进公民充分均等地享有一切权利与自由，保护公民不在种族、性别、孕育、婚姻、民族与社会血统、肤色、性倾向、年龄、残疾、宗教、意识、信仰、文化、语言和出身等方面受到直接或间接的歧视。人权法案对上述各项权利的限制行为作了严格规定，特别单列实施国家紧急状态的规定，以防人权受到侵害。任何法律不得与该法案相抵触。[2] 宪法法院保护公民的基本权利，并判定政府的行为是否与相关的宪法条款相符。

第三，承认多样性，照顾少数的利益。这里的多样性主要是民族文化的多元和政治的多元。南非新宪法有专门的条款保障民族语言、文化、宗教的自由，包括生活方式、政治取向、宗教信仰和文化归属。宪法第一章第六款明确规定11种语言为

---

[1]　杨立华：《新南非的包容性发展之路——非国大100周年纪念》，《西亚非洲》2012第1期，第23—24页。

[2]　杨立华：《南非的民主转型与国家治理》，《西亚非洲》2015年第4期，第138页。

官方语言。为了推动南非各族语言的发展，成立了"泛南非语言董事会"。目的是为 11 种官方语言以及传统语言与手语的发展创造条件，并尊重所有南非人口使用自己语言的权利。有关自治的问题宪法第十四章第 235 款也作出规定：南非人民作为一个整体的自治权利，已在宪法中明确，但是并不排除在这个权利框架内承认任何一个社会群体的自治权利的概念，这个群体有共同的文化和语言传统，在南非共和国领土范围内，或者由国家立法机构确定的其他方式。

最后，南非宪政体制的一个重要方面是权利的监督与制衡。南非多党民主制度的权力制衡与监督，主要来自三个方面。一是执政联盟内部，特别是南非工会大会和南非共产党对非国大政府政策的监督和批评；二是来自反对党在议会的监督和压力；三是公众（包括媒体）的监督。为了保证执政的透明、公正、尽责，根据宪法第十章对行政管理基本价值和原则的规定，政府必须向公众提供及时、易于理解和准确的信息。另外新闻媒体的监督作用也十分突出，根据 1996 年南非宪法的权利法案，人人享有自由表达的权利。新闻和其他媒体有接收和传递信息和思想的自由。南非新闻媒体是揭发和跟踪腐败事件的重要非官方来源，政府对媒体揭露各级官员的腐败没有限制。但是根据南非宪法第二章的规定，自由表达不包括：宣传战争、暴力、鼓吹种族、性别、宗教仇恨等危害性煽动。为了巩固新生的民主政权，非国大还十分重视反腐工作。南非依照宪法建立了保护公民民主权利、监督国家财政的执行、维护国家利益的机构，以及公务员行为准则、国家公共财政管理和审计法、政府采购政策和规则。

3. 政治权力的分享

南非按照宪法实行多党民主制度，很好地保护了公民的政治权利。宪法第二章第十九条规定：①每一个公民都有政治选择的自由，包括组织政党；参加政党的活动，为政党吸收成员；为某个政党或事业进行竞选活动；②每个公民都有权参加依据宪法建立的任何立宪机构的自由、公正和定期的选举。种族隔离制度废除之后，结束了白人政府的专制时代，各种利益集团和政治派系也充分获得政治参与的自由，南非社会和公民获得了历史上最民主的政治生活。经过数十年的发展，南非的政治力量逐渐产生变化和重新组合。黑人政党中，非国大连续赢得大选继续保持执政党地位，其他较小的黑人政党逐渐失去影响力。白人政治力量出现较大的分化和改组，种族色彩已经失去吸引力，转向按阶级、阶层和利益集团组合。此后新出现的政党大多跨越种族界限，而且以新制度下的社会发展议题吸引选民。

在政府权力的分享上，南非国家政府体制由中央、省和地方三级政府构成。中央政府实行总统内阁制，总统兼任政府首脑，领导内阁工作。1994年全民大选后建立了以非国大为主体的全国团结政府。1996年新宪法取消了1993年临时宪法规定的临时组阁的有关条款，结束了过渡时期实行的多党分享权力的做法。但新宪法规定，在议会占多数的党就有权组阁，从而确定了多数党执政的体制。新宪法颁布后，国民党退出全国团结政府，但因卡塔自由党继续留在政府内。多党协商的做法有助于缓和冲突，防止矛盾激化。新政府成立初期，非国大与其他党派的合作对南非顺利完成政治过渡、保持经济社会稳定发挥了积极作用。2009年祖马就任总统后，继续强调全国的团结。他肯定前白人国民党政府领导人德克勒克在南非废除种族隔离、向民主制度过渡进程中发挥的作用。祖马表示，为了使人民能够在和平与和谐的环境中生活，愿意与反对党建立合作而非对抗关系[1]。

地方与中央权力的划分也是避免冲突求得共存的重要内容之一。基于南非是一个多种族的大国家，各地区差异巨大，单凭中央政府难以管辖，非国大确定了承认和加强地方权力的政策，同意建立照顾各个地区不同利益的机制。非国大主张，全国、地区和地方政府都要经过民主选举，各自具有相应的立法和行政权力。在此基础上订立了以下原则：坚持南非的统一；地区划分不以种族、部族为基础，而是以区域经济发展为前提；只有民主选举的制宪会议才有最后的制宪权，地区政府的立法不能违背国家宪法的基本原则。

（二）打破旧有经济制度束缚，扶助黑人经济发展

受历史因素的影响，西方殖民者通过对南非的入侵和扩张，造成以白人为首的种族主义在南非持续长达80余年，从而造成以白人为主体的富有经济即"第一经济"和以黑人为主体，贫困、失业为特征的"第二经济"长期并存。这种"二元经济"体制导致南非贫富差距悬殊，经济发展不平衡。自1994年非国大（ANC）上台执政后，结束了南非长达38年的殖民统治和46年的种族隔离历史。尽管非国大在执政初期，帮助黑人取得了政治独立，拥有属于自己的民主地位，经济方面致力于提高黑人等

[1] "President Jacob Zuma Inauguration Address", http://www.news24.com, 2009, 05, 09.

社会弱势群体在社会经济中的地位和实力，促进黑人渐渐融入主体社会并逐步掌控经济，缩小黑人与白人之间的贫富差距，但由于黑人经济基础较弱，仍然不能成为带动就业以及推动南非经济的主要力量。通过何种手段，打破种族隔离造成的在产权、管理、就业和经济利益分配方面的不平等格局，使得占南非总人口大多数的黑人在财富、知识、技能等方面获得更多机会，成为南非新民主政府长期而又艰巨的任务。在政治上废除种族隔离制度后，新政府开始着手经济利益的调整。南非的经济变革，除了通过立法废除一切种族歧视性质的法规之外，主要是通过政府的财政政策和扶助黑人的相关经济社会发展计划，从而纠正种族隔离制度造成的经济不平等。这些做法包括如下几个方面。

第一，扶助黑人经济发展。为了纠正种族隔离制度对黑人在生产资料和发展机会（教育、就业）方面的剥夺，新南非政府成立以来先后颁布并实施了《就业平等行动》（Affirmative Action）和《黑人经济支持法》（Broad-Based Black Economic Empowerment Act，简称"BEE"）等一系列法规，旨在增加黑人就业机会，并帮助他们在经济发展上取得进步。这些举措的目标是在改善黑人基本生活条件的基础上进一步发展以达到"使所有权和管理结构的种族构成实现实质性的变化"。新政府明确表明：南非经济长期未能达到其发展的潜力，是因为占人口绝大多数的黑人收入和创造收入的水平太低。因此，占人口大多数的黑人能否有效的参与经济活动，关系到南非整个经济的稳定与繁荣。《就业平等行动》强调的是纠正就业机会方面的不平等，打破了种族隔离制度造成的白人"垄断"就业的局面，为更多的黑人解决了就业难题。

第二，扩大黑人就业。新南非政府积极出台一系列的干预政策，以增加就业机会，解决高失业率，特别是提升黑人的就业水平，在解决就业难题的同时提高初次分配中劳动者的收入。依照南非的相关就业法规，单位（主要是公共部门）雇员比例要逐渐符合南非的种族构成，打破以往的白人一家独大的局面，使更多的黑人参与到公共事业的管理之中。同时，宪法也对旧政府的白人公务员的权益进行保障，政府不得无故对原有的公务人员进行辞退。据南非官方统计，黑人在公共服务部门管理人员中的比例有明显增长：1994 年为 6%（不包括前黑人家园）；到 2003 年，黑人在各级公共部门雇员的比例占到 72%[1]。除公共部门外，私人部门能创造更多的就业

[1]　Business Day (South Africa) 29 May, 2005.

机会。扩大就业是南非经济面临的最严峻的挑战，特别是帮助解决青年失业问题。劳动力知识技术素质的提高，是改变南非劳动力结构性失业的主要措施。南非在教育和培训领域有大量的财政投入，教育经费占政府财政预算的18%，政府多年对教育的投入，使得15岁以上成人的识字率达到89%（2008年）。2010年，南非政府提出三年内拨款520亿兰特，用于创造就业[1]。近年来，在专业技术人员中（包括会计、律师、信息技术、医药业），合格的黑人专业人员比例有大幅的增长。

第三，支持黑人兴业。为弥补种族不平等政策给黑人群体带来的伤害，将经济控制权逐渐转移到占人口绝大多数的黑人手中，促进黑人就业，缩小贫富差距，南非政府先后出台多种政策。其中最为重要的就是《基础广泛的增强黑人经济法》，它的政策目标在于：通过实质合理地转变授予黑人群体所有权、管理权以及对南非金融与经济资源的控制权，以矫正过去的不平衡。经过新南非政府的不懈努力，南非的社会结构发生了至1994年以来的最大的变化——一个日渐增长的黑人中产阶层逐渐出现。根据南非贸易和工业部的数字，2004年黑人在企业主中已经占到10%，在技术人员中已经占到15%。黑人中最富有者的收入增长了30%[2]。南非百万美元富翁数量2004年达到3.7万人。根据2005年世界财富报告，南非占非洲7.5万个百万美元富翁的一半以上。在约翰内斯堡股票交易所上市的公司当中，6%为黑人拥有[3]。由于经济的发展，特别是黑人企业的兴起，投资收入占南非人口个人可支配收入的比例1990年为7%，2003年上升为35%。在消费人群的种族构成方面，黑人在南非450万高收入者当中，约占40%（2004年），2000年以来共有27万黑人的收入水平已经进入更高的收入阶层"中产阶级"。在2000—2003年期间，南非39万人上升到中产阶级行列，其中70%为黑人[4]。

总的来说，新南非成立以来，政府经济政策的核心是对白人统治时期形成的不合理的社会、经济结构进行调整，解决隔离制度留下的经济问题，增加就业、促进经济增长，满足人民的发展需求。通过立法从实质上改变黑人所有权管理结构的种族构成成为南非政府致力提高黑人地位的主要手段。自1994年以来，新南非政府出

---

[1]　18 February 2010 Business Day, http: //allafrical. com/stories/printable/201002180503. html.

[2]　"South Africa´s middle class-young, black and driving a BMW", Rory Carroll in Johannesburg Tuesday April 13, 2004, The Guardian.

[3]　Business Day (Johannesburg) March 29, 2007.

[4]　Business Day (Johannesburg) Nov. 11, 2004.

台一系列有利于黑人经济发展的政策，事实证明，扶持黑人的政策拉动了政府投资，通过国民收入的大量增长促进黑人家庭支出的增长，特别是中产阶级的队伍的壮大拉动了私人消费，投资与消费成为支持南非经济增长的稳定器。

（三）共享的经济发展政策

南非政治上坚持共享发展理念，实现了政治稳定与民族和解，为经济发展带来空前有利的国内和国际环境。1994 年，非国大主导的新政府上台后，坚持稳定经济、平稳过渡的政策，创造有利的投资环境、加快经济增长，同时通过立法废除种族歧视性质的经济法规，对旧制度造成的种族之间资源占有和经济收入的巨大悬殊进行了一系列的改革和调整，以实现宪法所规定的建设公正社会、改善所有公民生活质量的目标[1]。

1. 保护公民的合法财产

南非新制度下，各族群享有平等的权利。在平等的政治权利之外，还有平等的生存权和发展权，其中包括宪法规定的：自由迁徙和居住权利，经商和选择职业的权利，组织和加入工会和商会的权利，享受无害环境的权利，受教育权，使用语言和选择文化生活的权利，财产权利，等等。

有关财产权利，南非宪法第二章的相关规定包括：除非符合一般适用的法律条款，任何人的财产不可被剥夺，任何法律都不准许强制剥夺财产。只有依据一般适用的法律条款，财产才可能被征用，包括：为了公共目的和利益；符合赔偿规定，即相关的赔偿金额、时间和赔付方式得到相关方的同意或得到法院的裁决或批准。因此南非公民的合法财产得到宪法的保护。

2. 黑人经济地位的提高

种族隔离制度下南非经济最显著的特征就是白人主导了整个南非经济的发展。非国大执政后经济改革上秉承了政治改革中的共享发展理念，为了构建一个真正平等的新南非，非国大推动经济共享发展最大的举措就是扶助黑人经济的发展。新政府主要通过支持黑人兴业、扩大黑人就业来提升黑人的经济地位。

为了纠正种族隔离制度对黑人在生产资料与发展机会（就业、教育）方面的剥夺，

---

[1]　杨立华：《南非的民主转型与国家治理》，《西亚非洲》2015 年第 4 期，第 140 页。

新南非政府先后颁布实施了《就业平等行动》和《基础广泛的黑人经济扶助法》等法规，以及扩大黑人就业、支持黑人兴业的多方面措施，以推动并帮助黑人在经济上得到发展。目的不仅是改善黑人的基本生活条件，而且要"使所有权和管理结构的种族构成实现实质性的变化"。依照南非相关的平等就业法规，单位（主要是公共部门）雇员比例要逐渐反映南非的种族构成。新南非政府在探讨一系列干预政策，以提高就业的增长，扩大初次分配中劳动者的收入。南非政府的立场是，南非经济长期未能达到其发展的潜力，因为占人口绝大多数的黑人收入和创造收入的水平太低；人口的多数能否有效地参与经济活动，关系南非整个经济的稳定和繁荣。黑人中产阶级的成长，是 20 年来南非社会结构最大的变化[1]。

新制度下受益的不仅是非洲人，由于印度人受教育程度和技术方面的条件较好，在公共部门就业的印度人比例超过其在南非人口中的比例。非国大在扶持黑人经济发展的同时，也给予白人发展应有的权利，非国大一直在争取白人，白人在南非有很多发展的机会。白人青年专业人员在总体就业竞争中仍有优势，白人妇女除了专业技能外，在性别方面得到照顾，因而成为新就业政策的受益人群。

3. 惠及民生的土地改革

南非的土地问题是种族主义带来的历史遗留问题，在种族主义统治时期，南非大部分土地被白人以掠夺、战争、欺骗等手段占领了，致使广大黑人拥有的土地很少甚至没有。这种极端不公平，不合理的土地分配方式使得南非的土地改革背上了沉重的历史包袱。前非国大总书记拉马福萨（Ramafosa）曾经这样强调解决土地问题的重要性："除非我们解决土地问题，否则我们就不会有一个国家。如果我们解决不好，我们会把南非撕成碎片。如果我们解决好了，我们就为一个真正统一的国家奠定了基础。"[2] 土地问题牵连种族关系、国计民生和新南非的重建，无可回避。土地改革，势在必行。

由于黑人和白人的历史渊源，要想和平民主的进行土地改革，双方都必须做出让步，因此非国大将种族和解与国家团结以振兴经济作为首要任务，在这一前提下，本着协商和解的精神，运用法律手段和市场机制，采取和平赎买方式，将白人的土地一步一步还回黑人的手中，从而减少歧视和不公平。非国大以改变种族隔离时期

---

[1] 杨立华：《新南非二十年发展历程回顾》，《非洲研究》2015 年第 00 期，第 88—90 页。

[2] 《非洲报道》，1994 年 1—2 月号，第 66 页。

土地占有和使用的不公正、不平等状况，使黑人拥有自己的土地，促进国家和解与稳定，推动经济增长，改善农民福利和减少贫困为目标制定了新的土地改革政策。其主要内容包括：①实现土地回归，即把 1913 年《土著土地法》实行以来被强行剥夺的黑人土地重新归还给黑人。1994 年 11 月 8 日，南非国民议会通过了《土地回归权利法》，这是真正的归还土地法，它将保证那些在种族主义统治时代被剥夺土地的人们重新得到他们的财产；②土地重新分配。目的在于使需要土地的南非弱势群体获得土地居住和从事生产，主要对象是黑人中的穷人、佃农、农场工人、妇女及处于危机中的农民；③确保土地所有权和使用权。土地经过回归和重新分配后，需要得到法律上的保障。经过种族主义统治和多年的发展变化，原有的土地占有、使用和转让在法律上的种种不完备和混乱之处，也需要进行清理、调整和使之明确[1]。

（四）覆盖全面的社会救助和公共服务政策

南非是非洲最发达的经济体，由于种族隔离制度的影响，旧南非的社会救助制度带有种族歧视的性质。在旧制度下，以白人群体为主的社会保险业比较发达，广大黑人群体，由于就业率低、收入水平低，参与社会保险的比例很低。另外社会救济也主要是面向白人群体。非国大上台后着手重建新的社会保障制度，新制度取消一切带有种族歧视的法规，社会福利力求覆盖全体国民。

1. 实施覆盖全民的社会救助制度

由于旧制度下的种族歧视和压迫政策，南非广大黑人缺乏基本生存手段。新南非政府掌权之初即建立对贫困人口的救助制度，以解决下层民众，特别是黑人的生存需要，也是维持社会稳定的重要手段。1994 年以来，南非政府财政预算当中，社会救助拨款在国内生产总值和政府财政预算的比例不断上升。2004 年，南非社会救助金额占国内生产总值比例约为 4.5%[2]。到 2007/2008 年度，社会救助金占国内生产总值的比例上升到 7.39%，约占政府财政预算的 15%[3]。近年来，随着南非经济发展和财政收入的提高，社会救助金额占财政支出比例有所下降。2013 年社会救助款项

---

[1]　夏吉生：《新南非十年土改路》，《西亚非洲》2004 年第 6 期，第 44—46 页。

[2]　South Africa Department of Social Development, Social Security Expenditure in South Africa: "Social Budget". 5 Dec, 2004.

[3]　"Budget 2007 at a Glance," http://www. treasury. gov. za, 2015, 5, 2.

总计 1200 亿兰特，占国内生产总值的 3.4%，占政府财政支出的 9%[1]。南非政府社会救助金占政府预算和国内生产总值的比例，不仅在发展中国家中居于前列，甚至与发达国家不相上下。

南非选择的社会救助模式的特点是"普惠式"与"选择式"并存，具有社会民主主义取向。社会救助项目包括社会养老金、困难家庭儿童抚养补助金、残疾人补助金、解放运动老战士补贴等 7 项。社会救助计划覆盖的人口 1994 年为 270 万人，到 2013 年扩大到 1600 万人（为 1994 年的 5.93 倍），其中 290 万为 60 岁以上的老龄人口，1130 万受益人口为儿童，110 万为残疾人。2014 年，国家社会救助的受益人数占总人口比例为 29%[2]。南非社会发展部和联合国儿童基金的研究表明，南非政府的儿童救助计划很成功地减少了贫困的代际转移，使儿童的认知能力提高，儿童发病率降低，入学率和教育成绩提高 [3]。政府的社会救助政策，作为国民收入的再分配手段，成为缓解贫困，特别是广大黑人贫困状况的主要措施。

2. 社区基础设施的建设

南非政府把消除贫困列为社会发展的首要任务。除了社会救助政策之外，南非政府还注重支持社区发展计划，建立了"独立发展基金"负责对社区发展项目的支持。到 2004 年，南非的财政预算包括一系列政府干预性项目，特别是对基础设施工程的投入，在创造就业机会的同时，也为改善落后地区经济的发展创造了有利条件。

南非政府在解决贫困人口居住区的清洁饮水和卫生设施方面，给予了大量投入，取得的成效得到联合国认可。得到清洁饮用水供应的家庭 1995 年占 60%，2012 年到 95%。有卫生设施的家庭 1995 年占全国家庭的 49%，到 2003 年上升到 63%。1994—2003 年间，政府为 640 万人提供了新的卫生设施 [4]。

为了改变南非不平等的卫生保健制度，南非卫生部对卫生服务体系开展了彻底的改造。其中包括：增加基础卫生服务的开支；建设和改造门诊所，为诊所提供新的设备或进行局部改造。此外，1994 年实行对孕妇、哺乳母亲和 6 岁以下儿童的免费医疗政策。1996 年，免费医疗范围扩大到公共医疗系统的每个人的基础卫生保健

---

[1] "Social Transformation", The Twenty Year Review, Chapter 3, p. 45. 2015, 3, 14.

[2] Statistics South Africa on 2014 General Household Survey, 27May, 2015.

[3] "Social Transformation", The Twenty Year Review, Chapter 3, p. 45. 2015, 3, 14.

[4] 杨立华：《列国志：南非》，社会科学院文献出版社 2010 年版，第 377—378 页。

服务，出诊率大幅提升。

3. 住房的新政策

旧南非在种族隔离制度下形成居住区域的隔离，即白人居住在中心城市的郊区，基础设施完备，环境优雅；而黑人则远离中心城区，缺少基础设施，住房简陋而且十分拥挤。农村地区的黑人还保留村社的传统居所，同时，大量涌入城市的黑人栖息在非正规的棚户区。新政府成立后，面对严峻的住房短缺问题，新南非政府于1994年颁布有关住房问题的《南非住房的新政策和战略》。

南非政府根据当时的社会发展状况，首先致力于解决贫困人口的住房问题。政府采取的主要措施是：政府一方面加大对住房建设的投资，另一方面提供更多的住房补助金。由于长期的历史积累，住房短缺问题一直存在，南非政府简化了住房补贴的行政管理，采取新的措施：①放宽给予住房补贴家庭的收入标准，使更多的家庭得到住房补贴；②扩大住房计划的涵盖范围；③改善非正规住所的居住条件。南非政府解决住房问题的另一项重大举措就是，为贫困家庭提供廉租房。新南非成立之初，经济处于恢复发展阶段，贫困家庭对公共廉租房的需求巨大。为此，南非住房部制订了一个可承受的租房计划，使低收入者可以住在以前政府部门提供的住处，或住在公共企业以前给流动劳工提供的单身宿舍，或建设新的高层住宅给低收入家庭居住。

总的来说，在共享发展方面，非国大致力于民族团结和解放，逐步消除种族隔离时代造成的种族鸿沟，取得了相当大的成就，但仍然面临着巨大的挑战。

二、非国大在推动共享发展上的挑战与经验

非国大上台后，新南非政府本着共享发展的治理理念，政治上废除了种族隔离制度，初步实现民主、平等与发展；经济上在稳定经济发展的同时，促进国民生活水平的大幅提升；社会发展方面实施了覆盖全社会的社会救助体系，使人民共享社会经济发展带来的福利。但在取得诸多成就的同时，非国大在领导共享发展方面也暴露出许多问题，例如：种族隔阂犹存、贫富差距和就业问题依然严峻、高福利带来的负担阻碍经济发展等。这些问题值得关注，更重要的是探究问题产生背后的原因，并从中吸取教训，为今后的发展提供借鉴。

（一）共享发展存在的问题

非国大上台后致力于政治、经济、社会各方面的改革，提出了一些行之有效的改革措施，成功渡过执政初期的艰难阶段，推动了国家、社会各方面的稳定与发展。但随着新南非的不断发展，各方面所存在的问题也逐渐呈现出来。

1. 种族隔阂依然存在

自 1993 年种族隔离制度正式废除以来，经过 20 多年的努力，南非各个民族之间的和解是否真正实现？对于这个问题面前仍存在巨大分歧。但通过国外及南非本地的媒体我们经常会看到许多负面消息。例如：2008 年 5 月以来，南非的约翰内斯堡等地发生了本国籍贫民以暴力手段驱逐外籍劳工的大规模排外骚乱。从 5 月 12 日在约翰内斯堡的亚历山大镇的贫民区开始，逐渐蔓延到德班、开普敦的等地，西开普敦南部和姆普马兰加省、西北省和自由邦省的部分地区也受到波及。种族隔离制度废除后仍发生如此规模的暴行令人震惊，国际社会也对此给予高度重视。众多事件归结起来，不外乎指责以非洲裔为主体的政府部门缺乏治理能力，导致国家贫富加剧、腐败横行、治安恶化，广大非洲裔民众不重视教育、素质低，政府给了优惠政策都无济于事等。

在社会生活方面，由于旧制度下不同种族住区的隔离，城市郊区仍是白人的聚居区，基础设施完备，环境优雅。而黑人城镇大多远离中心城市，居住环境恶劣，形成大量聚集的贫民窟。种族隔离制度废除之后新南非政府着手新建福利性廉租公屋来解决黑人的住宿问题，虽然解决了许多黑人的住房问题，但廉租屋的数量毕竟有限，许多贫苦黑人的住房问题仍未得到解决。另一方面，种族隔离制度下形成的居住区的"黑白隔离"状态延续下来，黑人得到的住房仍是位于郊区的城市边缘，且居住条件远差于城市中心的白人居住区。如南非著名的城市约翰内斯堡，在种族隔离制度废除后，大量的黑人移居到此，出现贫民窟、流浪汉，脏乱差问题明显增加，治安状况可以说是每况愈下。

除此之外，由于长期历史因素的影响，种族之间的歧视和偏见依然存在。虽然非国大执政后采取一些措施来提升黑人的经济地位，但由于黑人自身条件的限制，大量黑人仍遭到白人雇主的剥削甚至虐待。而同时大批黑人也对白人优越的经济地位产生憎恨和排斥情绪，导致黑人与白人间的矛盾激化。同时，南非义务教育的质量欠佳，特别是偏远地区合格教师缺乏，使得南非人学龄儿童只有50%能完成高中学业，只有12%能考上大学[1]，大量年轻人缺乏专业知识或技能，职场上缺乏竞争力，前途黯淡。因此，青年人容易被犯罪团伙拉拢。他们对外来非洲移民的仇视、嫉妒心理，很容易被煽动。南非的优越经济地位和政治光环与下层民众距离太远，眼前外国移民的就业竞争和商业竞争被他们视作直接威胁，也是他们发泄不满和沮丧的"替罪羊"。种族情绪和部族主义的影响，也助长了暴力文化的蔓延[2]。

2. 贫富差距、就业问题亟待解决

非国大上台执政后在稳定经济发展的同时，推行一系列有效的政策，改善了黑人各方面待遇，为实现民主、平等的目标前进了一大步。但由于种族隔离制度的历史影响，黑人及其他有色种族在经济、社会生活的各方面与白人群体间仍存在一定差距，在贫富差距和就业问题上尤为严重。这都是关系新南非经济、社会稳定发展的重大方面，因此值得我们深入探究，以吸取经验找到合适的解决方式。

首先，收支水平，种族间的贫富差距悬殊。南非的人均国民收入2005年超过5000美元，2012年达到人均7610美元，但是贫富悬殊，基尼系数高达0.65（2011年）。[3]收入的差距是造成贫富悬殊的根源，然而南非不同种族间的收入的确存在巨大差距。在南非非洲人家庭的平均收入和支出最低，其次是"有色人"家庭，印度人和亚洲人家庭略高，白人家庭最高。非洲人户主为女性的家庭收入低于男性为户主的家庭的收入，并且以白人男性为户主的家庭收入最高。根据联合国发展计划署的《人类发展报告》，南非2/3的总收入集中在最富有的20%的人口手中，而最贫困人口的收入只占2%。近2/3的劳动者（绝大多数是黑人）的月收入不足250美元[4]。由于大部分白人的知识水平、劳动技能和财产都远高于黑人，因而他们的收入也远高于黑人的平均水平。在支出方面据统计：2000年在全国家庭总支出中，最低收入家庭

---

[1]　"South Africa The Young and the Violent", 8 May ,2015, Institute for Security Studies.

[2]　杨立华：《南非的民主转型与国家治理》，《西亚非洲》2015年第4期，第156—167页。

[3]　The Twenty Year Review chapter 3 Social Transformation, p. 42. http://www.thepresidency-dpme. gov. za/news/Pages/20-Year-Review. aspx11March2014.

[4]　EIU, Country Profile 2003, South Africa, p.31.

的支出只占 3%，最高收入家庭的支出占 64%[1]。从收入支出情况来看，种族隔离政策的后遗症依然存在，非洲人家庭、特别是非洲人妇女为户主的农村家庭，继续处在最贫困的境地。在基础设施和服务等社会支出方面，情况有所改善。但是这些社会支出如何转化为贫困家庭和人口的收入变化，还需要时间。

由于长期种族主义统治，南非也是黑贫白富、种族间经济和社会生活差距极大的国家。1994 年新南非成立之初，占总人口 1.1% 的白人拥有南非全国 87% 的土地，控制了 90% 以上的国民经济，而占总人口 7% 的黑人却只有 13% 的贫瘠土地和 2% 的资产。黑人的人均年收入仅仅是白人的 1/10。当时，黑人劳动力约有 700 万人没有工作，1400 万人是文盲，200 万儿童没有上学，70 万人居住在贫民窟和棚户区，1200 万城乡居民没有清洁饮水，2100 万人缺少或没有卫生设备，2300 万人没有生活用电，广大黑人的处境十分艰难 [2]。虽然非国大上台后积极推行一系列举措，旨在缩小黑人与白人间的贫富差距，并取得了一定成效。但这还不足以彻底解决黑白间的贫富差距问题。据统计，2011 年南非黑人男子平均每月收入 2400 兰特，而白人男子平均收入达到 19000 兰特；大多数白人妇女的月平均收入都达到 9600 兰特，相比之下黑人妇女每月平均收入仅有 1200 兰特。至今，南非 90% 的财富仍掌握在白人手中，南非也成为世界上贫富差距最严重的国家之一，基尼系数多年保持在 0.6 以上，最高年份甚至高达 0.7[3]。

黑白之间的贫富差距是种族隔离制度的遗留问题，但随着非国大执政及其相关政策的实施，南非出现了一种新的贫富问题 —— 黑人社会内部贫富分化严重。伴随着非国大积极推行的扶助黑人的经济政策，一个日渐成长的黑人中产阶级逐渐产生。根据南非贸易与工业部的数据，黑人在南非企业主中已经占据到 10%，技术人员也已经占到 15%，黑人中最富有者的收入增长率 30%[4]。这很大一部分原因归功于南非政府的《黑人经济扶持计划》，但此计划在造就一批黑人中产阶级的同时也存在相应的弊端，那就是成为中产阶级的毕竟只是广大黑人群体中的少部分人，而且这些

---

[1] Statistics South Africa 2002, Selected Findings and Comparisons from the Income and Expenditure Surveys of October 1995 and October 2000 Earning and spending in South Africa.

[2] 赵平安，雷超：《新南非的诞生及其面临的挑战》，《环球经纬》1994 年第 8 期，第 95 页。

[3] 杨宝荣：《2012 南非经济社会发展转型总结与 2013 年展望》，《新兴经济体蓝皮书》，2012 年 11 月，第 83 页。

[4] Sunday Times (Johannesburg) 2005, 7, 17.

人大多都是与政府官员联系密切的人。普通的黑人民众仍然生活在温饱的边缘线上。黑人中产阶级的兴起表面上看似乎是黑人经济地位的提升，也有助于缩小与白人阶层之间的差距。但同时却造成了黑人社会内部的贫富分化问题。由此可见，新南非种族隔阂与贫富差距仍然明显，政府提供公共服务的效率与公众需求有巨大差距，因此南非长期稳定发展仍存在挑战。

其次，就业形势仍然十分严峻。在种族隔离时期，政府对白人实行就业保留政策（即为白人保留高工资收入的就业机会），限制黑人从事技术性工作。由于歧视性政策加上黑人自身技术水平的缺陷，黑人的就业率极低。非国大执政后废除了种族隔离制度，并纠正黑人就业面临的不平等待遇，积极创造更多的就业岗位。新南非的就业情况虽然有所好转，但黑人与白人间就业差距仍然存在，旧制度造成的结构性失业受经济全球化的影响，近年来又有所加剧。总之南非的就业机会仍存在不平等，就业形势依然十分严峻。

由于经济的发展和劳动力流动的自由度增加，南非就业人口从 1994 年的 950 万增加到 2013 年的 1520 万 [1]。虽然新政府推行的经济发展政策优先考虑创造更多的就业岗位。在 1994—2003 年间，新增的就业岗位达到 100 万，但每年仅进入就业市场的高中毕业生就有约 60 万，由于经济增长率不高，成年劳动力的失业率长期保持在 30% 左右 [2]。近几年，南非每年新增 50 万—60 万个就业机会，但是失业率仍很高，2014 年第四季度虽有所下降，但仍在 25% 上下徘徊。青年失业尤为严重。根据南非统计局 2014 年数据，在南非 830 万失业人口中，15—34 岁青年失业人口为 440 万，占总失业人口的 53% [3]。另一方面。妇女的就业形势更为严峻，经合组织的数据统计表明，南非的女性就业更多地集中在传统的家庭事务和农业领域。

面对严峻的就业形势，南非的黑人和白人都有所失望与抱怨。黑人由于长期受种族歧视政策的制约，在受教育程度和技能水平方面处于劣势，就业尤为困难，失业率也极高。而且即使是成功就业的黑人也大多数是从事初级工作。而白人的不满，主要是针对新的就业政策（鼓励雇佣黑人和妇女的照顾性政策）。政府对黑人就业的保护政策使得以往在种族隔离制度保护下的白人失去就业优势，那些缺乏相

[1]　Economic Transformation, The Twenty Year Review, Chapter 4, 2015, 04, 15.

[2]　杨立华：《列国志：南非》，社会科学院文献出版社 2010 年版，第 366 页。

[3]　"Youth Unemployment Still a Huge Challenge in South Africa", http://www. gov. za/speeches/ view. phd?sid=49249, 2015, 03, 17.

应技能的白人在就业中反而处于弱势地位了。据南非官方统计，黑人在公共服务部门管理人员中的比例有明显上升：1994 年为 6%；1997 年在中央公共部门占 33%，省级公共部门占 54%；1998 年黑人在中央和省级公共部门中的比例分别占到 44% 和 53%；到 2003 年黑人在各级公共部门中的比例占到 73%[1]。除公共部门外，目前南非的企事业单位，虽然安排了部分黑人进入高级管理层，但白人在私人企业和科研机构的高层和专业人员中仍占据主导地位。

虽然新政府一直在努力创造更多的就业岗位，积极解决一系列的就业问题，但南非目前的就业形势仍不容乐观。就业是关系国计民生的重大问题，就当前就业形势而言，南非政府未来在解决就业问题上仍任重道远。

3. 高福利带来的"福利"困境

非国大上台执政后，在实现经济平稳发展之后，开始着手解决种族隔离制度造成的种种问题。在提升人们生活水平保持社会稳定方面，新政府开始改革社会保障制度，取消了一切带有种族歧视的法规，建立了不分种族或区域的全国统一的社会保障体制和社会救助制度，社会福利的覆盖面惠及全体国民。南非社会救助制度与世界水平相比，在救助金占国内生产总值比例和受益人口占总人口比例方面，在发展中国家当中居于前列，甚至可与发达国家媲美。

然而随着南非经济的持续低迷，为了维系这种美好的福利状况，新南非付出了极大代价，高福利带来的各种问题也开始逐步浮现。由于南非失业率很高，很多黑人家庭成为"啃老族"，据说全国三分之一的黑人家庭以长辈的养老金为"较重要"收入来源；儿童抚养补助金，每月给 270 兰特给每个 15 岁以下的孩子，据 2009 年 4 月统计，有 910 万儿童受益。另外住房福利等也按低收入标准给予相应的保障。为了维系这种高福利南非不得不采取高税收政策，南非的个人所得税累进税率最高为 40%，企业所得税税率 28%。还有增值税与资本收益税等，总体税负达到国内总收入的 23.4%[2]。但是如此高的税收还无法完全承受高福利带来的负担，新南非还要通过削减军费，将国有经济大量私有化等来填补高福利带来的财政漏洞。高福利的政策表面上保障了人民生活水平，有利于社会稳定，但随着其背后隐藏的危机不断积累，许多问题开始逐步显露：首先是这种高福利下的高税收，尤其是企业的税收负担过重，

---

[1] South Africa Yearbook 1998, 2000/2001.

[2] 秦晖：《高福利与低增长》，《经济观察报》2013 年 9 月 3 日，第 2 版。

极大地影响了南非企业的发展，企业盈利的下降产生的连锁反应就是更多个人失去岗位，这对原本就紧张的就业问题无疑是雪上加霜；为了填补福利漏洞，政府的手逐渐伸向经济处于优势地位的白人，这无疑会引发白人的不满情绪，导致大量的白人资本或技术人才外流。近年来随着南非经济的逐步好转以及国家适时的政策调整，南非的高福利大体保持在国家可控范围内。但仍要维持平稳的状态避免陷入福利困境，这对于发展中的南非将是至关重要的挑战。

（二）非国大领导共享发展的经验与教训

从废除种族隔离制度到推行民族和解的政策再到共享发展的实践，非国大始终将种族问题放在国家发展建设的重要位置。并且经过二十多年的努力，南非在种族矛盾的到缓解的同时，保证了经济的平稳发展，黑人各方面地位也有所提升。新南非坚持民主、平等和包容的理念，构建了以宪法为核心的一整套法律体系，以保障国家统一和公民基本权利为基本宗旨，在多元一体国家的建设中，取得了举世公认的社会进步。但由于社会经济发展及历史等诸多因素的影响，种族隔阂、贫富差距以及高失业等难题仍困扰南非的发展。随着社会经济结构及国际形势的变化，南非国家发展还面临着一些新的问题与挑战。诸如：黑人中产阶级兴起引发的黑人内部贫富分化问题；社会政策的过分倾斜导致的"黑歧视白"现象；种族矛盾虽有缓和，但阶级矛盾突出；等等。总的来说，非国大在领导共享发展方面的成就于得失均非常突出，在肯定其成就的同时也不能忽视其存在的问题。非国大领导共享发展经验与得失的检视，不仅将有利于新南非未来发展道路的完善，更将为广大发展中国家民主转型之路提供有益的借鉴。

第一，基于共享的发展是国家稳定发展的根本动力。南非是非洲大陆上一个独具特色的多民族国家，白人的殖民主义统治及罪恶的种族隔离制度，造成了南非种族间政治、经济、社会的割裂与对抗，使南非成为世界上种族矛盾和冲突最为严重的国家之一。非国大上台执政后，废除了种族隔离制度，南非从此迈上建设种族平等、多元一体民族国家的历史进程。近 20 年来，南非获得历史性的政治统一、种族和解、经济稳定发展的机遇。南非政治社会变革和转型的进程，避免了种族仇杀和动乱，构建了以宪法为核心的一整套法律体系，坚持平等、包容理念和政策，取得了举世

公认的社会进步 [1]。南非从一个种族矛盾严重，政治、经济、社会发展全面落后的国家，成功走上民主转型的道路，发展成一个民主、平等的多元一体的多民族国家，这一切与非国大积极推行共享发展的政策是密不可分的。"共享"的发展理念不仅是新南非取得成功的关键，同时也是推动一个国家稳定发展的根本动力。所以探究南非共享发展的经验，对于广大发展中国家尤其是多民族国家的民主转型发展道路的探索具有重要意义。

种族隔离制度废除后，南非并未达到它所宣称的发展高度，南非的社会依然存在严重的不平等现象。政治上南非构建了一套完整的民主法制体系，也成功举行数次全民大选，南非国家已经成功地实现了一套宏观水平民主的程序要求 [2]。但在实际推行的过程中，许多程序都未真正落实到位，尤其是地方一级，民众时常抱怨地方领导人没有通知他们政府的行动，独自咨询他们或回应他们的关注。这就造成民众与国家间的冲突，严重时甚至引发游行与抗议活动。为了避免较大规模冲突的发生，共享发展政策的推行是十分必要的。民众的抗议归根到底是民主诉求无法实现，所以共享的发展不能只停留在宏观的政策上，还必须落实到每一方面，这样才能推进社会的真正进步。另外在解决南非最为突出的贫富差距与高失业问题上，共享发展也显得尤为重要。种族隔离制度造成了黑白间巨大的经济差距，是南非贫富差距严重的根源之一。共享发展在经济上就是要逐步实现黑人与白人享有同等的地位。因此非国大推行一系列有利于黑人经济发展的政策，逐步提升了黑人的经济地位，形成了一大批的黑人中产阶级，对于缓解南非巨大的贫富差距是具有十分重要意义的。在解决居高不下的失业率上，共享发展的政策也发挥重要作用，南非的高失业主要是广大黑人的就业问题，在共享发展的理念下，非国大一方面努力为黑人提供与白人平等的就业保证，另一方面积极为黑人提供更多的就业机会。总体上有利于黑人就业率的提升。总的来说，共享的发展是维护社会稳定、推进国家稳定发展的根本动力。

南非的共享发展建设不仅在本国的发展中取得成功，同时它的成功也成为非洲其他各国发展建设的榜样，将对整个非洲的发展进步产生积极影响。就世界范围来说，

---

[1]　杨立华：《新南非 20 年发展历程回顾》，《非洲研究》2015 年第 1 卷，第 81 页。

[2]　Elke K. Zuern: Fighting for Democracy: Popular Organizations and Postapartheid Government in South. Africa, African Studies Review, Vol. 45, No. 1 (Apr., 2002），p. 78.

新南非的成功还为广大发展中国家的民主转型提供经验借鉴，共享发展的理念也将在广大发展中国家建设中得到认可，最终为多民族的国家民主化建设道路提供一种新的发展模式。

第二，基于原则的妥协是共享发展成功的关键。种族隔离制度的废除是南非种族关系发展史上的一次重大变革，它虽然极大地改善了种族关系，有利于黑白间矛盾的缓和，但后种族隔离时代的南非并未达到理想中的民主、平等，种族与阶级的不平等现象仍十分严重。尽管公共政策的种族主义化和种族歧视的刑事化，南非社会在 21 世纪后期仍然深受种族歧视。白人南非人具有使他们能够通过市场（在南非或国际上）获得更高收入的技能 [1]。面对种族、阶级不平等带来的新挑战，非国大基于包容、和解的民族政策，坚持民主、平等的原则，虽然在某些方面有所妥协，但正是这种基于原则的妥协有效解决了黑白及阶级之间紧张激烈的矛盾，在安抚黑人的同时也不至于使白人遭受巨大打击，从而避免黑人和白人之间较大的骚乱与冲突，保障了南非社会的稳定，同时也为共享发展的顺利推行奠定良好基础。

由于殖民统治的缘故，南非黑人的反抗斗争从未停歇，直至 20 世纪 90 年代种族隔离制度的废除才标志着黑人运动的暂时落幕。然而仅仅废除一个种族隔离制度真的能使南非走上民族和解之路吗？答案是否定的，后种族隔离时代下的种族问题有所缓解，但阶级之间的对抗却从未停歇。南非存在广大的工人阶级队伍，且以黑人居多，种族隔离制度的废除只是改善黑白间的种族矛盾，工人阶级仍遭受白人资本家的剥削，因此工人阶级反对资本主义剥削的斗争从未停止。罢工、游行、示威等抗议活动时有发生。另一方面，公民及社会组织与非国大之间的冲突、对抗也十分突出。其主要原因是非国大无法满足民众对民主日益增长的需求，并且对民众做出的许多承诺也未能实现。而当民众的诉求无法得到执政者的回应，他们就会通过民间组织进一步扩大自身诉求的影响力，以期望得到政府的重视。总的来说，民众及社会组织与非国大间的对抗就是一种自上而下的精英民主转型模式与自下而上的民众的民主诉求之间的矛盾。

基于以上种种问题，非国大在推行共享发展政策时面临巨大挑战。基于当前形势非国大选择妥协的方式来解决种族与阶级面临的新问题。非国大的妥协选择引起

---

[1]　Jeremy Seekings: Just Deserts: Race, "Class and Distributive Justice in Post-Apartheid South Africa", Journal of Southern African Studies, Vol. 34, and No. 1 (Mar., 2008), p. 40.

许多黑人民众的不满，他们认为种族隔离制度已经废除，新南非应该是黑人的南非，白人应当受到应有的惩罚，坚决不能与他们妥协。但新南非二十多年的发展历程证明非国大的选择是正确的，正是当时的妥协保证了共享发展的顺利实施，也才有了新南非今天"彩虹之国"的美誉。非国大的妥协政策并不是一味的妥协，而是基于原则的妥协，在关系到民主、平等这种原则性的问题上时，非国大的立场是十分坚定的。总之，非国大的妥协是比较成功的，有时仅仅只是利益的妥协，并未牺牲原则，否则这一时的妥协就会对日后的发展埋下隐患。

第三，扩展覆盖对象是共享发展的长期要求。从种族隔离制度的废除到和解的民族政策再到共享发展，非国大根据实际情况不断做出有效的政策调整是南非实现民主转型的重要原因之一。共享发展的政策延续了包容、和解的精神，有利于黑人各方面地位的提升，有效缓解了种族矛盾。但非国大的共享政策多倾向于解决种族矛盾，并未实现全面的共享。从而导致南非社会的贫富差距、性别歧视及城乡差距等问题仍然严重。因此扩大共享发展的覆盖对象，实现真正的全面共享是推进共享发展的长期要求。

1994 年非国大成功上台执政，面对种族隔离制度带来的种种罪行，非国大果断废除了种族隔离制度。一方面赢得了广大黑人的拥护，同时也表明非国大建立一个民主、平等国家的决心。种族隔离制度废除后，面对随时可能爆发的种族危机，非国大从大局出发，采取和解的方式对种族隔离时期的种种罪行进行清算。这种做法既安抚了愤怒的黑人民众，又不至于过分的打击白人而进一步激化矛盾。从而保证了过渡时期南非各方面的安定。接着面对新时期的各种挑战，非国大又提出共享发展的政策，不仅进一步缓和种族关系，更保持了经济平稳运行，实现新南非的成功转型。但非国大在领导共享发展的政策多倾向于种族矛盾的缓解，因此后种族隔离时代的南非社会仍存在严重的不平等现象。以性别不平等为例，受非洲大陆传统文化的影响，非洲的妇女遭受长期的歧视与压迫，南非当然也不例外。虽然非国大上台后推行共享发展的政策，但并未能涉及性别平等问题。因此南非的大多数妇女仍遭受不公平的待遇。这不仅是对南非妇女的一种压迫，从长远上看更不利于整个南非的经济社会的发展。非洲国家大多是农业国，妇女占非洲总人口一半以上，而非洲妇女大部分生活在农村，是从事农业生产的主要劳动力。有统计显示，非洲妇女贡献了 75% 的农业生产劳动力，她们既是妻子和母亲，同时也是耕种者和生产者。

联合国非洲经济委员会曾有统计显示，超过一半的非洲国民生产总值是妇女创造的 [1]。由此可见女性在整个非洲的生存和发展中发挥关键作用，所以南非的妇女地位亟待提高。然而由于非国大过分聚焦于种族问题，诸如性别不平等、城乡差距等次要方面共享发展并未能覆盖到。所以，南非的共享发展建设在取得重大成就的同时，也出现许多新的问题。共享发展必须是全面的共享，只有覆盖到国家政治、经济、社会及生活的方方面面，才能确保社会稳定，才能真正推动整个国家的发展。同时这也是一个复杂而庞大的工程，所以扩展覆盖对象是共享发展的长期要求。

总之，新南非二十年来共享发展方面的建设有得有失，但不论是其成功的经验还是失败的教训都值得广大发展中国家在探索民主转型之路的过程中进行学习与借鉴，其通过包容、和解的方式解决民族问题，并成功实现多民族的民主、平等国家建设的方法可作为处理民族关系的楷模，其成功的方式与经验值得在世界范围内推广。

第三节　非国大推动开放发展的经验

旧南非只与 30 个国家保持外交关系，现已增至 180 多个。南非是不结盟运动的重要成员，是南部非洲发展共同体主席国、全球贸发大会主席国。非国大领导的发展政策对于南非的对外开放来说起到了极大的促进作用。南非的对外开放给南非经济带来了新的活力，推动了经济增长。但是，我们也要到看到，在民主化之前，南非有着较高的贸易壁垒以保护自己的民族工业，但在非国大的自由贸易政策之下，由于开放时不设壁垒，外国商品的进入很大程度上冲击了南非原有的制造业，使得南非许多企业日益艰难而不得不走向破产。此外，在金融和其他服务业方面的开放，也使得金融、船运等原有的优势产业，受到了较大的挑战。因此，南非非国大领导开放发展的得失也非常突出，我们应当深刻地总结其开放中的经验与教训。

---

[1]　王雅楠：《非洲妇女权利 从帕涅布说起》，新华网，2016 年 1 月 31 日。

一、新南非的开放发展之路

南非废除种族隔离制度之后，结束了被制裁和孤立处境，全面重返国际舞台，南非的外交政策也进行了根本性的改革，使南非成为受国际社会尊重的合作伙伴和维护世界和平与正义的积极力量。外交的发展推动南非打破原有的贸易壁垒，积极开拓国际市场，给南非经济发展带来了新的机遇。新南非在推动自身建设的同时，立足非洲，一方面积极调和非洲大陆国家间的内部矛盾，另一方面积极推动非洲各国的对外交流，使非洲重回国际社会的视野，在国际事务中发挥越来越重要的作用。

（一）结束孤立，扩大国际交往

新南非奉行国家间平等、主权独立、促进自由、和平、民主的国际秩序等一系列外交原则，在国际、非洲大陆和南部非洲地区事务中承担相应的义务和责任，使南非成为国际社会受尊重的合作伙伴和维护世界正义与和平的积极力量。在外交上的努力内容包括如下几个方面的内容。

第一，立足非洲，倡导非洲复兴。南非是非洲地区的政治经济强国，其外交战略也以非洲为基础，并且优先考虑南部非洲。从曼德拉到姆贝基统治期内都十分重视这一立足点，尤其是姆贝基是非洲复兴的倡导者，他呼吁人们不仅要为南非的富强，更要为非洲的复兴作出贡献，以使 21 世纪成为"非洲的世纪"。在南非政府的推动下，非洲国家制订了"非洲发展新伙伴计划"，以推动非洲的一体化进程。2002 年非洲联盟成立大会在南非召开。2004 年非洲联盟确定南非为"泛非议会"办公机构的东道国。这些都在一定程度上体现出广大非洲国家对南非所做贡献的支持与认可。在积极推动非洲地区一体化的同时，南非政府还将本国的经济利益与非洲的发展紧密联系在一起。南非利用国际机构和论坛为非洲的利益积极呼吁，包括免除非洲国家债务，取消发达国家的农产品补贴，为非洲国家争取在国际经济中的合法权益。南非在解决非洲地区的冲突中也起到举足轻重的作用，卢旺达和苏丹都请求曼德拉政府帮助调节它们的内战和地区冲突。总之，南非的未来与非洲各国息息相关，非洲的问题也成为南非与国际社会交往的出发点。南非也始终坚持加强非洲联盟和执行"非洲发展新伙伴计划"，积极推动南非的一体化进程。同时，在维护非洲和平、调解冲突、紧急救灾和发展援助等方面新南非也发挥着举足轻重的重要作用。

第二，调整与西方国家的关系，推进"南北对话"。南非需要西方国家的援助来完成自己的经济重建与发展计划，但前提是不能以牺牲本国的国家利益为代价。美欧国家政府也十分重视南非在非洲的地位和作用，因此争相向南非提供援助，国际金融组织也向南非敞开大门。尤其是美国与西欧对南非援助的目的仍是想维护它们在这里的传统利益。为了避免沦为西方国家的"经济附庸"，新南非政府奉行独立自主的外交政策。曼德拉政府谨慎地对待援助与贷款，对每一笔贷款的附加条件都要认真审核，看是否有损本国利益。1999 年姆贝基执政后，继续实行以非洲为基础、以西方为重点的全方位的外交政策。但有所不同的是，南非在保持与美国、欧洲的密切关系的同时，坚持外交政策的独立性 [1]。祖马政府在"国家利益论"的指导下推行"多边外交"政策，其主要内容包括：南非外交政策将以维护国家利益为驱动，其中南非普通民众的现实需求则是南非国家利益所关注的核心问题 [2]。在调整与西方国家关系的同时，新南非还积极推动"南北对话"。在当前的国际格局下，推进国际关系的民主化，提升广大南方国家的国际影响力是广大发展中国家共同的利益诉求。新南非一直致力于推进国际关系民主化进程：曼德拉总统在 1999 年明确表示，当今世界需要一个"更加公正"的国际秩序 [3]。姆贝基总统在 2006 年的不结盟运动峰会上直言不讳地指出，现今不公正的国际秩序需要进行彻底的调整，建议广大发展中国家在国际事务中采取更为"积极的立场"（Aggressive Stance），促进国际关系民主化，共同反对单边主义行径 [4]。

第三，倡导"南南合作"，维护发展中国家权益。新南非诞生以后，南非一直将自身定位于发展中国家行列。南非认为广大发展中国家所共同面对的和平与发展问题，需要通过加强南方国家之间的合作来解决。南非认为"加强南方国家间的互动与交流是加强南南合作的重要方式。[5]"南非政府在推动"南南合作"的进程方面付出极大努力：2001 年初，南非政府提议建立"南方八国首脑会议"（G-8 South）机制，

---

[1] 杨立华：《列国志：南非》，社会科学院文献出版社 2010 年版，第 511—512 页

[2] Jacob Zuma, Reply to the Budget Vote Speech by the Minister of International Relations and Cooperation, National Assembly, June 18, 2009.

[3] Chris Landsberg, New Powers for Global Change? South Africa's Global Strategy and Status, FES Briefing Paper 16, November 2006, p. 3.

[4] Report on SABC TV news, 17 September 2006.

[5] Sam Mkoeli and Hopewell Radebe, "Zuma rejects Libya regime change objective, but defends SA vote in support of UN resolution to protect civilians", Business Day, 22 March 2011.

由中国、南非、印度、巴西等发展中大国组成，通过集体协商，形成发展中国家的共同声音。南非还积极倡导和推动发展中国家的协商与合作，2003年，南非与巴西、印度建立"三边对话论坛"，来加强彼此在发展贸易、全球治理方面的合作关系[1]。南非还积极投身"不结盟运动"，主张加强与"77国集团"、阿拉伯联盟国家间的合作。南非的一系列积极举动也获得了回报，2011年，在中国、印度等国的支持下，南非正式成为金砖国家合作机制成员国，标志着南非参与"南南合作"的程度得到了进一步的提升，南非已经正式参与到世界顶级的经济论坛之中。除了密切与非洲国家的关系，南非还注重与亚洲国家的交往。新南非诞生后与东南亚国家的经贸取得进一步发展，东南亚地区已成为南非的重要贸易伙伴。南非也十分重视与中国的外交关系，虽然因台湾问题，中国与南非之间迟迟未能完成建交。在双方的共同努力下，曼德拉政府宣布南非与中国于1998年1月1日正式建立外交关系。正式建交后两国迅速达成共识，合作关系全面快速发展，2000年双方建立"伙伴关系"；2004年确立"战略伙伴关系"；2006年签署《中国南非关于深化战略伙伴关系合作纲要》[2]。总之，中南两国实现邦交正常化后，双边关系迅速发展。通过频繁地高层互访和众多领域的交流与合作，逐渐形成政治上互信、经济上互利、国际上互助的战略伙伴关系。

第四，积极参与维护世界和平与安全。南非政府通过《南非参加国际和平使命白皮书》（1999年）申明，南非根据本国以往历史的经验，确信任何冲突的解决都可以通过和平的方式，因此南非愿意参与国际权威机构授权和平使命，帮助其他国家的人民解决类似的冲突。南非支持联合国、非洲联盟和南部非洲发展共同体的相关和平使命。南非提供的帮助包括有专门人员组成的各种民间志愿服务（类似冲突解决、选举监督、医疗、清除地雷，以及通信服务），派遣军队和警察参与维和行动[3]。南非坚持参与和平使命的自愿原则，并维护国家尊严不受损害。派遣参与维和的国家军队，必须有明确的国际授权，以及共同承担执行该授权的有效手段。在对待因战乱和其他原因产生的难民问题，南非采取的是普遍接纳的政策。南非政府还

---

[1] See the special CPS-FES publication on IBSA, Synopsis, July 2006. See in particular: ChrisLandsberg, IBSA's Political Origins, Significance and Challenges, CPS Synopsis, Vol. 8, No. 2, July 2006.

[2] 杨立华：《列国志：南非》，社会科学院文献出版社2010年版，第581页。

[3] 杨立华：《新南非二十年发展历程回顾》，《非洲研究》2015年第00期，第97—98页。

与联合国合作，在难民所属国具备接纳条件时，安排难民重返国内。

（二）打破贸易壁垒，为南非经济发展注入新活力

南非的经济具有极强的开放性，对外贸易在南非经济发展中占有极其重要的地位。20 世纪 80 年代中期，外贸曾占国内生产总值的 60%，90 年代初期也占到国内生产总值的 50%。1999 年货物贸易占国内生产总值的 40.7%，2002 年高达 56.6%[1]。在种族隔离时期，由于国际社会对南非的经济制裁，南非长期奉行进口产品替代政策，采取关税保护和进口限量措施，以促进国内经济的发展。尤其是为了扶植其制造业的发展，南非曾实行高关税控制进口的方法。非国大上台执政废除了种族隔离制度，国际社会也逐步取消对南非各方面的制裁，这使它的国际地位开始发生重大变化，打破了过去 40 多年极端孤立的状态，为它扩大对外贸易提供了历史上未曾有过的良好时机。新南非政府也开始根据实际调整自己的外贸发展政策，特别是姆贝基政府倡导的自由贸易政策，打破了原有的许多贸易壁垒，给南非对外经济的发展注入了新活力，极大地推动了南非经济的发展。

第一，调整外贸政策，积极参与国际经济。非国大执政后废除了种族隔离制度，随之国际社会取消了对南非的制裁，新政府也开始调整对外贸易政策，这一系列改变对南非的对外贸易的发展提供了极大的机遇，南非正在对其贸易政策进行积极地调整。具体做法包括：①改变过去进口替代和高关税政策，采取出口导向和调低进口税的政策，目的是依靠国际贸易来改善其国内的经济状况；②调整出口商品结构，增加工业制成品在出口贸易中的比重；③改变过去主要只与西欧等少数国家和地区贸易的状况，大力开拓新的市场，增加贸易对象。过去南非执行进口替代政策，现在已经向出口促进政策转变。出口促进政策的主要内容是实施奖励办法促进出口、减少关税壁垒。通过采取这些措施调整南非的经济结构，使南非的经济结构向外向型转变。

第二，推动外贸商品结构逐步向制成品和工业品变化。过去南非的出口都是以初级产品为主，1990 年初级产品占到出口总额的 67% 左右，其中矿产品约占 60%，黄金占矿产品出口值的 1/2[2]。近年来由于南非对经济发展战略进行了调整，积极鼓

---

[1]　杨立华：《列国志：南非》，社会科学院文献出版社 2010 年版，第 339 页。

[2]　杨立华：《列国志：南非》，社会科学院文献出版社 2010 年版，第 340 页。

励和增加工业制成品的出口，矿产品出口收入在出口总收入中的比重有所下降。出口的工业制成品主要是食品、化学制品、金属产品、宝石和纺织品等。随着南非出口政策的调整，制造业产品的出口逐年增加，目前已接近出口总额的 2/3。2006 年，机电产品出口额达到 57.8 亿美元，占出口总额的 10%，为第四大类出口产品[1]。南非的进口以机器、生产设备居首位，其次为交通设备、科研设备、塑料和橡胶制品等。石油也是重要的进口商品，随着经济的持续发展，南非对外部能源的需求量越来越大，为此，南非注重从非洲的产油国进口原油。总的来说，南非的出口产品由以往的初级产品为主逐渐向制造业产品和工业产品转变，有利于改善南非在对外贸易中所处的劣势地位，进一步拉动国内经济的发展。另一方面各种机器设备与化工产品的进口，弥补了国内资源的不足，同时有利于改进技术，推进生产力的发展，从而进一步拉动经济的增长。

第三，致力于实现贸易伙伴的多元化。民主化后，非国大的贸易伙伴除了传统的西方国家外，还积极与亚洲国家、中东、非洲其他地区展开经贸合作，进一步开阔了国际市场，有利于经济的发展。随着南非多元化市场战略的实施，南非把远东（包括东盟和南亚）、中东、东欧和非洲看作是开拓新贸易市场的重要场所，而把其中的远东又列为重点，它认为远东是 20 世纪 90 年代世界上经济最活跃和最繁荣的地区，而且地域广阔、人口众多，市场潜力大。亚洲现已成为南非的第二大贸易伙伴。在亚洲南非原来的贸易伙伴主要是日本、新加坡以及中国的台湾和香港地区。目前除继续发展同它们的贸易关系外，重点打开中国大陆、印度和东盟国家的贸易渠道。另外，南非还在积极发展同印度、澳大利亚等印度洋地区国家的经贸关系，计划筹建"印度洋经济圈"[2]。中东曾是南非粮食和农、矿产品出口的重要市场之一，也是进口石油的来源地。由于南非与以色列关系密切，20 世纪 70 年代中期以来双方中断了贸易关系，进入 90 年代后才有所改善。

（三）联通非洲对外发展的桥梁。

在白人种族主义统治时期，南非因推行种族隔离政策，对外又与非洲的民族解放和独立浪潮相对抗，并对周边邻国进行武装侵略和制造不稳定，因而与整个非洲

---

[1] 南非经贸形势及中南贸易关系，2007 年第 1 期，总 131 期，商务部网站国别数据。

[2] 曾强：《南非的对外经贸关系及投资环境》，《国际研究参考》1994 年第 7 期，第 8 页。

大陆的关系一直处于相互对立的状态。只有马拉维等极少数非洲国家与它有正式外交关系，其余绝大多数国家都拒绝承认它，并对它实行经贸抵制，在非洲十分孤立。非国大上台执政后看到了非洲在推进新南非发展中的重要性，开始着手改善与非洲各国的关系。作为非洲地区的经济强国，新南非在注重自身政治、经济发展的同时，积极发展与非洲各国的友好关系，在推动非洲各国政治稳定的同时，拉动各国经济的增长，并在国际事务中积极为非洲各国争取正当权益，成功推进了非洲地区一体化的进程，南非逐渐发展为非洲大陆的"领头羊"。南非对非洲的贸易目前已占南非外贸的 20% 左右，其中近 80% 是与南部非洲国家之间的贸易[1]。可以说，南非在非洲的开放方面取得了相当不俗的成绩。

第一，引领非洲地区经济的发展。作为非洲大陆上最具经济优势的国家，南非在非洲的农业发展、基础设施建设、对非投资和贸易等方面发挥着重要的推动作用，被称为非洲经济"增长的引擎"[2]。南非经济的发展不仅将给非洲其他地区的投资和贸易带来信心，而且还将对其他国家的经济增长产生积极的影响。

农业是非洲绝大部分国家的支柱产业，也是各国发展的希望所在。南非是非洲大陆上农业科技最发达的国家，为改善其他国家的农业状况，它为非洲各国积极提供农业资金和技术方面的支持。2004 年，南非的农业与国土事务部提供农业援助5000 万兰特[3]。到 2010 年，南非已经在包括纳米比亚、马拉维、刚果等 22 个非洲国家发展农业，逾 1000 名南非农民在非洲其他国家从事农业活动，由南非标准银行、渣打银行等向这些国家提供农业方面的资金支持[4]。南非还致力于非洲的基础设施建设，特别是在一些投资巨大、耗时较长的大型基础工程建设上贡献突出。南非积极参与一些跨地区的大型基础设施项目建设，在能源开发和交通网络建设上提供大规模资金，建设环非海底光纤通信电缆，推广信息通信技术，缩小非洲与世界的沟通障碍。南非也是非洲投资和贸易最为积极的参与者。2006—2008 年，南非对非洲的

---

[1]　邓祖涛，杨兴礼：《南非对外贸易简论》，《西亚非洲》2001 年第 6 期，第 26 页。

[2]　Vivek Arora and Athanasios Vamvakidis, "South Africa in the African Economy: Growth Spillovers", Global Journal of Emerging Market Economies, 2010 2: 153, p. 154.

[3]　The South African Institute of International Affairs, Emerging Donors in International Development Assistance: The South Africa Case, 2008, p. 15.

[4]　胡美、刘鸿武：《南非成为非洲区域发展领导者的优势与困境》，《非洲研究》2013 年第 1 卷，第 113 页。

直接投资达到 26 亿美元，在新兴市场国家中，位列非洲所吸收外国直接投资的主要来源国之首[1]。南非投资的主要领域除传统的优势产业，如矿业、土木工程建设、农业、旅游业、制造业和服务业外，非洲国家的能源产业、新兴信息通信技术、银行业和金融业成为南非投资的新热点，这些都是非洲发展至关重要的产业和领域。南非在促进非洲经济发展的同时还为非洲国家提供了大量的就业机会。此外，南非也是非洲其他地区游客的重要来源，这些都将有效地带动非洲国家经济的改观。

南非越来越成为非洲发展的中心，同时它还与其他非洲国家共享发展机遇。2010 年在南非举行的世界杯，成功拉动了南非经济的发展，也刺激了非洲其他国家的发展。NEPAD 的"信息和通信技术宽频基础设施网络"（Uhurunet）投入 20 亿美元于海底光缆，在世界杯期间已经投入使用，它将非洲与印度、中东、欧洲和巴西等国直接联系起来。[2]

第二，南非积极开拓非洲市场。在新南非的推动下，非洲国家制定了《非洲发展新伙伴计划》，并建立了一系列相关的机构和机制，以推动非洲政治经济社会的全面发展。随着南非与非洲其他国家关系的改善，与非洲各国的贸易与经济合作也得到发展，非洲市场得到极大开拓。与此同时，南非还利用国际机构和论坛为非洲的利益积极呼吁，包括免除非洲国家债务，取消发达国家的农产品补贴，争取非洲国家在国际经济中的合法权益[3]。南非面向非洲的经济战略与非洲国家的发展是相互需求、共同受益的关系。南非与非洲国家的贸易不断增长，尤其是南非对非洲国家出口的增长更快。1991 年南非向非洲国家出口仅 50 亿兰特（约合 18 亿美元），2002 年增长到 430 亿兰特（约合 43 亿美元）[4]。南非向非洲国家的出口商品大部分是高附加值产品，如机器、机械器具、钢铁制品、运输车辆、化工产品、塑料和橡胶产品等。相比与欧盟的贸易，虽然近年来南非向欧盟出口机械和车辆正在强劲增长，但是主要出口仍是贵金属和宝石，以及基础金属及材料、普通食品和农产品等。因此，非洲市场对南非制造业的支持作用日显重要。

---

[1] 南非成为非洲最大的对外发展援助国，2010 年 11 月 02 日，http://finance.sina.com.cn/roll/20101102/15158887295.Shtml.

[2] http://www.ticad.net/documents/Overview% 20of% 20Tourism% 20to% 20Africa% 20with%20reference% 20to% 20the% 20Asian% 20and% 20Japanese% 20outbound% 20markets.pdf.

[3] 杨立华：《列国志：南非》，社会科学文献出版社 2010 年版，第 522 页。

[4] 杨立华：《南非经济——放眼非洲谋发展》，《西亚非洲》2005 年第 4 期，第 59—60 页。

南非经济和非洲经济近十年来的稳定增长为吸引外部投资创造了基本条件。南非是非洲大陆唯一拥有具备国际竞争力的跨国公司的国家。南非的经济管理体制、贸易与汇率控制的自由化进展，为南非公司在非洲地区的扩张提供了条件。根据联合国 2004 年 9 月贸发会议年度报告，南非是非洲国家最大的外部投资来源，同时也是该地区对外资最具吸引力的国家。

第三，积极推进非洲地区一体化进程。1994 年开始，南非与南部非洲国家的合作进入新的发展阶段。南非将南部非洲一体化发展放在其对外经济关系的首位。1996 年，在南非内阁的支持下，南非外交部出台了取得独立以来的第一个对外政策文件《加强与南共体合作框架》。根据该框架，南非将进一步加强与南共体各成员国之间的经济合作与相互援助，进而推动南共体在社会经济、环境和政府方面向地区一体化方向迈进。

南非在带动地区经济发展，推动非洲地区一体化的过程中，起到"火车头"的作用。首先，南非的基础设施相对发达，公路、铁路、航空、港口密布全国，形成四通八达的交通网络，而且还建有以南非为中心，连接南部非洲诸国的电力网络和光纤电话系统。这不仅有利于南共体各成员国的贸易往来，而且方便了相互之间的交流与协调；其次，作为当今世界上经济发展速度最快的国家之一，南非逐渐成为西方发达国家和新兴工业化国家的投资热点。这为非洲各国获得发达国家的投资提供了机遇。并且随着该地区的逐步开放，非洲将引发国际社会的投资热潮；最后，南非拥有全非洲最发达的制造业，行业齐全，产品众多。这有利于推动南部非洲国家工业的发展，也可减少南部非洲国家对西方发达国家工业制成品的依赖。

总之，南非在推进非洲地区一体化的过程中发挥着不可替代的作用。在非洲不断走向一体化的过程中，南非作为非洲地区的发言人，在国际社会中的地位也有所提升，国际影响力不断增强。南非也积极地为发展中国家特别是非洲各国谋取福利，并积极维护各国的正当权益。南非为非洲各国吸引大量国外投资，促进非洲地区的发展，推进了非洲一体化的进程，有利于提高非洲的国际地位。在开放发展理念的引领下，南非成为沟通非洲与国际社会的桥梁，逐步领导非洲走向世界，引领起非洲复兴的潮流。

二、南非开放发展面临的挑战

新南非结束孤立的外交局面后，积极融入国际社会，并打破与非洲各国的隔阂，成功推动非洲地区一体化的进程，不仅使南非，而是使整个非洲进入国际社会的大舞台，成功促进整个非洲地区的进步与发展。但南非在推行全面开放发展的同时也面临一些新的挑战，诸如开放发展下的国家安全问题；完全的自由贸易政策给国内产业带来的冲击，不利于南非经济的稳定与发展；开放政策下的高技术人才流失问题；等等。

（一）开放政策下的国家安全问题

众所周知南非位于非洲大陆的最南端，东、南、西三面为印度洋和大西洋所环抱。其西南端的好望角航线，历来是世界上最繁忙的海上通道之一，有"西方海上生命线"之称。加之丰富的矿产资源（以黄金与钻石闻名于世），南非具有极其重要的地理、资源、军事等战略地位。

自殖民时期以来南非一直是英国的殖民地，1994年非国大上台执政后彻底摆脱英国的殖民统治，但随之而来的是英美、西欧以及苏联在南非的新一轮竞争。1994年新南非成立后虽然对外宣称结束了从前的一切不平等，成为一个独立的、自由、民主的国家。但是英国长达数百年殖民统治下的许多遗留因素在短期内无法除去。刚刚成立的新南非政府在许多方面也需要西方各国的支持。开放发展政策更是给以美国为首的西方各国提供便利，他们往往打着援助的旗号，一方面通过资本流入对南非国家经济进行渗透，另一方面通过所谓平等的贸易从南非攫取大量的矿产资源。在开放发展政策下，虽然一定程度上有利于南非各方面的恢复与发展，但大量外来资本的流入已成为国家经济安全的隐患。同时西方各国对南非的渗透与间谍活动也在悄然进行，为国家未来的发展也带来不良影响。在军事方面西方各国打着"维和"旗号对南非派遣的部队，不仅对南非乃至整个非洲地区都存在一定威胁。

（二）自由贸易政策下外来资本对国内产业的冲击

1994年新南非成立开始打破封闭状态，开始了对外交往的进程，积极融入国际社会。尤其是姆贝基上台后推行自由贸易政策，大量引入外资，活跃了国内经济，开拓了国际市场。但大量外来资本的流入对国内产业也造成不小的冲击，在一定程度上也制约国内产业的发展。

制造业与矿业是南非传统的产业，也是南非经济发展的支柱。在开放的贸易政策下，传统的制造业在与外来先进技术竞争中明显处于劣势，逐渐走向没落。作为初级产品的矿石在国际市场的竞争中也远不如其他高科技产品，加上南非在国际贸易中的弱势地位，矿业也成为西方发达国家掠夺的对象。姆贝基执政期为了活跃国内经济、吸引外资，为外来资本提供极大便利，大量引入国际资本。虽然对活跃经济起到一定作用，但大量外来资本的涌入，原本弱小的国内产业受到极大冲击，许多关键性产业都由外国企业把持。没有技术，缺少资金的南非本地企业在外来资本的冲击下举步维艰，难以为继。

（三）高技术人才的流失

种族隔离制度下南非黑人几乎难以接受良好的教育，个人素质与职业素养明显不如白人。企业高管与各种技术人才均以白人占绝大多数。种族隔离制度废除后，南非新政府大力扶持黑人产业与经济的发展，部分白人受到排挤，待遇大不如从前，许多拥有技术的白人纷纷移民海外。南非人才流失现象严重。

对外开放政策实施以后，更多的技术人才纷纷移居到海外。开放政策一方面为人才走出去提供方便，另一方面发达国家的优越条件使得更多拥有技术的人才愿意外出寻找机会。大量白人技术人才的流失使得本来就技术落后的南非各产业更加捉襟见肘。为了解决人才流失问题，南非政府应当更加重视教育事业，积极培养黑人技术人才，另一方面也应适当保证白人技术人才的待遇，尽量保留白人中间力量。

总之，开放发展政策是一把双刃剑，在给南非经济发展带来机遇的同时，也引发一些新的问题。面对这些新的挑战，南非政府应当根据实际情况适时地挑战对外发展的方针政策。要在坚持独立自主，保护国家安全的基础上，将"走出去"与"引进来"合理的结合起来，才能领导南非在开放发展的道路上取得更好的成绩。

第四节　非国大推动社会发展的政治动员经验

1994 年南非第一次全民大选顺利进行，南非国大党成功当选为执政党。随后非国大废除了种族隔离制度，结束了白人殖民主义的统治，开启了南非民主政治发展的新篇章。非国大也由反对黑人殖民统治时期的革命党转变成为国家的执政党，秉承民主、平等的建国理念以及反殖民主义斗争时期与广大黑人民众建立的深厚斗争情谊，非国大 20 年以来在领导政治动员推进新南非发展方面取得不错的成就，尤其是南非拥有广大的低收入的黑人群体，因此非国大在表达低收入群体的政治诉求上具有较高的代表性。同时由于种族矛盾的长期存在以及经济发展陷入低迷，非国大在动员民众参与建设方面的成绩乏善可陈。对于一个发展中国家来说，执政党如何做好政治动员，使群众积极参与到国家政治发展建设中来是极其重要的。因此，我们在肯定非国大领导政治动员方面取得成就的同时，同样不能忽视其中存在的各种问题，应当积极探究问题产生背后的原因，积极吸取教训，从而更好地推进非国大乃至南非今后的发展。

一、非国大政治动员方面的特色

非国大之所以能领导反抗白人殖民主义统治斗争的胜利，与广大黑人民众的大力支持是密不可分的。非国大上台后推行了一系列有利于黑人的政治、经济发展政策，稳固了广大黑人民众的拥护。同时非国大致力于构建一个民主、平等的新南非，以宪法为核心构建了一套完整的民主法制体系，进一步推进新南非民主、多元一体的多民族国家的构建。正是如此，非国大才能在多次大选中屡屡获胜，始终保持南非的执政党地位。

（一）追求民主平等，最大限度地动员民众

种族隔离时期非国大追求民主、平等国家的建国理念得到了广大黑人民众的支持，非国大上台执政后继续推进民主、平等的新南非的构建，非国大力图将南非全体民众纳入民主国家的构建版图，最大限度地将民众动员起来，进而有利于新南非民主、平等国家的构建。

第一，实施全民参与的大选。旧南非的种族隔离制度企图从政治、经济和地域上把白人和黑人完全分开，不仅使非洲人丧失了合法权利，而且使得"有色人"和印度人以前拥有的有限权利也被剥夺。种族隔离制度的确立标志着白人种族主义统治达到顶峰，在此期间黑人和其他有色人种几乎被剥夺了所有权利，还时常处于白人的残酷剥削与压迫之下。面对白人统治者的残酷压迫，广大非洲人的反抗斗争从未停歇，其中以非国大领导下的黑人反抗斗争最为著名。经过数十年的斗争，1993年12月22日，南非议会通过了临时宪法——《南非共和国宪法法案》（1993年）[1]，标志着白人种族主义统治在法律上的废除。南非从此开启建立种族平等的民主制度的进程。1994年第一次全面大选顺利举行，组成了以非洲人国民大会为主体的全国团结政府，纳尔逊·曼德拉出任南非第一任总统。时至今日，南非已经成功进行第五次全民大选，全面大选也成为南非民主政治发展的标志。

从白人独裁统治到罪恶的种族隔离制度，再到全民大选的顺利举行。非国大坚持不懈的斗争精神值得我们学习，更为重要的是非国大可以秉承民主、平等的建国理念不动摇，并且广泛的动员群众参与到反抗斗争中来，还根据实际情况适时的进行战略调整，最终领导南非黑人反抗斗争走向胜利。斗争胜利后非国大也没有被胜利冲昏头脑，它们能认识到群众在反抗斗争中的重要作用，继续在追求民主、平等的发展道路上最大限度地动员民众，保证了政治、经济、社会各方面的安定，有利于南非国家民主化进程的推进。

第二，关心黑人，较好地代表了低收入群体的政治诉求。为了弥补种族隔离制度给广大黑人民众造成的创伤，非国大在废除种族隔离制度后仍重视提高黑人各方面的权利，非国大制定并实施一系列有利于黑人发展的政策，从政治、经济和社会各方面力求黑白之间达到同等地位。由于历史因素的影响，在一定时期内南非广大的黑人仍是低收入群体，因此，非国大在表达低收入群体的政治诉求上具有较高的代表性。

种族隔离制度时期的旧南非国家权力牢牢把持在白人手中，政府工作部门中极

---

[1] Constitution of the Republic of South Africa, Act 200 of 1993. http://www. gov. za /docu-ments/ constitution /93cons. htm.

少出现黑人的身影，关系国家核心权力的部门则丝毫没有黑人的位置。可以说在旧南非，黑人的参政权利几乎被完全剥夺。非国大当选为执政党后，极大地改善了白人把持政局的一边倒的现象。黑人开始进入许多重要的政府工作部门，并且发挥着各自的重要作用。以司法部门为例，1994 年南非 166 名法官当中，162 名是白人男子，2 名白人妇女，仅 3 人是黑人男子，没有黑人女法官。到 2003 年黑人法官已增加到 73 名（男子 61 名，妇女 12 名），白人法官人数下降到 141 名（男子 128 名，妇女 13 名）。1994 年黑人法官仅占 2%，2004 年上升到 34%。1994 年以来任命的 53 名法官当中，89% 是黑人，地方法官中 50% 为黑人，30% 为妇女 [1]。由于种族隔离制度的长期压迫，黑人与白人在经济地位上存在巨大差异，种族隔离制度废除后，广大黑人民众最关心、最迫切需要解决的就是与白人在经济上的不平等。改变落后的经济地位，提升生活质量是广大黑人最重要的利益诉求。非国大也认识到改善黑人的经济地位刻不容缓，所以新南非政府上台后迅速制定并实施了一系列有利于黑人经济发展的政策，包括扩大黑人就业、支持黑人兴业等扶助黑人经济发展的政策，经过不断努力，黑人的经济地位有所提升，部分黑人的生活质量得到改善。此外在关乎黑人生计的就业方面，非国大也推行许多有利于黑人的就业政策，力图使黑人与白人获得同等的就业机会。其中最为明显的是在公务员队伍的改造方面：南非的旧公务员队伍基本上是白人的领域，新政府在 1994 年的"重建与发展计划"中提出，"到本世纪末，公共部门的人员构成，包括准国有企业的雇员，必须反映全国的种族与性别状况"，以纠正种族隔离制度下保护白人、歧视黑人的就业制度。新政府成立后吸收大量的黑人进入公务员队伍，到 1996 年底，黑人公务员已接近 30 万，同时，白人公务员比例下降 3.9%。根据南非官方年鉴 2004—2005 卷的数据：截至 2003 年 3 月，南非公务员中非洲人占 72.5%，亚裔人占 3.6%，"有色人"占 8.9%，白人占 14.7%；国有企业董事会人员的构成中，非洲人占 63%，亚裔人占 2.5%，"有色人"占 9.9%，白人占 24.7%[2]。从以上数据可以看出，在非国大的努力下，黑人能获得更多的就业机会，与白人间的差距也有所缩小。当然在与黑人相关的其他方面，如教育、医疗、社会保障等各方面，非国大均做出对黑人有利的调整，南非黑人各方面均有明显改善，各项政策也很好的反映黑人民众的利益诉求。

---

[1] South Africa Yearbook 2004/2005, Chapter 12.

[2] South Africa Yearbook 2004/2005, Chapter 12.

贫富差距问题是广大发展中国家普遍面临的一个难题，究其原因主要是低收入群体的政治诉求难以通达，导致低收入群体的弱势地位难以改善，进而进一步拉大贫富差距。在南非由于严重的种族矛盾，非国大在制定新政策时有意着重考虑广大黑人的利益，各项政策都对黑人有所倾斜。而广大的黑人群体大多数又是低收入人群，因而南非在解决黑白间种族问题的同时，不经意满足了广大低收入群体的利益诉求，从而既解决了种族矛盾，又代表了低收入群体的利益诉求，极大推进了南非社会的稳定发展。民众的政治诉求是关乎国计民生发展的大事，新南非重视吸收低收入群体政治诉求的做法值得广大发展中国家学习与借鉴。

第三，重视妇女参政，追求性别平等。受非洲传统文化习俗的影响，非洲大陆的妇女地位普遍较低，尤其是殖民统治时期妇女地位急剧恶化，在殖民地时期，非洲妇女失去了土地用益权，劳动强度增大，生活担子加重，不仅受殖民主义的经济压迫，还受夫权的奴役。1994 年非国大上台执政后，在非国大追求民主、平等的施政理念的影响下，南非妇女的参政权利得到保证，许多妇女真正参与到南非政治中，并且在南非执政党非洲人国民大会党的支持下，推行了众多关于性别平等与妇女赋权方面的积极政策，1994 年到 2004 年的这二十年间，南非妇女在参政方面取得了很多成就，不仅提高了妇女自身地位，对南非民主化进程也产生了重要影响[1]。

1994 年以前的南非，在白人的殖民统治下，受到双重压迫的妇女几乎没有参政的权利。种族隔离制度的实施更是断绝了妇女参政的渠道，但是广大的南非妇女并没有放弃自己参政的权利，她们通过工会、社会组织及游行、示威等途径发出自己的声音，以达到影响政府决策的目的。20 世纪 40 年代末到 90 年代初，在同种族隔离制度做斗争的四十多年时间里，妇女们组织的各类示威游行几乎从未间断，其中对南非历史影响最大的是反通行证运动和十字路口运动。这两次妇女运动虽然以失败告终，但它宣示了南非妇女渴望平等、自由，坚决反对种族歧视的决心，不仅为后来南非妇女的参政奠定了基础，更有利于整个南非民主政治的发展与进步。在妇女运动不断发展的同时，非国大领导的反对种族隔离制度的斗争也终于取得胜利，1994 年非国大成功上台，成为南非的执政党。非国大上台后看到妇女运动在反抗斗争中的重要作用，并在民主、平等的理念下积极推动妇女参与到国家政治中来。在南非年民主大选中，妇女历史上第一次获得了选举权，全国各地的女性都踊跃参

---

[1]　李思梦：《新南非妇女参政研究初探》，湖南师范大学，2014 年 5 月，第 15 页。

加投票和竞选，她们的参政热情在此时达到了前所未有的高度。此后，南非妇女积极参与各种竞选，大量担任高层政府公职，南非妇女参政质量得到极大提升。在2009年的南非大选中，由总统雅各布·祖马宣布的新内阁名单上几乎有一半都是女性。13个女内阁部长与16个女副部长使得新南非内阁的女性代表人数比例达到了42%[1]。不仅限于此，不论市级地方政府，省级政府，各党派，议会，还是内阁，南非自下而上每一级政府的妇女代表人数都在逐渐稳步增加。虽然要实现非国大政府致力实现的全国各层次机构男女性别比例完全平等的过程会较漫长，但这年间取得的成就是全世界人民有目共睹的。

（二）加强非国大的自身建设，保持强大生命力

新南非成立后，非国大的角色地位发生变化，从革命党变为执政党，历史任务从革命斗争转向治国理政。为了更好地领导新南非的发展建设，非国大与南非共产党（简称"南非共"，SACP）和南非工会大会（简称"工会大会"，COSATU）组建成三方执政联盟，巩固了国大党的执政地位，执政联盟自1994年上台以来，一直以《自由宪章》为奋斗目标，积极推进民族和解，加快经济社会转型，消除种族隔离残余，实现社会公平，极大地推进了新南非民主转型与发展的进程。面对南非政治、经济、社会发展各方面的挑战以及反对党带来的压力，非国大在领导新南非发展建设的同时注重加强自己的建设，尤其是在党内反腐败的斗争上取得一定成就，使非国大始终保持强大的生命力。

第一，实现从革命到执政的角色转变。非国大的成立是南非种族矛盾激化和黑人反种族压迫组织化的产物。1994年成功举行首次不分种族的全民大选，非国大成功当选为执政党，其角色地位发生了巨大变化。一个革命党向执政党的转变，其主要任务也由领导黑人的反抗斗争转变为治理国家。1994年以来，非国大先后推出以公平为核心的"重建与发展计划"、以市场为重心的"增长、就业与再分配战略"，以及兼顾公平与效率的"加速与共享增长倡议"等政策，显示党一直在公平与效率的夹缝中"平衡"。从执政成效看，非国大执政以来，特别是祖马总统2009年执政以来，先后提出建设人人享有发展的"发展型国家"目标，推出注重"包容性增

---

[1] 南非选举委员会（Electoral Commision of South Africa）选举报告：http: //www. elections. org.za/content/Elections/Election-reports/.

长"的"新增长路线",加大政府宏观调控等,提出未来数百亿美元公共投资和约30亿美元减税计划,实现了南非经济较高增长,最高达55%,较快摆脱金融危机的冲击,成功主办了2010年世界杯,南非亦成为当前非洲唯一有重要影响力的新兴经济体[1]。其角色的变化也同时带来相关方面的政治关系变化:首先,与国家政权的关系方面,非国大从非法组织转为合法政党,从旧政权的挑战者成为新政权的执掌者;其次,功能与任务方面,非国大从动员群众、推翻白人政权向治国理政、建设新南非转变;再次,政治同盟关系方面,非国大、南非共和南非工会大会的关系从反种族压迫中的抗争同盟转变为新南非的执政联盟[2]。

第二,执政联盟的巩固。在长期的反对种族隔离制度的斗争中,非国大逐渐与南非共产党、南非工会大会结成联盟,实现了卓有成效的斗争。1994年第一次大选胜利后,开始由非国大、南非共产党和南非工会大会组成的三方联盟执政,对外统一宣称非国大。三党的联合斗争是反种族隔离统治取得成功的重要因素之一,同时三党联盟增强了非国大党的实力,有利于执政初期对局势的控制。三党联盟也为非国大注入许多新鲜的血液,同时可以抑制一党独大的局面,有利于科学决策、民主决策。从非国大独自抗争到三方执政联盟的形成,大大提升非国大的自身力量,使得非国大能成功渡过执政初期的重重困难。同时也是非国大能战胜反对党取得第二、三、四次全面大选,始终保持执政党地位的重要因素。

第三,加强自身建设,不断提升执政能力。一个政党的好坏关系到一个国家建设的成功与否,而如何评估一个政党最重要的是看其执政能力的强弱。非国大自上台执政后,一直注重自身的建设,才能始终保持优势,巩固执政地位。在2012年第五十三次全会的系列文件中,国大全面总结了过去一百年建党治党的经验教训,提出新的百年更应注重素质建设,从严治党,特别是要坚持"六条经验",重视"七大危险",应对"四大挑战"。"六条经验"包括深深植根于人民,坚持党内民主和集体领导,党员愿意为人民事业献身,承认和解决自身弱点,与时俱进并具备应对复杂局势的能力,广泛团结进步力量。"七大危险"是指脱离群众、官僚主义、腐败和新家长制、利用国家机构解决党内分歧、忽视干部政策、能力不足以及纪律

---

[1]　周国辉:《非洲篇:2012年南非政党情势的几个特点》,人民网:http://www.http://theory. people. com. cn/n/2013/0625/c365100-21967502. html,2013年6月25日。

[2]　马正义:《从革命到治理:南非非国大的角色转变及面临的挑战》,《当代世界与社会主义》2015年第5期,第92—94页。

松弛的危险。"四大挑战"是执政的挑战、全球意识形态的挑战、大众传媒和信息革命的挑战、党的融资的挑战[1]。

非国大认为基层组织的建设是关系一个政党执政能力强弱的重要因素。在基层组织问题上，非国大根据自身的革命与建设经历，形成了不少独到的见解：一是认为支部是"党的行动基础和力量之源"；二是认为支部是党的理论发展、政策创新的动力；三是强调支部是党扎根基层、联系群众的排头兵。所以非国大从多层面、各环节加强基层组织建设，在多年的革命斗争与执政过程中，非国大逐步形成了一整套强化基层组织建设的做法。自 1900 年恢复合法地位以来，特别是 1994 年执政之后，非国大基层支部建设进入一个平稳发展的新时期，基层组织建设成效明显，形成了一支支动员号召能力强、党员忠诚度高、党员参与热情高的战斗力极强的基层党支部。

在注重基层党组织建设的同时，非国大从坚持从严治党的角度出发，大力加强党内民主与党内纪律的建设，并取得不错成绩。发展党内民主成为当今各国政党，特别是执政党加强党的自身建设、提高执政能力、扩大社会影响力的基本方略。在新的形势、新的历史背景下，南非非国大也加快了党内民主建设的步伐，主要做法包括：其一，在党内实行公开、透明的选举，从领导人到一般党务干部大都通过竞争而选出；其二，加强党内的相关制度建设，非国大执政后，在党内比较注重制度建设，尽可能做到以规制管人、管事，减少人为干扰，注意防止人治现象出现，同时又保持中央一定权威与权力的适度集中，防止出现地方主义现象；其三，在执政三方联盟内部，非国大多以协商方式解决同南非共产党和南非工会大会的关系问题，处置相互间的分歧；其四，重视领导机制建设，塑造党的良好形象；其五，非国大的领导层面比较注意深入党员群众，加强同党员的沟通和联系，重视作风建设[2]。在面对日益严重的党内腐败问题，非国大认为，纪律是维持党内团结和纯洁党员队伍的必要手段，为此需要学习其他国家执政党建设经验，加强党内纪律建设和党对反腐败工作的领导。非国大决定成立党内反腐败机构——廉洁委员会，并专门修订《党章》，授权廉洁委员会广泛的调查权和处罚权。在非国大的严明纪律、严厉处罚之下，

---

[1] 冉刚：《从严治党，非国大踏上新征程》，《中国纪检监察报》2013 年 8 月 10 日，第 4 版。

[2] 秦德占，唐海军：《南非非国大党内民主建设的实践考察》，《新视野》2009 年第 2 期，第 85—87 页。

非国大保持强大生命力与战斗力，成功领导新南非走上自由、民主、统一的发展道路。

二、非国大政治动员方面的不足

1994 年非国大赢得第一次全民大选成功上台执政后，一方面重视自身的发展建设，坚持从严治党，严明党内纪律、加强党内民主化建设和基层党组织的建设，提升了国大党的执政能力，保证了非国大民主转型的进程；另一方面非国大始终以追求民主、平等，构建一个统一的多民族国家为奋斗目标，最大限度地追求民主平等，极大的动员了广大群众积极参与到国家政治生活中。在取得一定成就的同时，非国大在领导政治动员方面也存在一些问题，如：经济的持续低迷制约了政治参与各方面的发展；领袖个人魅力下的政治动员难以持续的问题以及党内的腐败阻碍民主政治的进一步发展；等等。

（一）经济低迷制约政治参与的提升

经济决定政治、政治反作用于经济，政治应当随着经济的发展而发展。两者的发展呈现出一种交互关系，任何脱离了经济发展的政治发展，或者忽略了政治发展的经济发展都不可能成为真正的发展 [1]。就政治参与而言，一个国家的政治参与水平与其经济发展程度是息息相关的，两者一般呈正相关关系。就经济发展对政治参与的长期影响而言，社会经济发展能促进政治参与的扩大，造成参与基础的多样化，并导致自动参与代替政治动员。

非国大上台执政后虽然本着民主、平等的原则，最大限度地推进公民政治参与的进步。但由于经济结构失衡及不当的贸易发展政策，新南非的经济陷入持续的低迷。经济的停滞也阻碍了政治发展的步伐，经济的低迷造成大量失业，人民的收入更是持续下降，没有了基本的经济保证，越来越多的人不愿意参与到国家政治生活中来。国家与政府也更多地倾向于解决经济发展的问题，从而忽视了政治的发展。总的来说，南非持续低迷的经济无法为政治发展提供强有力的保障，这一时期整个南非的政治发展普遍处于落后，公民的政治参与热情也大打折扣，导致政治参与水平处于较低的发展状态。

---

[1]　王沪宁：《比较政治分析》，上海人民出版社 1987 年版，第 233 页。

（二）领袖个人魅力产生的政治动员难以持续

纳尔逊·曼德拉，南非史上第一位总统，领导了南非黑人反对白人统治的胜利，废除了种族隔离制度，成功推动了新南非统一的多民族民主国家的建设。是新南非当之无愧的"国父"。曼德拉自青年时期就立志反对种族隔离制度，建设自由民主新南非。面对种族隔离制度带来严重的黑白不平等现实，曼德拉便积极投身于反对种族隔离的政治斗争，最早追随印度圣雄甘地的"非暴力不合作运动"原则，力求建立自由民族新南非。作为黑人反抗斗争的领袖之一，曼德拉多次被捕入狱，1962年曼德拉再次被捕，曼德拉被判处"叛国罪"，处以无期徒刑，从此开始了以后长达27年的监禁生涯。他在狱中坚持体育锻炼，始终不忘自己的政治抱负，在监狱中努力弥合不同政见、不同派系狱友的关系，协调矛盾，求同存异。曼德拉面对痛苦磨难时不屈不挠的精神，追求自由民主的坚定信念意志不仅影响了狱友，同时也振奋了反种族隔离主义事业，整个南非反种族隔离斗争更加风起云涌，而且在世界范围内产生巨大影响。出狱后，曼德拉致力于推动种族和解，1994年5月，南非举行历史上首次不分种族的全民选举，曼德拉成为南非首位黑人总统。就职典礼上，曼德拉邀请了3位看押过他的白人看守出席，并恭敬地向他们致敬，当时会场顿时安静，大家为曼德拉宽容的精神感到震惊，同时曼德拉的宽宏大度也让世人肃然起敬。正如曼德拉所言，"仁爱和宽恕是打开南非未来之门的钥匙，仇恨只能让南非继续堕落。"从囚徒到总统再到平民，从南非到非洲再到世界，从反对种族隔离到维护世界和平，曼德拉始终用自己的行动为南非为世界做出巨大的贡献，他为南非人民描绘了一个自由民主和谐发展的美好社会蓝图，为实现人类尊严和自由、和平与和解树立了一个榜样。

曼德拉当选总统后，继续推行宽容、和解的种族政策，在一定程度上促进黑白矛盾的缓和，有利于社会稳定；经济上推行一系列稳定经济的发展政策，实现经济的平稳过渡；政治上，新宪法的制定与实施进一步有利于民主、平等的新南非的构建。在曼德拉的影响下，黑人民众逐步接受白人，并积极响应政府号召，热情参与到国家政治生活中来，南非从此焕然一新，走上民主发展的道路。这一切离不开曼德拉的个人魅力，他以崇高的人格、不懈斗争的精神以及宽容的态度，带动广大南非民众融入民族和解、平等发展的民主转型道路。但这种领袖个人魅力带来的政治高潮有一种缺陷，就是难以持续发展。曼德拉逝世后，虽然曼德拉精神传续了下去，在一段时期内仍有利于南非民主政治的发展。但这种领袖魅力终将消散，随着时间的推移，曼德拉及其精神逐渐被南非人们遗忘，由于对曼德拉的崇拜产生的政治热情逐渐消退。新南非民主政治的发展也面临新的挑战，如何在后曼德拉时代继续引领民众向着民主平等的国家前进，是南非领导者必须深思的问题。

（三）执政党的腐败挫伤民众政治参与积极性

在南非种族隔离时期，白人垄断了经济资源，黑人收入少得可怜，而且长期清苦的革命斗争也不具备享乐条件。1994年非国大执政后，非国大不少党员立即要求"政治上翻身，经济上也要跟着翻身"，认为自己在种族歧视中受到不公正待遇，现在理应得到补偿。非国大通讯委员恩格亚马公开称，"当年参加反种族隔离斗争，可不是为了受穷"。"南非之父"曼德拉十分忧心部分党员干部经受不住糖衣炮弹的诱惑，害怕"他们像第一次走进糖果店的孩子，一旦触及政府资金就再也不肯撒手"。这一担心并非多余，事实上，自非国大执政以来，腐败问题如影随形，一直侵蚀着非国大的公信力和执政根基[1]。

在南非，多个省政府部门因管理不善和腐败，被财政部直接接管，包括豪登省卫生部、东开普省教育部以及林波波省5个部门。其中，南非审计部门调查发现，林波波省教育部门有600余个大型合同被官员获得，合同总价超过1.5亿兰特；卫生部门11个大型合同被官员获得，合同总价超过2500万兰特。南非公共服务理事会表示，2011年公务员贪污公款数额高达3亿兰特（约合4200万美元），比2008年增长346%。2011年10月，特别调查局前局长霍夫梅尔在议会作证时称，20%的政府采购资金去向不明，数额高达38亿美元[2]。近年来南非新任总统祖马甚至也卷入军购腐败漩涡，南非舆论曾尖锐指出，非国大建党百年之际已被追求个人致富、漠视大众的贪婪文化所侵蚀。非国大是执政党，众多政府官员都是非国大干部，这样，政府的腐败也就"水到渠成"。同时，上行下效，党的青年组织也被腐蚀。2012年3月，因涉嫌招标欺诈和违反党内组织纪律，非国大下属的青年联盟主席马勒马被开除党籍，其众多下属被暂停党籍[3]。

[1] 《南非：百年老党面临腐败困境》，《中国纪检监察报》，2013年8月26日。
[2] 冉刚：《非国大大力加强党内纪律建设》，《中国监察》2013年第5期，第63页。
[3] 许春华：《南非深陷腐败泥潭》，《南风窗》，2012年6月11日。

自 1994 年非国大执政以来，非国大一直是南非无可替代的第一大政党，支持率长期较高，但腐败问题越来越成为威胁其长期执政的主要危险。腐败状况的日益恶化引起了南非全社会的担忧。非国大副总书记阿尔特在 2012 年向全国执委会提交的调查报告中指出，非国大支持者同样对党的领导人的作风表示不满，选民对南非高失业率、贪污腐败、党群关系疏远、基本服务匮乏最为不满。而且，随着城市化率的提高，中产阶级越来越不愿意参加非国大组织的集体活动，贫困群众支持拥护非国大，但不满情绪正在上升。2012 年 1 月至 8 月，南非因市政服务质量引发的抗议活动多达 226 起，其中大部分都与土地和住房有关。非国大作为南非的主要政治力量，在左右国内政治走向的同时，自然也沦为各方面的指责对象。非国大议员马纳莫拉不无讽刺地说："兰特疲软，我们骂祖马；天气不好，我们骂祖马；万一马兹布库（民主联盟领导人）一不小心被警察逮捕了，我们仍然可以骂祖马。[1]"

非国大虽然一直致力于反腐工作，但腐败问题一直是困扰新南非发展的重大难题之一。尤其是随着曼德拉等非国大元老退出政治舞台，非国大的吸引力也在逐步消退。2013 年 6 月，南非调查公司庞德潘达公布的最新民调显示，60% 的受访者认为非国大比民主联盟更为腐败，52% 认为民主联盟在提供水电、医疗、交通等公共服务方面不比非国大差。由于腐败的蔓延，尤其 2008 年全球经济危机以来，南非国内经济形势不断恶化，不少普通民众对南非的前途深感忧虑，把更多的不满情绪指向执政党——非国大党。许多民众甚至表示南非的腐败继续发展下去会成为下一个津巴布韦。腐败不仅使非国大逐渐失去群众的支持，随之而来的高失业、加剧的贫富差距乃至引发的社会动乱，使广大民众无心参与到国家政治生活中，严重阻碍南非民主政治的建设与发展。

总之，经济的低迷制约了新南非国内各项政治活动的正常开展，在曼德拉领袖魅力下蓬勃发展起来的各项政治运动随着曼德拉的离去而逐渐消退，国家的腐败尤其是执政党严重的腐败问题，彻底扑灭广大民众政治参与的热情。随着南非各种社会问题的出现，南非民众的不满越发严重，甚至威胁到非国大的长期执政地位。所以南非在民主政治的发展与建设、群众动员工作以及严峻的反腐工程方面仍任重道远。

---

[1] 《南非：百年老党面临腐败困境》，《中国纪检监察报》，2013 年 8 月 26 日。

第五章　基于发展理念的政党行为比较

第一节　政党推动创新发展的国际经验

创新是中华民族的优良传统，同时也是时代精神的核心要求。党的十八届五中全会指出，创新是五大发展理念之首，是推动发展的首要动力。应十分重视创新的作用，推动大众创新、万众创业。回顾历史，创新二字在发展中占据了关键性的作用。无论是"向科技进军"的提出，还是重点强调"科学技术是第一生产力"，或者是将创新上升到一个战略性的高度，抑或是"建设创新型国家"。展望未来，一方面，中国共产党是引领我们不断向前发展的领导核心，由我国发展的形势所迫，要求我党必须进一步提高领导发展的能力和水平，提高促进创新发展的能力。经过几十年的持续发展，现今我国人均 GDP 约 8000 美元，我国经济总量已达至世界第二。但与此同时，发展不平衡、产业层次偏低和资源环境刚性约束增强等一些制约发展的瓶颈不断涌现，处于跨越"中等收入陷阱"的关键时期。更为重要的是，接下来的四年是全面建成小康社会的决胜阶段，成功转变发展方式，推进产业结构升级以及跨越"中等收入陷阱"，重在依靠创新打造发展新引擎，依靠创新发展创造一个新的，更长的经济增长周期。另一方面，根据国际竞争的大势所趋，加强创新发展刻不容缓。综观全球，新一轮科技革命和产业变革如箭在弦上，谁拥有了创新这副好的装备，谁就拥有了战胜对手最充足的资本和最强大的实力，谁就能提前获得竞技中的主动权。现今，为应对发展中的问题，世界各大国执政党关于积极强化创新部署战略及创立各项政策应运而生，如美国民主党提出的再工业化战略、英国工党宣扬"人民的想象力是国家的最大资源"、德国基民盟指导下推出的新成长战略等。一方面，我们要把握发展机遇，另一方面面对落入陷阱的风险，我们要提高警觉，以创新引领经济健康发展。

站在新的历史起点上，为两个一百年奋斗目标的如期实现，同时关系到我国发展全局，确立创新发展理念，实施创新驱动发展战略迫在眉睫。然而，根据 2015 年度《全球创新指数排名》，瑞士、英国、瑞典，荷兰及美国位列前五。而我国位列之后的十八名。不可否认的是，目前我国整体创新实力较发达国家相比，存在明显的差距。任何伟大的胜利绝不是闭门造车。由于我国在创新发展方面仍然和某些发达国家存在一定的差距，发达国家执政党在领导创新发展方面有许多成功的经验可供借鉴。

一、国外政党在创新发展方面的政策创议策略

当前，党提出的各项创新政策总体反映了实践的要求，但同时面临着诸多的考验。例如，推动创新发展的信息化、数字化及网络化的应用不广泛，这在某种程度上影响了创新政策的科学性。而关于创新发展政策设立的科学性问题，国外执政党都有成功的经验。目前，促进创新发展最重要的因素是长期政策性聚焦。对于执政党来说，长期政策性聚焦是一个长期且复杂的过程，需要逐一攻破且持之以恒。的确，有效的创新政策引领创新发展的全局，它是引领创新发展的重要航标，它关乎创新发展目标的正确与否。引导科学合理的创新政策建构，把握好创新发展的大方向盘，吸收、借鉴他国有效的创新政策，主要围绕："建立规范化的创新政策；制定合理有效的科技创新政策；建立广泛的科技创新议程；立足经济发展，制定适宜的科技政策"这四个方面的内容展开：

（一）引导科学合理的创新政策建构

政党引导科学合理的创新政策建构，应重视创新政策的规范化分析。创新政策的规范化强调执政党在制定创新政策时，应考虑："创新政策的实证性、全面覆盖性、连贯性及包容性"这四个方面的内容。以美国民主党为例，为复兴美国经济，民主党领袖奥巴马引导政府提出美国再工业化战略，凭借实体创新促进了各项实体经济的发展，最终使美国得以成功摆脱经济困境，促进经济复苏。针对美国"再工

业化战略"，我们不难发现，再工业化的提出首先紧密的结合了美国本身的国情，深刻的分析了当前促进美国经济复苏所需的条件和动力——发展先进制造业等实体经济。由此，可以说民主党再工业化战略的提出，体现了创新政策的实证性与因时、因地制宜。由于自然资源禀赋、规模、科技经济基础、社会制度形态等方面的差异，某一政党的创新政策经验未必适用于其他国家或地区。所以，对待创新政策这一问题，我们也要结合自身情况，因地制宜去谋篇布局。

创新政策的全面覆盖性。瑞典隆德大学教授克里斯蒂娜·夏米纳德指出，成功的创新政策必须全面覆盖各个领域和部门。社会是一个有机的整体。社会各组织机构在这样一个有机的整体中协调工作，彼此影响，彼此联系。牵一发而动全身，影响了一个，也就意味着将影响全部。同样，要使这个有机整体协调，高速健康发展，达到最优化的组合，则应全方位的关注到每一组织，每一部分的发展。五个手指齐出力，而不至于陷入木桶困境。因此，应用到创新政策中来，确保创新政策的有效性，关键在于是否具有全面化的创新政策。全面化的创新政策，即强调让社会的每一部分都能贡献一份力量，都能迸发出推动创新发展的力量源泉。重视创新政策的全面覆盖性，促进社会各部分都各司其职，才能让一切促进创新发展的源泉竞相迸发出来。

创新政策的连贯性。优秀的文化具有一脉相承性，它留给后人去继承和发扬。同样，良好的创新政策也应具有连贯性，因为这样才能让我们矢志不渝地去坚持、贯彻它。坚持创新政策的连贯性，一方面要求我党坚持"创新"这个促进发展的第一动力永不动摇。另一方面要求制定具有连贯性的创新主体政策。

可持续、包容性的创新政策。一方面，当今，面对资源日趋枯竭这个不争的事实，许多国家执政党都强调走可持续发展的道路。与经济发展，环境治理坚持走可持续发展道路一样，将创新政策与可持续发展结合起来，促进创新政策在推动经济产业结构升级，优化环境治理方面，无疑具成效。另一方面，创新政策与包容性的结合，要求我们在制定创新政策时，要保持目标一致，以绿色创新为战略导向，要与工业、贸易、投资等领域的政策相挂钩。

（二）创新政策体系的不断完善

创新政策是政党领导创新发展的有力武器。然而，由政党领导下的创新政策从来都不是孤立且单一的。科学有效的创新政策应当涉及整个创新政策体系的完善。

进一步促进创新政策体系建设，提升政党在完善创新政策体系上的能力，合理借鉴他国政党经验，主要应围绕以下三个方面展开。

突出重点，关注区域创新发展。完善创新政策体系，要求执政党在制定相关创新政策时应突出重点、关注区域创新发展。突出重点的政策措施强调政党应引领重点行业优先发展。关注区域创新发展则要求促进区域创新能力。在不同的经济发展时期，政党应将促进经济不断增长的三大关键，即新技术、新产品、新服务确定为重点工业。以韩国民主党为例，基于民主党制定重点行业优先发展政策，韩国至今十分重视发展新媒体、新可再生能源、LED 显示技术、智能化绿色城市、新化工材料、生物医药及设施装备、健康疗养等重点行业。同时，韩国还借鉴发达国家科技创新经验，购买大量先进设备以及建立多个重点科技研发中心，专注于科研[1]。民主党强化重点行业的创新技术发展，极大地促进了韩国创新水平的提高和经济的发展。

完善创新政策体系，在突出重点行业发展的同时还应关注区域创新的发展。即提高区域创新能力。为缩小区域创新能力差距，在韩国民主党委任下出台《5 年国家平衡发展计划》，一方面注重加强企业、大学与科研机构之间的联系，促进企业科技创新。另一方面，通过将公共研发机构及先进设备转移的办法以此支持落后地区发展。韩国民主党促进区域创新能力的创新政策，提升了韩国的整体创新实力。

制定重大前沿创新政策。强调科技创新能力建设，离不开对新技术、新挑战以及新目标的追求。重视科技创新前沿，以创新发展来推动国家的繁荣，这是各国执政党义不容辞的责任。以美国民主党为例。距任期的最后阶段，民主党代表奥巴马总统召开首次由总统主持的科技创新前沿大会，突出表现了美国民主党对科技创新能力建设的重视。提升党领导科技创新能力，民主党重点关注科技创新前沿的政策制定问题。奥巴马执政近 8 年的时间里，对科技创新前沿领域的高程度重视以及签定广泛的科技创新议程，使得美国的科技创新水平长时期维持在世界的制高点上。

（三）完善创新教育政策，促进创新平台建设

百年大计，教育为本。教育关乎一个民族的未来和希望。教育是滋生创新的土壤。促进创新发展离不开发展教育，教育是创新的基础和平台。提升党领导创新发展的

---

[1] 李鸿阶、张元钊：《韩国与新加坡科技创新政策及其成效的启示》，《亚太经济》2016年第 5 期。

能力，应进一步完善创新教育政策。

完善创新教育政策，首先应重视高品质的大学教育。坚持创新发展，基础在教育，关键靠人才。作为推动创新发展的核心要素，人才是不可或缺的，尤其是高、精、尖方面的人才。现今，虽然我国科技人员总量位居世界第一，但高、精、尖人才仍十分匮乏。据相关数据统计，美国占有 50% 的全球顶尖级科学家，而我国仅占 5.4%。归根结底，加强人才的培养，具体还应落实到发展良好的教育上来。因此，进一步推动创新驱动发展，以创新提升整个国家的竞争力，为此，我们应重视大学在国家创新系统中的知识基础作用，通过制度创新等手段提升大学的创新能力。

目前，在科技人力方面，我国仅 150 万人、80 万人分别从事大学科技研究和科技活动。就科技经费方面，我国政府所提供的科研经费达 1222 万，其中各类高等学校 R&D 成果应用及科技服务经费支出达 168 万，占总科研经费的 14%，在科技项目方面，各类高等学校所承担的各类科技项目约 40 万项[1]。

基于以上数据分析，大学在中国国家创新体系中发挥着重要作用。与发达国家相比，我国大学的研发机构大且多，而非强。即大学研发机构的质量和效益比较低。但是，基于发达国家政党提升大学创新能力的相关举措，为进一步提升我国大学的科技创新能力，我们可以从中学习到一些有益经验。例如，应加强创新政策体系对大学研发与创新活动的引导，进一步利用创新政策为大学创新营造良好的外部环境。总之，"作为高等教育机构，大学的创新活动，既要注重自身的特点，又要确定相关的研究课题与重点。因此，基于未来的发展，应重点支持大学的基础研究，促进产学研的合作。[2]"

政党对科教事业的重视。进入 21 世纪以来，瑞典的创新水平一直居于世界前列。高水平的科技创新能力主要原因在于瑞典社民党领导下的科教事业的发展。社民党在领导创新方面，首先，推动教育，使创新意识贯穿整个学龄期。政府拨款支持"灵感教育"和新发明竞赛，为创新人才的出现提供一个丰厚的土壤。其次，瑞典政府更崇尚团队合作来展开科学研究，从而使得瑞典科技人员具有更为和谐的协作精神。最后，瑞典社会民主党对于科技创新的认识，以及将其重视科技理念转化为社会共

---

[1] 中华人民共和国教育部科学技术司：《2014 年高等学校科技统计资料汇编》，高等教育出版社 2015 年版。

[2] 王志强：《瑞典提升大学创新能力管窥》，《高教发展与评估》2012 年第 1 期。

识并强有力地执行等科技创新政策措施无疑给我们提供了很好的借鉴经验。

二、国外政党在创新发展方面的价值观引导

提高政党领导创新发展的能力和水平，不仅要提升政党在制定创新政策方面的能力，还应强化政党在创新发展的价值观引导意识，寻求有效的价值观引导方法。充分发挥政党的意识形态宣传作用，对于普及和强化国民创新意识具有重大的现实意义。现今，创新已成为各国乃至世界经济社会发展的主动力，各国参与国际竞争，提升本国创新能力，离不开政党的创新价值认同及宣传，离不开创新精神的建构以及创新理念的引导。

（一）政党的创新价值认同及宣传

2016 年美国总统大选，唐纳德·特朗普最终获得总统宝座。然而，在以硅谷为代表的地区性选举过程中，特朗普在这里格外不受待见。相关数据指出，2016 年，许多硅谷大公司向希拉里·克林顿阵营捐了 300 万美元，50 倍于特朗普。基于数据可知，在硅谷，超过 97% 的人选择支持希拉里，而特朗普却还要和自由党候选人以及绿党候选人平分剩余份额。这种选票上的巨大反差在之前的美国历届总统大选中同样依稀可见。比如，在 2012 年的美国总统大选中，83% 的顶尖科技公司的员工捐款流向奥巴马阵营。

2016 年 7 月 14 日，一封由硅谷科技公司领袖联名签署的公开信写道："作为技术上的各行各业顶尖级人才，我们十分崇尚美国的创新，由衷地为美国创新感到骄傲而自豪，它是促进经济不断向前发展，国家繁荣富强的动力源泉。"接着，针对"反创新"的特朗普，他们言辞激烈并认为，特朗普将会阻碍创新的发展，他就是阻挡创新发展的绊脚石。他反对能促进我们国家创新发展的各项助推器，即自由开放的思想交流、大范围内的人口流动以及全世界范围的通力合作。

硅谷创新领袖对于共和党的强烈反对亦是对民主党强力的支持。可以说，硅谷是创新的代名词，共和党在硅谷这里不受待见的真正原因可以用一句话来解释，保守主义倾向共和党与创新自由化精神下的硅谷从本质上看就是南辕北辙。众所周知，硅谷作为美国新兴科技的诞生地，一直信奉平等、创新、自由和开放的激进理想主义价值理念。激进理想主义价值理念尤其强调对创新精神的重视。硅谷的精英一致

认为，信息是万能的，几乎可以通过对话、教育或创新解决任何一个问题。任何问题都可以靠伟大的教育来解决。例如，教育可以解决暴力问题或者政治党派争端。并且，争端可以通过谈判解决。创业者对于创新倍加推崇的价值理念，更深层次还体现为一种所谓的科技产业"宗教"，它与共享经济的原则类似：公共交通可以被滴滴打车之类的拼车工具取代；空中食宿这样的网站可以缓解住房危机。然而，对于这种自由创新价值理念，特朗普却站在相反的一面对其发起挑战。他失去硅谷的支持，在于他的"反创新"政策。他通过关闭互联网的方式来解决恐怖主义，强调对媒体扩大审查，甚至要求苹果将生产线搬回国内。可以说，关于政党领导创新发展的价值观引导方面，以特朗普为代表的共和党的反创新理念背离了促进创新发展的价值观，走向了创新发展价值观引导的反面。最终只会打压国民创新意识而非宣传。

然而，作为共和党的竞争对手——民主党，在促进创新发展的价值观引导和宣传方面，则是得心应手。硅谷精英们所崇尚的平等、创新、自由、开放的价值理念与民主党激进、自由开放、包容的政党文化有很强的契合性。硅谷领袖们所持有的"自由、开放、机会均等、重视基本公共服务体系建设以及强调法治。"这些理想信念正被历届民主党领袖通过颁布相关创新政策措施得以贯彻践行。

在促进创新发展的价值观引导方面，民主党力求契合硅谷关于创新的价值观理念。基于创新价值宣传方面，民主党候选人政治动员的获胜则顺利实现了这一目标。总之，美国民主党成功地引导和宣传了创新发展的价值观，最终对国民创新意识的培养和国家创新能力的提升添砖加瓦。

（二）政党的创新精神建构

政党引导创新发展的价值观，最直接有效的办法则是政党关于创新精神的建构。建构合理有效的创新精神，对于激发国人的创新意识和创新热情，具有重大的价值意义。

然而，政党引导创新精神的建构，从来都不是直接单一且一帆风顺的。也就是说，不同类别的精神相互冲突并发生矛盾时，政党该如何调节实现共赢。当保守且封闭的民族精神与自由开放的创新精神相冲突时，如何做到既遵循民族精神又促进创新精神的传播与发展，这是各国政党在引导创新发展中必须解决的问题。基于这个问题，瑞典社民党有着丰富的经验。

作为高水平的创新型国家，瑞典有着颇为丰富的创新成就。无论是在创新水平指数、最佳信息化社会评比方面，还是在知识经济领域，瑞典都位居第一。著名创新品牌宜家、沃尔沃、爱立信、时装、伊莱克斯等都出自瑞典。值得特别注意的是，瑞典的这种创新成就一方面离不开社民党所确立的合理有效的创新政策，也离不开社民党对于创新发展价值观的正确引导。瑞典社民党在引领创新精神建构时遇到了一个悖论性问题。这是一种文化上的悖论。也称之为"詹特法则"。"主导瑞典社会和文化发展的民族精神……是瑞典人民在长期的斗争、牺牲、妥协中付出坚韧不拔努力的结晶。形成了如此社会：在高度有序的社会里，其中每个社会成员都自觉承担作为公民的责任。在这里，个性的发挥受到了严格限制，政治强人无用武之地。"[1]立足于詹特法则理念，如果个体想表现自己以及坚持自己的权利，不论在任何领域，他都会遭受众人非议与鄙视。也就是说，保持一致性和维护集体利益高于个体发展的需要，可以确切地知道，民族精神中的集体责任感与具有冒险行为和显示天才冲动的创新精神之间发生了矛盾。集体责任感精神势必会影响创新精神的建立和传播。然而，一方面是技术发展，另一方面则是治理的一种自由、开放并包容的创新精神为经济的发展所急需。在这种文化悖论下，瑞典社民党采取了有效的方法。

一方面，褒扬集体责任感的民族精神与"人民之家"政治理念结合。在这种精神的引导下，促进了瑞典福利国家的建设与发展。然而科学的福利国家建设不是平均主义，不是滋生懒汉，停滞不前。福利国家建设需要加快经济发展。而经济的发展需要创新。于是，另一方面，当瑞典国家经历了福利国家困境后，社民党借此经验教训，引导创新精神建构，平衡集体责任感下的民族精神和自由、进取、开放的创新精神之间的冲突。营造了良好的创新精神环境后，瑞典社民党便着手致力于创新精神的建构了。在创新精神引导的基础上，瑞典的创新发展呈现不断进步的发展态势。

三、国外政党在创新发展方面的政治动员策略

提高政党引导创新发展的能力，不仅从政党的政策创议和价值观引导两方面入手。政党引导创新的发展，还应考虑到政党在创新发展的政治动员。政党在创新发

---

[1]　[英]尼尔·肯特：《瑞典史》，吴英译，中国大百科全书出版社 2010 年版，第 1 页。

展的政治动员，是指政党通过采取具体利于创新发展的措施以激发人们致力于创新发展的热情和动力。有效的政治动员措施有利于激发国人的创造、创新热情。动员人们投入到促进创新发展的各项活动中去，并最终助益良好创新环境的形成。由此，采取有效的政治动员策略对于推动创新发展是十分有必要的。借鉴发达国家经验，政党在创新发展的政治动员主要围绕针对民众和大学两个方面展开：

（一）呼吁民众关注科学技术领域

2012 年的美国总统大选，83% 的员工捐款去了奥巴马阵营。2016 年新一届的总统大选，硅谷精英们对希拉里的捐款额度是特朗普的 50 倍。硅谷精英们对美国民主党的大力支持，从相对的层面上说，也即意味着民主党对硅谷的重视。民主党在硅谷的创新发展政治动员成效较共和党显著。民主党在硅谷的创新发展政治动员措施中最有成效的一条则是民主党对科学技术领域的重点关注。

从上届美国民主党领袖奥巴马在匹兹堡召集科技创新前沿大会，谋划和推动五大层面的重大科技创新前沿发展。凸显了民主党对科学技术发展的高度重视。现今，对比希拉里与特朗普关于科学技术领域的政策措施以及民主党获得硅谷高支持率的政治场面，依然能够说明，政党对于科学技术领域的重点关注，使得政党在创新发展的政治动员能卓有成效。

立足于科学技术领域，民主党代表希拉里主要通过了一些政策议题。涵盖"科技研发经费、研发税收抵免、推动区域创新及相应地技术转化"等四个方面的内容。基于科技研发经费，力主增加各高级项目局的研究预算。联邦研发经费大力支持各高新技术领域。为推动技术转化，iCorps 项目得以提出。针对区域创新，主要通过扩大区域创新范围，发挥中心创新区域的辐射带动作用。基于研发税收抵免，本国国内公司在本区域内的创新研发可以获得税收减免优惠。与民主党相对应的是，共和党更重视制造业领域的发展并主要融资于传统基础设施。而共和党基于科学技术领域的其他三个方面政策议题却没有表明具体的立场。

（二）推动政府与大学构建伙伴关系

当今社会，科学技术的发展有力地推动了经济社会的发展。促进科学技术的发展，最首要的政治动员策略则应加大科学研究投入力度。政党加大科学研究投入力度，主要应包括参与大学科研资助和网罗人才。

以美国为例，不论是民主党还是共和党，都大力支持大学科研资助。"二战"之后，提升国家竞争力的关键在于大学的基础研究，由此，民主党不断加大对大学的科研资助。"1944年，由瓦尼尔·布什提出《科学——无尽的前沿》报告，充分论证了大学基础科学研究对国家发展的重要性，为美国建立以大学为核心的科学研究奠定了基础。由此，大学基础研究被视为一切科技的来源，此后，不管是基于意识形态竞争还是经济领域的竞争，美国联邦政府都强调与大学建立密切的合作伙伴关系。在里根执政期间，通过了《贝尔——多赫法案》直接将大学科学研究推向了市场。2009年，在民主党人奥巴马执政期间，进一步发展了大学——联邦政府的伙伴关系。奥巴马试图改变布什的科学政策，重新强化了科学的重要性。"

第二节　政党推动协调发展的国际经验

马克思曾指出"社会是一切关系彼此存在又彼此依存的社会有机体[1]。"如果把社会主义建设事业比作一个整体，那它就应该是各个方面、各个环节都必须相协调的有机整体。如果各个方面不协调发展，就会互相制约，从而阻碍整个社会发展的进程。党的十八届五中全会所提出的五大发展理念是一个具有严密逻辑关系的思想整体，如果说创新是发展的动力，那么协调则是发展的方法。协调发展理念突显的是方法论上的问题。《第十三个五年规划的建议》着重强调"协调是持续发展的内在要求。必须要牢牢把握中国特色社会主义事业总体布局，正确处理好发展中的重大关系。[2]"一方面，从历史层面上说，协调发展理念既非凭空提出，也并非毫无科学理论依据。它体现了马克思主义历史观的基本要求。马克思主义历史观认为，作为一个普遍联系的有机体，社会应坚持经济、政治、文化、社会以及生态等各方面、各部分的全面协调发展，坚持生产关系适应生产力发展状况，上层建筑适应经济基础的发展状况。协调发展理论体现了社会有机体全面协调发展的要求，是解决当前国内一些复杂问题的根本方法。缺乏这一理论指导，就缺少了战胜困难的有力武器。

---

[1]　《马克思恩格斯选集》第一卷，人民出版社1995年版，第585页。

[2]　《中共中央关于制定国民经济和社会发展第十三个五年规划的建议》，《人民日报》2015年11月4日第1版。

另一方面，立足中外经济社会发展经验教训，历史上有一部分国家执政党，正因为在领导协调发展方面的能力不强，缺乏致力于引导协调发展的政策创议、价值观引导以及政治动员等相关经验，最终不可避免地落入"中等收入陷阱"的窠臼。"二战"结束后，许多国家跨入中等收入发展阶段，注重协调发展的国家政党，则促进其国成功跨过了"中等收入陷阱"，忽视协调发展的国家政党，则很可能落入"中等收入陷阱"，难以迈向高收入发展阶段。就部分拉美国家而言，停滞不前的经济，严峻的就业形势，严重的贫富分化，动荡不安的社会，频发的腐败现象等不良问题层出不穷。发展是一个有机的系统或整体，需要各方面、各因素协调互动。由于需求无限性与供给有限性的矛盾以及发展慢与快的矛盾长期存在。因此，为合理解决这些矛盾，既要强化发展，又要注重协调，两者兼顾，缺一不可。当今，结合中外经济社会发展经验教训，是否均衡发展，已成为衡量各国能否可持续发展的一把尺子，一道杠杆。就本国而言，我国经济社会中的协调发展方面还存在一些问题。例如，当前我国城乡区域发展不协调。这一点以城乡区域收入差距较大尤为明显。2015 年，全国城乡居民人均收入倍差 2.83，部分省市城乡居民人均收入倍差高达 9.24[1]。与城市相比，现今，滞后的基础设施建设和基本公共服务水平突出地表现出十分不协调的城乡区域发展。再者，我国发展中的不平衡问题还突出表现在经济社会发展不协调，"五化"发展不同步等方面。我国的工业化粗放；城镇化拉动经济发展的作用没有得到充分发挥；工业化和城镇化水平远远超过农业现代化水平，据相关数据显示，我国农业现代化水平的世界排名为第 51 位。资源环境与社会经济发展之间存在许多矛盾。总之，当前我国关于发展中的一些重大关系还未得到妥善处理。旨在解决发展中的不协调、不平衡问题，贯彻协调发展理念，促进经济社会良性发展任重而道远。

习主席提出，"对中国而言，要下定决心越过中等收入陷阱。"协调发展理念，是促进我国成功跨越"中等收入陷阱"的有力武器。合理运用这一武器能补短板，强整体，破制约以及增强发展的平衡性、包容性和可持续性，最终助力"两个一百年奋斗目标和中华民族伟大复兴的中国梦"早日实现。由此，面临全面建成小康社会的突出短板，着力解决发展中的短板，不平衡问题。一方面，立足中国特色社会主义事业总体布局，处理好发展中的重大关系、城乡区域发展关系、经济社会发

---

[1]　《2015 上半年各省城乡居民收入排名公布，你被平均了吗？》，www. aiweibang. com/yuedu/40532129. html。

关系、促进"五化"同步发展、促进国家硬实力与软实力协调发展。另一方面，由于我国协调发展方面面临的突出问题、棘手问题非常多，有些问题解决起来难度大，缺少相应有效的方法、措施。而对于一些已经成功跨越"中等收入陷阱"的发达国家，他们在协调发展方面已经积累了一些成功的经验，因此，进一步提升党领导发展的能力和水平，深入贯彻协调发展理念，我们应向国外相关国家政党学习有益经验。这里，同样主要向国外学习政党引导协调发展的政策创议、价值观引导以及政治动员策略的经验或方法。

一、国外政党在协调发展方面的政策创议策略

实现政党领导协调发展的政策创议策略的有效性，国外政党主要围绕"混合经济模式下的社会协调发展政策、城市化的适度推进政策、经济政策的适时调整、社会利益整合下的民族或宗教政策"这四个方面的政策创议策略经验。

（一）混合经济模式下的社会协调发展政策

执政党创立社会协调发展的政策，必须适时调整经济模式背景，才能更加有效且科学。

面对20世纪二三十年代资本主义大萧条危机，瑞典经济学家威克塞尔、卡塞尔和罗素·戴维森建立了宏观动态经济理论，他们提出了以宏观货币政策和财政政策为中心的国家干预经济的政策措施[1]，主张以私有制为主体，实行部分国有化。以威格福斯为代表的社民党人将其应用于危机治理，通过实施财政赤字的方式大兴公共工程建设。30年代后，基于"红绿联盟"的推动，这一政策相继在反危机纲领和战时经济管制中得到推广，由此逐步形成了瑞典混合经济模式。"二战"后，社民党在经济重建中实施混合经济的政策措施，继续加强国家对经济的干预。基于混合经济政策措施的实施，据统计，1953—1969年，瑞典国内生产总值年均增长达4.2%，人均生产总值跃居世界前十，基本实现了充分就业[2]。混合经济政策的贯彻施行，不仅促进了经济的增长，还有利于社会的发展。实现了经济社会的协调发展。

---

[1] 蒋自强：《当代西方经济学流派》，浙江大学出版社1988年版，第267页。
[2] 向文华：《斯堪的纳维亚民主社会主义研究》，中央编译出版社1997年版，第148页。

（二）城市化的适度推进政策

当城市逐渐进入人均 GDP 3000 美元的发展阶段时，城市的地域便不断地扩大，数量不断地增加，城市人口比重不断地攀升，生产力得到快速发展。然而，基于此种情况，繁荣的城市经济下却伴有滞后的城市社会保障与环境治理。繁荣的城市经济与滞后的社会、环境出现不协调的状况，将会阻碍城市的进一步发展。因此，未来城市的主要任务应适度推进城市化进程，制定合理有效的人口、产业、消费、土地使用和生态环境保护政策等，适度增长及扩张人口、经济、社会和空间。如此，适度的城市化一方面可以节省一部分环境治理和保护的经济成本。另一方面，城市也可以在经济发展、社会进步的同时降低对生态环境的需求拉动。

（三）经济政策的适时调整

政党促进经济社会协调发展，必须适时调整经济政策。旨在促进经济社会协调发展，许多西方执政党在基于本国国情和现实发展情况的基础上，讲方法、讲策略地调整和完善相关经济政策。

以英国为例，由工党执政时推行凯恩斯主义的经济政策。到保守党执政，便开始推行新自由主义的经济政策。其走上了一条与凯恩斯主义经济政策完全不同的道路，即重视市场配置资源的基础性作用，反对国家的过多干预，在福利制度上推行一系列改革。紧接着，到工党领袖执政时期，强调既不放任自由也不完全管制。政府主要发挥促进总体经济平稳运行、完善税收及福利政策、健全社会公共服务体系等方面的作用[1]。适时调整经济政策的做法，如德国的自民党和基民盟同样如此。

（四）基于社会利益整合的民族、宗教政策

对于多元民族国家来说，社会的协调稳定离不开对民族问题和民族矛盾的合理解决与避免。以新加坡人行党为例，其通过制定"组屋"政策及各民族一律平等的政策来促进民族融合。通过举办各种活动来强化各民族的沟通和交流。其次如马来西亚，其政党的分野以种族为基础。巫统作为马来西亚的民族统一机构，发挥着主导性的力量。1974 年，巫统正式组建国民阵线，建立了"大权独揽，小权分散"的

---

[1]　彭澎：《中外执政能力比较研究》，中央编译出版社 2008 年版，第 192 页。

权力架构，"大党得大头，小党得小头"，一定程度上满足了其他政党分享权利的愿望；马哈蒂尔执政期间，为消除引发民族矛盾的经济根源，其大力推行多元民族、多元宗教以及多元文化的融合政策。

二、国外政党在协调发展方面的价值观叙述策略

政党引导协调发展方面的国际经验，不仅包括政策创议方面的策略，还含有价值观叙述层面的策略。提高引导协调发展的能力和水平，政党应当树立关于促进协调发展的执政理念或利益协调理念，运用巧妙性和艺术性的利益协调方法。

（一）开放执政理念下的协调

社民党是指信奉民主社会主义的社会党、民主党、工党以及其他政党的总称。欧洲社会民主党于 20 世纪 30 年代就开始了单独或联合执政。在社民党的执政过程中，积累了丰富的执政经验。其中最突出的是社民党关于开放执政理念下的阶级调和。基于产生背景，社会民主党大部分是从原有的社会主义政党中逐渐分离出来的。其执政理念突出代表工人阶级的利益，主张阶级调和而非阶级斗争。这种促进阶级调和的思想突出地表现在其关于开放执政的理念上。开放执政的理念源自于社民党所信奉的新"第三条道路"理论思潮。以英国工党为例，其大力对自身进行改造，尤其是修改了党章第四条中有关公有制的条款，放弃了"以公有制社会为奋斗目标的提法"。同时英国工党为了争取广大的中间阶层，还人为地拉大与工会的距离，布莱尔公开表示：要使工党成为一个涵盖个体户和失业者、私营企业家、工人和经理、房屋所有者、高级工程师、医生及教师等不同职业人员的开放型政党。开放执政的理念，有利于阶级调和，促进了各阶级利益的协调。

（二）巧妙性与艺术性的利益协调方法

利益总是为一定社会关系所支配，是一切社会矛盾的内在根源。处理好社会矛盾问题，也就是协调好利益关系问题。随着社会利益关系和利益格局的变化，这就要求执政党必须基于全局高度，促进各种利益相互协调，最终形成一个利益共同体。具体而言，政党在协调各种利益时，应运用良好的方法，良好的利益协调方法应具有巧妙性与艺术性。以瑞典社会民主党为例。在其执政期间，瑞典国内的社会财富

越来越集中于少数人手中，社会利益分化十分严重。为解决这个突出问题，社会民主党推行了"高税收，高福利"的社会政策，在保持生产发展的前提下，以税收为杠杆，建立强有力的利益协调机制：对企业征收比较高的税收，通过社会利益二次分配的形式，采取高福利和良好的社会保障，保障广大社会成员的正常生活，减少贫富群体之间的对立和冲突，维护社会各个阶级、阶层的和谐。这里，社会民主党所运用的巧妙性与艺术性的利益协调方法，不仅获得了有产阶层的支持，又得到了广大工人的拥护，有效地改善了国内各个阶层的关系。

（三）基于共同价值观上的利益协调理念

政党引导协调发展能够顺利统一进行，离不开基于共同价值观上的利益协调理念。建立一定共同价值观上的利益协调理念，反映和容纳社会大多数民众的利益、愿望和要求，有利于促进社会协调发展。

以新加坡人民行动党为例。多元文化的新加坡社会，缺乏一种能够把不同利益群体的人民团结起来的共同价值观。基于此种情况，人民行动党提出以"国家至上，社会为先；家庭为根，社会为本；社会关怀，尊重个人；协商共识，避免冲突；种族宽容，宗教和谐"作为共同价值观。它与儒家价值观或其他西方价值观并不等同，但吸收了各种文化的优秀成果，充当"中间道路"的作用，它既保持了社会的一致性又保持了个性，从而确立了一种能够把各利益团体团结起来的共同价值观，使得人民行动党意识形态的包容性和吸引力得到了加强，进而获得了民众的一致性认同和大力支持。

又以日本自由民主党为例，其政党内部的价值观差异，使其形成了"中间化"的、包容性极强的意识形态。在政治信仰上，自民党结合历史与现实，不仅引用了代议制民主主义的现代政治理念，同时又吸纳了积淀深厚的日本传统政治文化。在纲领的制定上，自民党树立了兼具传统与现代的政治理念以及兼具现实与灵活的行动纲领。一方面，未僵化自己的政治行为，另一方面又牢牢稳住了自己的支持群体。自民党关于共同价值观的制定，科学地适应了不同阶级、阶层和社会群体的利益要求，极大地增强了自民党在协调发展的价值观引导作用。

三、国外政党在协调发展方面的政治动员策略

上文讲述了政党在协调发展的价值观叙述策略，在引导协调发展过程中，政党不仅要致力于协调发展理念的宣传以及所运用的方法或技巧性问题，同时也应采取有关协调发展方面的具体政治动员措施。以具体行动措施带动全民促协调。

（一）注重政党间的合作

执政党在领导协调发展的过程中，强调外部经济社会协调有序发展的同时，还必须注重各政党间的合作共荣。以瑞典社民党为例，其领导下的阶级合作、政党合作方面的政治协商动员措施有其鲜明的特色。上台伊始，瑞典社会民主党就倡导要"自由平等合作的社会"，放弃"以阶级为基础的社会"。[1] 同时，社会民主党提出："议会道路、阶级合作、政治妥协的三种策略手段中能处理好各阶级之间利益关系的策略手段，应是阶级合作，即注重政党间的妥协与合作。在瑞典社会的五党格局中任何阶级、阶层都有自己的政党代表，基于阶级成分，右翼保守党主要包括雇主阶级和高中级白领阶层；中央党包括农场主和中层白领工人；而社民党主要由产业工人组成。在这种格局下，社民党同其他政党主要通过联合组阁的方式进行妥协与合作。加强政党间的合作，为社民党提供了比较安定的内部环境，有利于各政党间的协调发展。

（二）劳资双方利益的协调

劳动人民和资本家的矛盾是当今社会许多国家最突出的矛盾。缓和二者之间的矛盾，有利于国家经济的发展、社会和谐发展和人民生活水平的提高。在协调劳资双方利益方面，瑞典经验颇丰。为协调好劳资双方利益，瑞典社民党注重劳资合作。基于劳资合作，首先，瑞典社民党领导建立全国工会联合会、雇主协会、领薪雇员总会。这些机构的设立为瑞典劳资的谈判和协商提供了组织机构平台。其次，制定了"萨尔茨耶巴登协定"——协调劳资关系的法律依据。再者，瑞典为协调劳资关系设立了劳工法庭、劳动力市场委员会及调节冲突委员会等一整套保障性调节机制。接着，

---

[1]　《瑞典社会民主党纲领》，参见《社会党重要文件选编》，中共中央党校出版社 1985 年版，第 450 页。

不到一两年，关于劳资双方的许多问题或达成基本协议都可以向总工会寻求帮助。例如，工人罢工得不到总工会的支持很难获得如期效果。基于此，这为瑞典的劳资妥协提供制度化保障。[1] 最后，促进劳资合作的主要政治动员措施则体现在劳动力市场由劳资双方与政府三方共同管理。它表明政治权利资源和经济资源权力占有上的平衡，突显了彼此之间的合作与妥协。

第三节　政党推动开放发展的国际经验

中国共产党将"开放"列入五大发展理念，突显了"中国开放的大门永远向世界敞开"的坚定决心，勾勒出"对外开放的力度将会越来越大"的具体路径。回首过去，得益于对外开放，中国获得了持续 30 多年的迅速发展，展望未来，"开放"作为专心发展理念之一，将为中国的经济改革发展提供永续动力。正如习主席所说："不断扩大对外开放，提高对外开放水平，以开放促改革，促发展，是我国发展不断取得新成就的重要法宝。"

一、国外政党在开放发展的政策创议策略

提升政党引导开放发展的能力和水平，离不开合理有效的外交政策。关于创立合理有效的外交政策，国外政党主要围绕"务实性与灵活性的多边外交政策、积极主动的外交策略以及合作性的外交政策制定"三个方面的政策创立经验。

（一）务实性与灵活性的多边外交政策

为顺应国际社会不断发展的形势和本国的核心利益问题，政党在领导开放发展方面的政策创立应注重务实性与灵活性。

基于外交政策的务实性分析，政党在制定相关外交政策时，应立足于本国核心利益要求，现实考量外交成本与收益问题，融入经济全球化中，借助多边主义平台，友好合作，以实现自身国家整体利益。以美国民主党为例，2008 年的全球金融危机，

---

[1]　杨玲玲：《福利、平等和合作：瑞典社会民主党 60 年执政经验》，《科学社会主义》2007 年第 5 期。

使美国的实体经济受到了重创。基于此，美国家情报总监丹尼斯·布莱尔于 2009 年 2 月 12 日向参议院提交了《2009 年度威胁评估报告》，该报告认为世界金融危机已成为美国的"头号安全威胁"和"首要安全关切"。经过此次金融危机后，美国在世界经济格局中的地位呈相对下降的趋势，而南非、韩国、金砖四国等新兴经济体对世界经济增长的贡献率大幅度提升。2009 年 6 月 16 日，"金砖四国"领导人在俄罗斯叶卡捷琳堡举行首次会晤。四国领导人一致"承诺推动国际金融机构中的发言权和代表性。"为此，基于国际形势变化与美国实力相对下降，民主党领袖奥巴马本着务实性原则，开始采取多边外交政策，积极开展多边外交以应对各类全球问题。

基于外交政策的灵活性分析，政党应具有多元性手段与唯一性目标的外交逻辑。以美国为例，共和党领袖小布什的单边主义外交方式使美国在国际事务上收效甚微，为此，民主党领袖奥巴马则采用多边外交方式，其外交的出发点和落脚点依旧是美国的国家利益和外交政策目标。这时美国首要的外交议题是着力修复国际形象，奥巴马基于实用主义的逻辑思维和"只有永远利益"的判断标准而宣称，美国"将与所有国家，不管是友好的还是敌对的国家，通过对话，无条件地开展坚决、直接的外交以促进民主。[1]"虽然美国的共和党和民主党都未脱离实用主义窠臼，但与共和党所不同的是，奥巴马改变了"硬对抗"的方法，采取更多"软进攻"的手段，使得外交政策的制定更具灵活性。

（二）积极主动的外交策略

新加坡的人民行动党和南非的非国大是设立积极主动外交策略的两个突出表现。以新加坡为例，2014 年新加坡对外贸易额达 7760.6 亿美元，人均对外贸易额高居世界之首[2]。近年来，在人民行动党的领导下，新加坡凭借其贸易便利条件，大力推行"区域化经济发展战略"，并同许多国家签署了自贸协议（FTAs），凭借其广阔的自贸协议网络和物流优势，通过支持亚洲其他国家的贸易，来稳固自身亚洲运输和贸易枢纽的领先地位。基于人行党在领导开放发展的成就，可以总结出，政党引导开放发展方面最具成效的一条政策创议经验，就是应实施积极主动的外交策略。实施积极主动的外交策略，就意味着执政党在制定对外开放政策，引导对外贸易或对外交

---

[1]　Trade Profiles 2015, the World Trade Organization, November 2015, https://www.wto.org/english/res_e/booksp_e/trade_profiles/5_e. pdf.

[2]　新加坡自由贸易区网站，http://www.fta.gov.sg/，2015 年 1 月 25 日。

流中，深入融入经济全球化浪潮中，多一些积极主动，主动出击，少一些被动守成。在人民行动党的领导下，新加坡通过缔结自由贸易协议一直积极地与贸易伙伴建立战略关系。到 2014 年，新加坡建立了广泛而强大的自由贸易协议网络，准备进一步同周边附近多个国家商讨各项自由贸易协议事宜。通过这些积极的外交策略影响，新加坡同其他国家之间发展了友好的贸易往来。

以南非为例，基于非国大引导下的积极的外交策略，非国大领袖祖马致力于伙伴关系的发展，其包括金砖国家（BRICS）、南半球国家伙伴关系、中非合作论坛（the Forum on China-Africa Cooperation）、非洲与印度的合作伙伴、韩国与非洲论坛（Korea-Africa Forum）。更是不遗余力地加强如不结盟运动（Non-Aligned Movement, NAM）、77 国集团与中国（G77+China）、非洲与南美峰会（Africa-South America Summit）以及新亚洲与非洲战略伙伴（NAASP）的进步。不仅如此，为促进南南合作，南非祖马还采取了多边和双边相结合的策略。由此，非国大领导发展的积极主动开放策略对于南非的对外开放来说起到了极大的促进作用。积极主动的开放策略给南非经济带来了新的活力，推动了南非经济增长。

（三）合作化下的外交政策制定

政党在领导开放发展的外交政策创议方面，应本着互利共赢、相互合作的外交姿态，而非独霸傲慢的单边外交。美国前国务卿希拉里曾表示："奥巴马总统和我都认为，外交政策必须基于原则与现实而非僵硬的意识形态，必须基于事实和证据而非情绪或偏见。我们的安全、活力、领导能力要求我们承认相互依赖这个压倒一切的事实。[1]"与小布什主张的单边外交相左，民主党领袖奥巴马注重调整外交姿态，注重从国际社会多方"借力"，采取合作化下的外交政策制定策略。即外交政策的制定上，遵循各国合作交流。一方面，奥巴马政府注重强化双边经济关系。不仅同日本、欧洲等国家协调经济政策，同时发展与中国、俄罗斯等经济体的经济合作关系。2010 年 5 月 24 日至 25 日，题为"确保持续发展、互利共赢的中美经济合作伙伴关系"的第二轮中美战略与经济对话在北京举行。至此，中美之间的双边经济合作已机制化，中美之间的经济合作力度不断加强、合作领域不断拓宽，这既有助于美国尽早克服

---

[1] "Nomination Hearing To Be Secretary of State", Hillary Rodham Clinton, Secretary of State, Secretary of State Statement Washington,DC,January. 13, 2009, http: //www. state. gov/secretary/rm/2009a/01/115196. htm.

经济颓势，又有利于开拓中美经济合作的广阔领域[1]。

二、国外政党在开放发展的价值观叙述策略

政党在开放发展的价值观宣传，基于历史和国际层面，无外乎两种主要的价值观引导策略。一种是贸易保护主义价值观，另一种是自由贸易主义策略。历史上，在对外贸易和对外政策上，政党对于两种价值观的运用交替进行，这种情况或出于政党权力结构的变化抑或国内国际形势的改变使然。然而，当今世界是开放共享的世界，当今世界的趋势是经济全球化已不可逆转，全球化浪潮至今已延续30多年，与之对应的世界经济体系已经形成，全球化对各国形成了深刻影响，任何国家都不能全身而退。也就是说，政党致力于开放发展的价值观宣传方面，应看清形势，顺应时代发展的潮流，以开放共享的价值理念促进国家的开放发展繁荣，而不是逆潮流而动，诱发绝对的贸易保护主义抬头。关于国外政党在开放发展的价值观叙述策略上，可以为我党提供一些经验教训或启示。

（一）贸易保护主义影响下的对外开放教训

2016年的美国总统大选以特朗普竞选胜利而告终，继特朗普就任总统后，将自己竞选承诺中的一系列对外政策付诸实施。主要包括退出跨太平洋伙伴关系协定（TPP），严苛的移民政策，建美墨边境墙，对进行不公平贸易的国家征收惩罚性关税，等等。这些对外政策明显地反映出美国共和党引导下的贸易保护主义价值观色彩。继这些带有贸易保护主义对外政策推行后，不仅引发了美国内部政治权力系统的冲突——就七国移民的审查禁令，政府与法院意见相左，而且引发了一些国家对上述政策的抵制。例如，特朗普的移民禁令被批歧视，放松管制华尔街引抗议。被特朗普摔电话后，澳大利亚报复式亲华。基于上述事实，特朗普的反全球化行动和贸易保护主义的价值观，正带领美国走上一条不归路。它是政党引导开放发展上的一种价值偏离。

价值引导要依世界潮流而动。回顾历史，政党在引导开放发展的价值观引导方面，也曾具有一些失败的例子。"一战"后，在美国经济萧条的背景下，民主党总统威尔逊领导国会于1922年通过了美国历史上最严厉的贸易保护主义法——《福德

---

[1] 王发龙：《奥巴马政府多边外交政策评析》，山东师范大学硕士学位论文，2011年。

尼——麦坎伯关税法》。其具有明显的保护主义特点。它标志美国重新回归于单边保护主义的"往日癖好"[1] 接着，贸易保护主义价值理念继续引导美国对外贸易。一部高关税法《斯穆特——霍利法》出台于 1930 年。然而，这部法引发了一系列后果。该法严重影响和破坏了美国与其他国家的经济关系，导致了美国出口收入的大幅度减少，使保护主义政策再也无法施行。1930 年的这部法在全世界激起了新的保护主义浪潮，各国纷纷通过加强贸易壁垒，将矛头对指美国。所有的欧洲和拉美贸易伙伴的利益都被该法损害了，迫使它们对美国采取了报复措施[2]。例如，1930 年法的高关税使美国从瑞士进口的钟表 1930 年比 1929 年下降 48%[3]。

（二）自由贸易主义策略引导下的对外开放经验

面对当今世界经济全球化浪潮影响，政党引导开放发展的价值观最佳路径选择，应是科学运用自由贸易主义策略，引导国家对外发展。韩国和南非的执政党是成功运用自由贸易主义策略引导两国经济的发展的。

首先，以韩国为例。韩国的经济成就世界瞩目。作为战后发展中国家经济发展的典范，韩国由贫穷落后的发展中国家成功转向准发达国家，只用了很短时间。关于韩国经济成功秘密的探索，其中发挥关键作用的是，韩国坚持并成功地推行了外向型经济模式。同时，外向型经济模式的成功推行，离不开韩国民主党对于开放发展方面的价值观引导。大体上看，韩国民主党执政以来，在对外发展方面，坚持倡导自由贸易主义策略，在自由贸易主义策略导向下，促使韩国民主党在开放方面具体发挥了多方面的领导作用。例如，坚持发挥国家政府在对外开放中的主导作用、实施出口主导型发展战略、提供相关的公共服务包括基础设施和职业培训等。1998 年金融危机后，韩国民主党在金融开放方面又致力于提高金融风险管理水平、利用经济杠杆对市场进行调控、在开放型经济发展中不断寻求经济合作的新途径，重新将韩国经济发展水平提高到一个新的阶段。总的来说，韩国民主党在领导开放发展方面曾经遇到许多危机，但是由于政党和政府的领导有力，引导顺应时事发展的自

[1]　张德明：《从保护主义到自由贸易——略论 20 世纪三四十年代美国外贸政策的历史性变化》，《武汉大学学报（人文科学版）》2003 年第 9 期。

[2]　RHODES, Carolyn Reciprocity, US. Trade Policy, and the GATT Regime, Ithaca: Cornell University Press, 1993. p. 43.

[3]　RHODES, Carodyn Reciprocity, US. Trade Policy, and the GATT Regime, Ithaca: Cornell University Press, 1993. p. 34.

由贸易主义策略，最终能够化危为机，既防范了金融风险，又大大拓展了对外开放水平，推动了经济社会的良性发展以及韩国企业在世界经济版图上的扩张。

同样，南非经验尤可借鉴。原南非只与 30 多个国家保持外交关系，然而在非国大所倡导的自由贸易主义策略影响下，现已增至 150 多个。南非充当多个方面的重要角色，其既是不结盟运动的成员、南部非洲发展共同体主席国，又是全球贸发大会主席国。非国大领导的自由贸易主义策略下的发展政策对于南非的对外开放来说是起到了极大的促进作用的。促进了南非经济朝着良好的态势发展。

然而，发挥自由贸易主义策略的引导作用，并不意味着践行绝对的贸易自由化。应基于本国实际情况，确立合适的贸易自由化程度。以南非为例，在非国大领导的自由贸易政策之下，由于开放时不设壁垒，外国商品的进入很大程度上冲击了南非原有的制造业，使得南非许多企业日益艰难而不得不破产。此外，在金融和其他服务业方面的开放，也使得金融、船运等原有的优势产业受到了较大的挑战。因此，政党在领导对外发展的过程中，应把握好贸易自由化的程度问题，不能走向两个极端。

（三）基于开放发展的特定价值观引导

政党致力于某一领域的发展，为激发国人在这一领域的发展意识和动力，则避免不了构建某种特定的价值观。这种特定的价值观能顺应国际国内形势发展的客观要求，且源于本国发展于未来。也就是说，政党领导开放发展的价值观引导，应寻求适应时代发展需求和本国客观情况的特定价值观。

以德国社民党为例。在战后社民党领导德国外交的第一阶段，对于"冷战"东西分裂的大潮流，社民党始终站在国际和平与安全的理想主义基础上，在长期的摸索中也没能提出有实际意义的外交方针，甚至对整个国际格局存在严重误判。然而，当新一届社民党领袖维利·勃兰特上台后，德国的外交政策发生了巨大改变，这种改变主要出自于某种特定价值观的引导。这种价值观即是民主社会主义思想。民主社会主义突出体现价值中立的多元主义，应用于对外政策，社民党将伦理信念和良心道德置于意识形态之上。1968 年，勃兰特曾指出："民主社会主义运动从开端之日起，就以确认各国共处的正当性和合乎道德标准作为它的目标。"这就是说，社民党认为可以存在超越意识形态层面上的友好合作。[1] 具体而言，国际社会相关责任

---

[1]　张世鹏译：《德国社会民主党纲领汇编》，北京大学出版社 2005 年版。

应由各国共同分担，共同维护世界和平和安全。社民党的这一外交理念具有强大的活力，从 1960 年一直延续至今，在 2003 年的第二次伊拉克战争中，当时的施罗德政府提出的反战理论与勃兰特的外交思想可谓一以贯之。总而言之，高出发点、宽广的视角、深厚的理论基础、超乎意识形态的道德伦理构成了社民党外交政策的整个体系。这一外交政策体系有力地推动了欧洲一体化的发展。

三、国外政党在开放发展的政治动员策略

合理借鉴国外政党在引导开放发展的政治动员策略，主要体现在公共外交方面的建树。从 2001 年的美国 9·11 事件、"软实力"理念的提出、"巧实力"外交的接踵而至、"公民外交"的纷至沓来、赖斯倡导的"转型外交"、英国工党所推行的"创意英国"活动以及其他一些国家政党也纷纷倡导开展一系列的公共外交活动。基于全球化浪潮，使得各国之间的相互依赖更加紧密，主权国家在越来越多的领域开展交流与合作。同时，伴随着信息技术的不断发展，传统硬实力竞争激烈的国际社会，包含政治主张、价值观念等方面的软实力竞争环境也越发激烈。因此，作为提升"软实力"主要途径之一的公共外交的作用越发重要了。

政党领导公共外交领域的建树，尤以加拿大自由党为例。加拿大公共外交领域的建树，加拿大自由党发挥了关键的作用。自加拿大总理麦肯齐·金任职期间，主张成立了第一个公共外交机构——加拿大国家电影局（NFB）。到接下来几届自由党领袖，都致力于公共外交的发展，并且创造了辉煌的业绩。2005 年出台的《加拿大外交部公共外交项目评估》指出："国外民众高度支持和认可自由党领导下的各项公共外交活动，因为这有利于促进加拿大的统一。[1]"加拿大自由党所领导的公共外交方面的成就，离不开其所采取的政策和措施。其所采取的政策和措施对于我党致力于公共外交具有积极的借鉴意义。

其一，推动本国文化和价值观走出去。在加拿大自由党看来，"推动一个国家思想和准则发展的唯一方法是让外界知道它"，加拿大是一个开放、自由及民主的国家。在强烈的自由主义色彩的价值观下，加拿大的公共外交一方面为国际社会做

---

[1] 加拿大外交与国际贸易部（DFAIT）加拿大外交部公共外交项目评估报告【EB/OL】。http://www. International.gc.ca/about_a_propos/oig_big/2005/evaluation/diplomacy_program_programme_diplomatie.aspx?lang=eng.

出应有的贡献，另一方面，更加注重维护自身的国际地位[1]。

其二，提高公众政治参与意识。"在全球化时代，卫生、食品安全、电信等国际议程进入国内议程，民众也成为一种新兴力量，在开展公共外交和维护国家利益方面外交官不应该把民众看作竞争者而应看作是合作伙伴。[2]"

其三，充分利用互联网这个新媒介开展公共外交。在互联网上进行虚拟外交，利用"计算机数字空间"这一载体传播本国的文化和价值观念。并对他国公众的行为和看法产生深刻的影响，这一外交形式是塑造良好国际形象的方便、迅速而有效的途径。

第四节　政党推动绿色发展的国际经验

道德经强调："天人合一""道法自然"的观点，充分反映了朴素的绿色发展理念，具有深刻的启迪意义。从根本上说，绿色发展就是倡导实现人与自然和谐发展。中国共产党将绿色发展纳入五大发展之中。综观世界，绿色发展也是世界趋势所向。早在 2008 年，世界各国已纷纷推行"绿色新政"并被列为重要国家发展战略。同时，基于理论价值与实践意义的角度，党中央所提出的绿色发展思想进一步继承和发展了马克思主义的绿色发展观。一方面，绿色发展思想丰富了马克思主义生态观。马克思主义创始人强调，人与自然是一个有机整体，人与自然具有一体性。资本主义制度是生态危机的根本原因，社会主义是消解生态危机、达到人与自然和谐发展的唯一出路。另一方面，绿色发展思想深化和发展了科学发展观、丰富了中国特色社会主义生态文明理论、是可持续发展的理论深化和实践推进、是正确处理好经济发展同生态环境保护的关系。绿色发展具有重大意义，其最终助力中国社会"十三五"时期的生态文明建设。

---

[1]　加拿大外交与国际贸易部（DFAIT）加拿大外交部公共外交项目评估报告【EB/OL】。http://www. International.gc.ca/about_a_propos/oig_big/2005/evaluation/diplomacy_program_programme_diplomatie.aspx?lang=eng.

[2]　唐小松、王义桅：《国外对公共外交的探索》，《国际问题研究》2005 年第 1 期。

一、国外政党在绿色发展方面的政策创议策略

恩格斯曾在《自然辩证法》中表明："我们不要过分陶醉于人类对自然界的胜利，对于每一次这样的胜利，自然界都对我们进行报复。每一次胜利，起初确实取得了我们预期的结果，但是往后和再往后却发生完全不同的，出乎预料的影响，常常把最初的结果又消除了。[1]"伴随着人类社会的经济繁荣与物质富足，也面临着自然生态环境的不断恶化。面临着急需解决的环境问题和促进绿色发展方面，世界绝大部分国家政党都创议了有效的绿色发展政策。合理借鉴他国政党关于绿色发展的政策创议策略，可以围绕："各政党关于环境问题的政策制定、政党关于红绿联盟策略的制定、助力生态文明建设的科技战略"这三个方面的政策创议经验展开学习研究。

（一）各政党关于环境问题的政策制定

环境问题是制约绿色发展的关键，提高政党在绿色发展方面的政策创议水平和能力，首要的应该关注政党在环境问题方面的政策制定经验。首先，自 1962 年《寂静的春天》出版和《增长的极限》报告，由此孕育了绿色思想，并着重提出我们所面临的环境问题将会对整个人类世界造成威胁和终极制约。环境和能源问题被提到重要的议事日程上来。接着，由美国政治家艾伯特·阿诺·戈尔亲自导演的《不可忽视的真相》的宣传环境保护纪录片。他着重讲述了全球气候变化问题以及所带来的灾难及温室效应所产生的严重影响。并强调应对全球气候变暖应采取必要措施，各国的执政者和人民应重视环境的保护。对此，戈尔所导演的这部纪录片荣获诺贝尔和平奖。戈尔是美国前副总统，自竞选总统落选后，作为一个环保主义者，戈尔开始致力于环保宣传活动，发动环保宣传的政治动员活动。戈尔的环保宣传活动，表明政党越来越重视本国的绿色发展问题，充分施展关于绿色发展中环境问题的政策创议能力。

以德国绿党为例，其积极推动环保问题纳入政府政策议程。使得德国综合性环境保护政策从无到有、从粗到精。1969 年，综合性的环境保护政策还未出台，不管政府还是民众，都不曾考虑过保护自然环境和生态系统的问题。然而 70 年代初期，

---

[1]　《马克思恩格斯文集》第 9 卷，人民出版社 2009 年版，第 559 页。

在绿色运动组织的积极活动下，首个全面系统的"环境规划方案"得以制定和贯彻实施，对资源的节约和环境的保护发挥了关键的作用。从 20 世纪 70 年代中期开始到 90 年代初期，随着绿党的影响力逐级扩大，促使原先的经济发展优先战略转向经济与环境相协调的发展战略。同时，环境政策的施行更有成效。

以各国民主社会主义政党为例，其纷纷将生态环境保护和珍爱节约资源添加到民主社会主义的理论和实践之中。比如，"瑞典社会民主党力图把生态政治目标纳入社会政策之中"[1]。着手具体政策调整，德国社民党将"本着优化生态环境的方针，以开发高新技术产业为龙头，调整经济结构"[2] 列为第一位，在 20 世纪 70 年代后期至 80 年代末，对生态政策目标和社会政策目标的关注明显大于经济政策目标的追求。以欧洲社会党为例，其对欧盟一体化发展前景提出了将"在优化生态环境方面居于世界领先地位"作为四项战略目标之一。[3] 政治实践上，自 20 世纪 80 年代以来社会民主党逐渐接受绿党生态社会主义的理念，为了获得更多的支持者，逐步实现了在多个国家和绿党联合执政的现象。民主社会主义对生态社会主义理念的吸纳以及"红绿联盟"的联合执政，表征着民主党领导的民主社会主义的生态化发展。

（二）政党关于红绿联盟策略的制定

基于历史和国际经验，社会主义生态文明建设可以走出西方国家"先污染后治理"的怪圈，完全可以通过走"红绿联合"的道路，实现生态文明建设与经济社会发展的"双赢"。"环保措施必须成为任何旨在实现社会主义的纲领的重要组成部分。但即使在社会主义制度下，前社会主义国家的经验表明，环境保护要求不断保持警惕、公共意识、民主参与、开放与责任。[4]"就民主参与而言，仅靠环境改革或业已实行的环境保护措施并不能根治环境顽症，必须通过工人阶级及其阶级盟友联合起来发动一场针对资本主义的民主变革。

诸如争取妇女平等的运动、保护环境运动、和平与声援运动、青年和学生运动、

---

[1]　胡振良、常欣欣：《当代世界社会主义前沿问题》，中共中央党校出版社 2011 年版，第 123 页。

[2]　王学东，陈林等：《九十年代西欧社会民主主义的变革》，中央编译出版社 1999 年版，69 页。

[3]　王学东，陈林等：《九十年代西欧社会民主主义的变革》，中央编译出版社 1999 年版，第 116—118 页。

[4]　刘洪才：《当代世界共产党党章党纲选编》，当代世界出版社 2009 年版，第 696—697 页。

社会正义运动等，都属于工人阶级建立联盟的主要力量。以芬兰共产党为例，其主张"实行高度的政治开放和多党制。规定自己当前的战略是实现共产党与环境保护组织的'红绿合作'，以'红绿政策'替代资产阶级政策，粉碎芬兰社会中的'右派霸权'，维护芬兰人民的社会保障。提出要扩大公民的民主权和自治权以及劳动者对企业管理的参与权，要实现公平分配，保障公民的基本权益和福利，节约利用自然资源和能源以保护环境。[1]"加拿大共产党指出，"工人阶级和共产党的使命是领导加拿大从资本主义社会走向社会主义社会，最终实现共产主义社会。为了实现这个崇高的目标，工人阶级和共产党还必须努力防止世界大战的爆发，保护自然环境免遭破坏。[2]"美国共产党认为，"我们把资本主义制度是造成贫困、种族主义、战争和人类痛苦根源这个真相公之于众，指出社会主义才是解决这些问题的根本途径。[3]"西班牙共产党主张，"应该维护一项激进的环保政策，把环境保护视为争取社会主义而斗争的组成部分。[4]"现今，各国共产党人正逐步从"生态缺失"的阴影中脱离出来，基于本国的具体国情，努力探索适合本国社会主义的独特的生态环境保护策略。

（三）助力生态文明建设的科技战略

提升政党领导绿色发展的能力，依国际经验，可以设立助力生态文明建设的相关科技战略。建设生态文明有利于促进科技的进步，应不断促进科学技术的进步和生态文明的建设，如此才能推动绿色发展。总结国外生态文明建设的科技发展战略制定与发展变化情况的经验与教训，最突出的一点主要表现为各国将科技创新作为生态文明建设的关键驱动力。同时，生态文明建设科技支撑的重要内容和保障则应建立和完善科技创新机制和体系。关于创立有效的生态文明建设方面的科技战略，可以为我国生态文明建设提供参考。

以美国民主党为例，在其领导下，旨在创造清洁而健康的美国环境卫生，美国

---

[1] 肖枫：《社会主义向何处去 —— 冷战后世界社会主义运动大扫描》（下卷），当代世界出版社 1999 年版，第 609 页。

[2] 《加拿大的未来是社会主义》，载刘洪才编：《当代世界共产党党章党纲选编》，当代世界出版社 2009 年版，第 882—883 页。

[3] 《通往美国社会主义之路 —— 团结起来争取和平、民主、就业和平等》，载刘洪才编：《当代世界共产党党章党纲选编》，当代世界出版社 2009 年版，第 925 页。

[4] 肖枫：《社会主义向何处去 —— 冷战后世界社会主义运动大扫描》（下卷），当代世界出版社 1999 年版，第 578 页。

时常制定五年环境工作计划。如气候变化技术计划（CCTP），其计划主要由氢能源、生物提炼、清洁煤、碳储存、核分裂等技术部分组成，这些技术能快速转化为国民经济价值，既可以改善气候，又能确保能源安全和满足各项需求。

以德国自民党领导下创立的《德国2020高科技战略》，汇集了诸如气候、能源、保健、医疗、交通五大领域的研究和创新举措，有效的控制和解决了国内不良的生态环境问题。科技助力生态文明建设的作用日益突显。

以欧洲社会党为例，在其领导下，世界上规模最大的官方综合性科研与开发计划——欧盟科技框架计划得以出台和施行。接着，欧盟《环境行动计划》也得以出台。其包含"抑制气候变化、建设良好的动植物生存环境、倡导环境与健康、节约自然资源和处理好废弃物"四个主要方面的优先目标。接着，随着"欧盟2020战略"的提出，一方面，其强调接下来的十年内，应重点关注诸如科技创新、研发、教育、清洁能源等领域问题。另一方面，该战略强调促进实现"智能、包容和可持续发展"的增长模式，而科技创新将是这一模式取胜的关键[1]。

二、国外政党在绿色发展方面的价值观叙述策略

国外政党领导绿色发展方面的价值观叙述策略，主要围绕："政党党纲对生态价值的突显、基于'生态优先'价值的绿色发展建构"两个方面的内容。

（一）政党党纲对生态价值的突显

国外政党领导绿色发展方面的价值观叙述策略，所采取的首要方法则是对生态价值的宣传寓于政党党纲中。

当代政党更加重视政党党纲对生态价值的宣传作用。对于一些发达资本主义国家政党而言，其革命纲领、政策策略调整等方面都越来越重视生态环境问题。又以民主社会主义政党以及民族社会主义政党为例，其把生态环境保护和可持续发展问题作为党纲的重点问题。在关于生态价值的完善方面，社会主义政党大都更加注重吸收借鉴马克思主义理论、方法、立场，深刻地揭露和批判资本主义的反生态本质，而且更重视社会主义对生态环境问题的根本解决，以及在社会主义奋斗目标、价值

---

[1] 蔡琳，王海燕，李琴，武雪芳：《国外生态文明建设的科技发展战略分析与启示》，《中国工程科学》2015年，第17卷，第8期。

追求上增添生态环境保护的内容。同样，以拉美民族政党为例，其在宣称"21世纪社会主义"的基础上积极吸纳"生态"和"可持续发展"的思想，将发展观的转变融入社会主义的执政理念和党纲纲领中。此外，当代新兴的社会主义流派，包括市场社会主义[1]和女权社会主义都在经历着绿化或生态化，西方生态女性主义者艾瑞尔·萨勒（Ariel Salleh）将未来社会界定为基于"生态供养性的、经济的、可持续的和自主的活动"的社会，并认为本土的居民、农民和看护工作者是这种新型经济活动的率先践行者[2]。

近年来，资本主义国家政党党纲或政策制定也明显地突显了生态价值理念。欧洲左翼党纲领曾指出，"我们以共产主义、社会主义、民主、生态和女权主义为目标、反对新自由主义、赞成社会变革的政党和政治组织""我们主张实现一种替代的、社会生态的和可持续的发展，主张经济重建，使经济发展注重环境和气候保护、遵循预防性原则、应用环保技术、保障社会的持久团结，使经济发展能创造新的就业岗位并支持全球的贫困地区"。[3]

（二）基于"生态优先"价值的绿色发展建构

政党领导绿色发展的价值观叙述策略，最关键的一点在于树立相关的价值理论，这种价值理论能够指导和强化政党在领导绿色发展方面的政策制定和绿色发展意识。以西方国家绿党为例，其基于生态中心主义哲学观，提出旨在促进绿色发展的生态优先价值原则。其主张作为社会有机体中的普通一员，人类应将尽力维护社会有机体系的平衡作为一种义务，自己的生存权让位于整体要求之上。生态优先价值原则提出的目的就是要防止生态环境被破坏，做到防患于未然。

绿党提出的生态优先价值原则，成功地寓于各项生态环境保护措施之中，为各项绿色发展政策和战略的施行发挥了有力的价值指引作用。

首先，基于生态和谐的角度，绿党认为人类的生活方式、生活质量标准应得以重新调整和再次确立。基于此，创设一个全人类的共同价值观是非常有必要的。这

---

[1]　刘明明，谢鸿昆：《建设社会主义生态文明的若干思考——基于市场社会主义的生态考量》，《武汉科技大学学报》2012年第1期。

[2]　Ariel Salleh（ed.），Eco-sufficiency and Global Justice: Women Write Political Ecology, London and New York: PlutoPress, 2009, pp.29h292.

[3]　《欧洲左翼党纲领》，载刘洪才编：《当代世界共产党党章党纲选编》，当代世界出版社2009年版，第723—724页。

样的共同价值观要求各国的经济发展应受到生态可承受能力的约束。同时要求形成一种有利于减少争夺资源而产生的相互摩擦，更重要的是，还能减少一定的生态环境压力。世界各国应按照全人类的共同价值观促使新的发展战略的形成，才能保护我们共同的家园。

接着，绿党主张人权价值原则和生态优先发展价值原则。一方面，其认为，由于先有社会对个人权利的剥夺，进而导致了人类对自然的破坏，也就是人类剥夺自然的权利。因此使得人与自然和谐相处的方法应是充分确保个人的权力。另一方面，其认为促进生态环境保护的前提条件正是社会的公正和平等。人权和社会公正能确保广泛的底层民众不会由于萧条的经济而成为受害者。因此，应将保护人权和维护社会公正作为实施生态优先战略的关键步骤。

最后，绿党认为，经济活动和政治活动缺乏民主致使生态环境遭到某种程度的破坏，生态环境的危机意味着民主制度的危机。人们要想从根本上解决生态问题，既需要具体全面的环境政策，又需要系统完备的政治经济体制。

三、国外政党在绿色发展的政治动员策略

国外政党领导绿色发展的政治动员策略，突出表现为政党组织带动全民环保节约。以古巴共产党为例，其有益的经验有：

其一，严格执行环保法规、全民严守环保行为准则，是实现环境保护和可持续发展的重要保障。实现环境保护、建设生态文明要靠执政党、政府、企业及全社会成员的共同参与。古巴共产党五大经济决议指出，"严格执行各项环境保护法律和法规，回收和利用原材料，应成为国家机构、企业和公民必须遵守的行为准则。因为只有这样，才能实现持续发展的原则"[1]。

其二，全民教育体系的系统化，为古巴环境保护与资源合理利用提供有力支撑。古巴于 20 世纪 60 年代末就普及了小学教育，于 70 年代普及初中教育。以教育经费为例，从学前教育直至大学毕业学费和书本费全部由国家负担。古巴共产党对教育事业的支持提升了古巴人民的思想道德素质和科学文化素质，并推动了古巴国内环保事业的进一步发展。尤其是科学技术知识的普及强化了民众对环境保护和可持续

---

[1]　李锦华：《苏东剧变后古巴共产党的理论、方针政策与实践》，《马克思主义研究》2000 年第 6 期。

发展理念的认知。

其三，增加宣传教育途径，大力传播环保知识。一方面，在古共的领导下成立了"古巴环境治理与教育信息中心"，主要致力于创建环境信息工程、环境治理工程和宣传环境教育工程三个方面的工作。利用电台、电视台等媒体和教育资源，尤其是新兴网络资源，集中介绍了古巴环境保护与可持续发展方面相关的法律和制度并建立起了全面、系统的古巴环保传播教育机制，大大提高环保知识的普及率。另一方面，古巴共产党十分重视青少年环境教育，通过出版各类环境保护的图书以及建立一些环境教育网站向青少年宣传环保知识。

最后，帮助扩大环保人士和环保组织在促进环境保护等方面的影响力。以实例为证，20 世纪 80 年代末 90 年代初，为了应对能源危机，在众多环保人士和环保组织的组建下，古巴人民齐心协力，在"古巴掀起的自行车热，主要是为了节约能源，在五一游行中出现了一支庞大而欢乐的自行车队，表明了古巴人民是以乐观的态度来对待缺乏石油能源而可能带来的困难的。[1]"

第五节　政党推动共享发展的国际经验

《中共中央关于制定国民经济和社会发展第十三个五年规划的建议》强调，坚持共享发展，必须坚持为了人民而发展、依靠人民而发展、发展成果由人民共享，完善相关制度性安排，使全体人民在实现中国梦的过程中动力更足、收获更多。基于五大发展理念角度，共享发展是发展的归宿，促进共享发展，首先应制定或完善相关的政策。促进共享发展的相关政策为共享发展确立了明确的目标。借鉴世界各国政党在推动共享发展的经验或教训，进一步提升中国共产党在共享发展的政策创议、价值观引导以及政治动员的经验，是完全有必要的。

一、国外政党在共享发展方面的政策创议经验

政党领导共享发展，首要的应关注促进共享方面的政策创议问题。借鉴国外政

---

[1]　庞炳庵：《亲历古巴：一个中国驻外记者的手记》，新华出版社 2000 年版，第 68—69 页。

党经验，促进共享发展的政策创议经验，最基础性的工作在于社会保障政策的完善，然而，随着国际国内形势的变化，系统的社会保障政策或社会政策应与时俱进，发生相应的调整或变革，最后，立足于最关键性的民生问题，以新加坡人行党为例，学习建立合理有效的民生政策。

（一）完善的社会保障政策分析

致力于共享发展，让发展成果由人民共享。则要求"把满足人类的基本需要放在再分配生产成果的第一位"[1]，反对基于利润下的分配原则。西欧各国社会党十分崇尚公正与平等。由此，在其执政期间，十分重视社会保障政策的完善。一方面，完善的社会保障政策在内容和覆盖面上应具有广泛性。另一方面，满足群众不断需求的高福利标准。

首先，基于内容广泛和覆盖面广泛的社会保障政策，以瑞典社民党为例，其为国民制定或提供的各项福利政策及高福利待遇涵盖各个人生阶段、各个社会群体及住房、医疗、就业等社会生活的各个方面。以瑞典社民党推行的养老保险制度为例，瑞典社民党能够连续执政38年，说明具有广泛内容、广覆盖面及高保障水平的养老保险制度具有很大成效。尤其值得一提的是，基于本国国情，养老保险制度中的普遍保险——针对本国内所有老年人群体，贯彻对丧失劳动力的老年公民实行援助的基本原则。

再者，基于完善的社会保障政策，重点突出住房保障项目建设。住房保障项目是现代社会保障政策中特别重要的组成部分。西欧各社会党非常重视完善社会保障政策。在完善社会政策方面，各社会党将"为普遍民众提供合适的住房"作为社会保障政策的主要环节。例如，英国工党把住房作为英国各项公共服务项目之首，突出重点解决人民住房问题。面对"二战"后住房匮乏的情况，英国工党引导各级政府直接建造了万栋公共住房，[2] 大大缓解了战后住房的紧缺。

其次，完善的社会保障政策，需要满足群众不断需求的高福利待遇。以瑞典为例，20世纪80年代，瑞典在医疗项目上的投入，就超过1.3万人民币每人，这项项目支出排名世界第一。再者在家长特别津贴上的投入，则是每对夫妇约1.5万人民币，这

---

[1] 社会党国际文件集编辑组编：《社会党国际文件集》，黑龙江人民出版社，1989年，第7页。

[2] 汪建强：《"二战"后英国住房保障政策的变化及其启示》，载《四川理工学院学报（社会科学版）》2011年第3期。

项项目支出位列世界第二。

基于上述分析，在西欧社会党执政的国家，社会保障政策在内容和覆盖面上具有广泛性，本国内几乎所有公民都能获得社会保障政策的福泽。社会保障不仅提供物力方面的资助，还有诸如社会照顾等形式方面的人力方面的帮助。社会党所提供的高标准、全方位的社会保障政策体系值得我党加以学习及运用。

（二）积极推动社会保障政策变革，适应客观形势变化

一个政党能否拥有执政的合法性，能否取得民众的信任和支持，主要不是看它说了什么，看它的基本教义是什么，而更主要的是看它能否适应客观形势的变化，勇于创新，探索出好的成绩，为民众提供有效、优质的服务。[1] 作为战后西欧社会民主党领导共享发展的主要目标政策，有效的福利政策曾为其取得政权和巩固执政地位发挥了关键作用。当前，立足于中国共产党加快推进以改善民生为重点的社会建设，促进社会公平正义以建立和谐社会的目标，以社民党进行的福利国家建设实践为例，可以学习其宝贵的经验。也就是说，促进民生建设，既需要完善的社会保障政策，又需要依形势的变化，循序渐进地对社会保障政策进行变革以适应发展变化的需要。

作为福利国家建设标版的瑞典，曾于 20 世纪 70 年代深深陷入国家财政危机和价值危机中。由于政府的大规模举债和超负荷投入以及对福利国家建设所采取的急于求成的态度，最终造成了政府财政亏空和大范围内的财政赤字，为了填补财政赤字，政府通过增加税收的办法间接地提高企业产品的价格，最终又产生了一系列不良的连锁反应。基于福利国家建设的不可逆转性特点，使得瑞典社民党在福利政策上陷入两难。为应对福利国家建设的两难困境，首要的行动则应该对社会保障政策作出相应的变革或调整。而这种变革或调整应结合具体国情，做到循序渐进。结合本国国情，基于转型时期的社会经济发展状况以及城乡差别的不平衡性仍旧存在。因此，社会保障政策的制定应立足当前生产力发展的实际水平，循序渐进地改变或调整各项社会保障项目。例如，当今的社会保障政策的调整应转移到重点搞好"失业保险制度、城乡居民最低生活保障制度以及国企下岗职工基本生活保障制度"这三条保障线[2]。

---

[1]　靳晓霞：《20 世纪 90 年代社会民主主义复兴的原因及启示 —— 以英国工党政策调整为例》，《南京师大学报社会科学版》2003 年第 3 期。

[2]　谭鹏：《战后西欧社会民主党福利国家建设经验及其现实启示》，《江汉大学学报社会科学版》2013 年第 1 期。

（三）为民所需的民生政策

民生问题是一个国家和社会发展的根本问题。民生问题关系到党领导下的共享发展水平或程度。促进共享发展，致力于民生问题的解决已然成为各国执政党的一种公开的政治承诺和施政的最高原则。现今，各国执政党在教育、就业、医疗、住房、社会保障等方面的民生政策措施，给党领导共享发展提供了丰富的经验或教训。

基于民众切身利益的民生政策。以新加坡人民行动党为例，2011年人民行动党的大选落败，其关键性的原因即在涉及民生的各项政策的制定和实施过程中，人民行动党在回应诸如不断上涨的物价、拥挤的交通以及就业困难等方面不及时，最终未能维护好大多数民众的切身利益。然而，经历过败选的教训，人民行动党开始转向基于民众切身利益层面的民生政策制定。例如，人民行动党制定了一系列旨在完善基本公共服务体系上的各方面政策。以人行党修改劳动法和要求企业提高底层人员工资等相关政策为例，其维护和保障了广大劳动人民的各项劳动权利，这一系列政策赢得了民心，大幅度提升民众对执政党的支持率。

民生政策的系统化和主体多元化。各国执政党在基本公共服务等方面所制定的一系列系统化的政策措施，极大地改善了民生，密切了执政党与民众的关系。一方面，民生政策的系统化强调各项民生政策应实现有机的组合并各具特色。教育领域的公平、体系化的就业服务、全民的医疗保障体系、法治化的住房保障以及全民养老保障制度等各项民生政策应统筹协调并落到实处。另一方面，应促进民生建设主体多元化。民生建设是一项复杂的系统工程，需要执政党领导全社会共同参与。以日本、美国为例，其执政党对于民生问题的解决，非常注重发挥民间组织和慈善机构的作用，整合社会建设力量。促进民生建设多元化，一方面，要充分发挥执政党政府在民生建设中的主导作用。充分发挥政府的主导作用是民生建设取得成功的关键。另一方面，应充分发挥非政府组织在民生建设中的辅助作用。随着经济社会的不断发展，非政府组织在保护弱势群体、促进社会公平、拓宽就业渠道、缓解就业矛盾、支持教育事业发展和致力环境保护方面发挥着越来越重要的作用。因此，应该强化非政府组织的民间性、公益性，积极鼓励其服务民生的行为，不断拓宽其发挥职能的渠道，以形成民生建设的整体合力[1]。

二、国外政党在共享发展的价值观引导经验

安东尼奥·葛兰西认为，一个政党要争取意识形态的领导权而成为一个"历史集团"，从而使社会成为一个统一体，在保持整个社会集团的统一中，意识形态起到了团结统一的"水泥"作用。政党作为特定意识形态的代表者和承载者，往往会依据特定的意识形态提出有关社会发展总方向或基本的政策主张，并以此教化、感召和激励党员和大众，向着特定的方向共同努力[2]。具体而言，提升政党领导共享发展的能力和水平，激发全民共享理念，投身共享发展方面的建设，执政党应充分发挥在共享发展的价值观引导作用，就如何发挥政党在共享发展的价值观引导作用，采取合理有效的价值观引导方式，借鉴国外有益经验，主要围绕以下三种途径展开：

（一）"社会公平"价值取向下的宣传策略

对执政党建设而言，意识形态既是政党制定政策的重要依据，也是政党凝聚人心、便于民众政治光谱认同的重要参照物。基于社会民生建设层面，促进共享发展，应探究"社会公平"价值取向下的各项宣传策略。其主要包括"由自身价值观的确立到社会价值观的引导、增强核心党员干部对社会公平的引导作用、非政府组织助力价值观引导作用"三个方面的价值引导方式。

首先，政党促进"社会公平"的价值宣传，应重视自身价值观的确立，进而引导社会价值观导向。国外许多政党都对自身价值观做出明确的界定，德国社民党专门成立基本价值委员会，对党的价值观进行系统阐发和时代解读。在发展社会民生的自身价值观确立方面，新加坡人民行动党强调，无论时代怎样变化，无论媒体如何发达，也要维护"供国民仰望"的"高位置焦点"，不能丢弃那些使自己立于不败之地的价值永恒的政策和道德观念，如促进民生或社会建设的公平、公正价值理念。又如法国社会党，其认为，"社会民主主义是一种调节资本主义社会和利用市场经济为人服务的方式，强调要捍卫社会民主主义的传统价值观。同时社会党强

---

[1]　周淑真，杜一菲：《当代左翼政党党内民主与中共之借鉴》，《理论探讨》2013 年第 174 页。

[2]　周敬青：《国外一些执政党意识形态、执政理念和治党原则的矛盾与调整 —— 基于国外一些执政党纲领章程建设的反思》，《比较政治学研究》2012 年第 4 期。

调，当前仍要继承五六十年代留下的社会民主主义的遗产，要坚持平等、公正、自由，通过集体来掌握自己的命运、个人的发展、进步的意愿等社会民主主义的传统价值观 [1]。"

其次，促进"社会公平"的价值宣传，应增强核心党员干部对社会公平的引导作用。好的领导核心，就是一面不断引领进步的旗帜。在促进社会公平的价值引导方面，应培养一支在引导社会价值观建设上能发挥引领作用的干部队伍，提高核心党员干部引领、引导和践行价值观的自觉意识和实践能力。新加坡人民行动党依托各种"亲民"活动，通过柔性的办法将党主张的公平、正义观念渗透到各个社会角落。

最后，促进"社会公平"的价值宣传，非政府组织助力价值观引导作用。西方一些老牌政党，如美国民主党和共和党、德国社民党和基民盟，分别借助于其外围组织，如艾伯特基金会、福特基金会、阿登纳基金会等，在理论研讨、人员培训、助学金、国际交流、课题合作等形式，为其价值观提供助力 [2]。

（二）发挥主流媒体对公平正义理念的导向作用

当今，国外执政党在意识形态传播手段上越来越转向于现代化，即国外政党利用现代化媒体宣扬其政策、纲领，展示和塑造政党形态，开展与民众的互动，倾听民声，调整自身的政策目标，并进行竞选动员和筹资。现代化的传播手段具有影响范围广、传播速度快以及实效强的特点，充分运用现代化的传播手段，对促进社会及民生建设的价值观引导和宣传发挥重要的作用。

自 20 世纪 90 年代以来，政党借助通讯卫星和数字化技术的发展以及网络的普及，加强对公平正义理念的传播和宣传。例如，国外政党大都建立网站，疏通政党领导与网民的交流沟通渠道，增强政党的亲和力和宣传能力。"据统计，自 1994 年美国国会选举时政党建立第一个网站起，到 2000 年中期，世界上大约有 1250 个政党在互联网上建立了自己的网站，单在欧洲和北美洲，平均每个国家就有大约 40 个政党有自己的网站 [3]。"各政党建立起自己的网站后，全方位地向公众宣传和阐述本党的

---

[1] 本书编写组：《兴衰之路——外国不同类型政党建设的经验与教训》，当代世界出版社，2002 年，第 347—348 页。

[2] 刘晓丽：《国外一些主流政党加强执政能力建设的若干经验与启示——访季正矩教授》，《社会主义研究》2014 年第 2 期，第 13 页。

[3] 王瑜：《互联网对西方政党政治的影响》，《中国党政干部论坛》2005 年第 8 期。

指导思想、政治理念、方针政策，介绍本党组织体系和联系参与方式等。如英国工党直接给民众发送电子邮件，避免媒体等第三者对党的信息的扭曲和篡改，实现宣传方式的转型。

又如德国社民党，其提出建立"网络党"，实现党内信息交流的现代化，各种网上论坛已经成为党内交流的有益平台。就出台关于社会民生方面的理论和政策时，欧洲政党运用讨论式的方法，让公众在参与讨论社会各项保障政策的过程中认可和接受党的民生层面的理论和政策。

（三）党纲对福利国家理念的宣传

政党在共享发展方面的价值观引导，可以把价值观蕴含于党纲和公共政策之中，规范并引导民众、学校、教会、媒体等社会主体行为，为社会价值观建设提供推力。现今，大部分政党已经认识到，民众对于各项政党政策、纲领本身的系统性或逻辑严密性并不是特别在意，而是党的纲领和政策能否更多更好的满足他们的物质文化需求和能否解决他们生活中的实际问题。基于这样的情况，强化政党对各项福利政策的宣传效果和能力，通过党纲明确和凸显国家福利理念，更好满足群众的各项利益诉求。

以英国工党为例，为迎合广大民众的福利项目诉求，英国工党于 1995 年 4 月的全党特别大会上将党章的第四条修改为：本党在公共利益的基础上管理强大而来源丰富的公共服务，这种服务的存在既是公正社会也是有生命力的成功经济的重要基础：本党需要有社会责任感和适当控制的私有因素，也需要奠定在效率和公平基础上的公有制 [1]。

再者，以瑞典社民党为例。1990 年瑞典社民党的党纲强调："社会民主党希望实现表明全人类同等价值的平等。社会民主党努力争取平等分配那些对人们影响社会和影响自己生活的可能性具有一定意义的资源。这些资源包括自决权、经济力量、教育和文化。平等是自由的前提。在一个不平等的社会里，那些遭受不平等待遇的人们也必然更少有权自由支配自己的生活。因此，从自由的愿望和对所有人同等价值和尊严的信念出发，社会民主党反对各种形式的阶级差别和所有形式的歧视 [2]。"

---

[1]　范树成，李海：《当代国外政党意识形态的新变化及其启示》，《当代世界与社会主义》，2012 年第 3 期。

[2]　《瑞典社会民主党纲领》（1990 年），见《社会党国际与社会党重要文件选编》，第 122 页。

党纲对于平等等价值理念的强调和宣传，明确了政党在福利国家政策宣传上的价值目标和方向，提高了政党在共享发展方面的能力和水平。

三、国外政党在共享发展的政治动员策略

致力于共享发展，离不开执政党的政治动员策略。政党在共享发展的政治动员策略经验主要围绕以下三个方面展开：

（一）教育、培训政策的完善与发展

西欧社会党致力于社会政策改革的各项行动所取得的良好效果有值得我们学习借鉴之处。其中可资借鉴的政治动员策略即是完善的教育和培训政策。基于经济和社会投资的有机关联，促进教育、培训政策的完善，社民党将社会政策建设的重点转移到投资和开发人力资源这一项目上。

西欧社会党对于教育、培训政策的完善，一方面，大力发展教育和培训事业。另一方面，借助福利补助系统全方位支持或鼓励有偿工作。发展教育和培训，既提高了国民整体素质，又造就了人批高素质的技术工人，如若教育与培训事业得不到应有的发展，就失去了充分就业政策的基础。完善的教育、培训政策主要凸显在西欧社会党对于儿童的学前教育以及职业培训方面。这方面的教育、培训政策既获得了巨大的经济收益又迎来了可喜的社会效益。就教育政策方面，瑞典社民党推行教育普遍化。整个教育系统几乎都由公立学校承办，这样有利于实现更平等的教育机会[1]。

西欧社会党对于教育、培训政策的不断完善与发展，突出了一种独特的发展理念，即社会投资型国家发展理念。这种理念对于我国社会政策改革方向具有重要借鉴意义。对社会成员提供社会保护时，要特别注重对人力资源的投资，从保护和培育人力资源的角度出发实施积极的社会政策，使之成为反贫困和提高国家竞争能力的根本措施。

---

[1] 杨玲玲：《福利、平等和合作：瑞典社会民主党 60 年执政经验》，《科学社会主义》2007 年第 5 期。

（二）政党对失业问题的关注

在西方国家，几乎每个执政党都十分关注难以解决的失业问题。因此势必会制定相关政策和采取相应行动加以解决。比如，西方国家中有15个国家超过了1800万的国内失业人口，而且还出现了一半以上的长期失业群体。失业将引发一系列的不良连锁问题，例如越来越大的社会贫富差距，社会各阶层的矛盾日益凸显，社会冲突、劳资纠纷等问题日益增加，进而严重的影响社会的不稳定。因此，针对失业这个源头性问题，西方国家各政党纷纷采取合理有效的应对措施。

基于就业问题，英国的保守党和工党组建了一套触及英国各个角落的具体的就业服务体系。就业中心属于政府机构，就业中心人员属于国家公务员。就业中心在工作日向当地的失业者开放，提供完全免费的服务。

在英国，就业服务中心随处可见，求职者可以向服务中心咨询服务。为提高效率，便于就业者扩大寻找工作的范围，就业服务中心将就业信息全国联网；就业中心还提供"职业寻找者指南"服务，这是一种电话服务，负责在下班时间提供相关咨询。[1]

以新加坡人民行动党为例，旨在促使一部分新加坡人再就业和提升已就职人员的工作水平或工作条件，人行党早在2005年就通过组建政府、企业、劳动者三方合作制定并实施职业再造计划。职业再造计划的实施大幅度地提升了新加坡的就业水平。

最后，早在1997年，欧盟就把"与失业做斗争"确定为共同的就业战略并且使得力促就业和降低失业率作为更加规范化的工作。

（三）关注住房保障

在各项民生政策中，人民最关心的莫过于住房保障问题。住房问题是人们得以稳定工作和发展的基础。执政党注重民生建设，在住房保障方面应采取相应的行动措施。

合理有效的住房保障制度。良好的制度是实现居民有其屋的有力保障。关于新加坡人行党制定的"居者有其屋"住房保障制度，有力地解决了广大新加坡居民的

---

[1]　罗会德：《国外执政党解决民生问题的经验及启示》，《中共天津市委党校学报》2012年第1期。

住房问题。随着"居者有其屋"的住房保障制度的实施，迄今，新加坡几乎每户人家都有自己的房子。其制度性规划如下："在新加坡，凡月收入 800 新元以下的家庭购房首次付款只占房贷 5%，其余 95% 可向建屋局申请贷款；凡收入 4000 新元以下的中等收入家庭可以申请购买公共组屋，首次付房款为 20%，80% 向建屋局贷款"[1]。这样分层次、分阶段的购屋计划，实现了广大人民在购房上的机会平等，对于我党在住房保障政策上提供了相关的借鉴意义。

---

[1] 梁英：《新加坡人民行动党改善民生的措施及启示》，《上海党史与党建》2008 年第 9 期。

第六章　合理借鉴国外政党在推动社会发展
方面的经验

　　"天下将兴，其积必有源。"中国共产党在促进中国的发展过程中发挥着关键的作用。只有党才能带领人民实现中国梦。基于当前不断变化的世情，使得外部环境不稳定不确定因素增多，外部的风险和挑战增多。基于当前国情，着眼于我国经济发展进入新常态的背景，面对日益严峻复杂的国内外形势，经济运行的复杂性和不确定性明显增加。最后，基于党情，总体上，虽然我党领导发展的能力与水平满足于肩负的执政任务要求，但不健全的体制机制、不科学的领导方式和某些方面的能力不足等制约党的执政水平提升等问题依旧存在。不论是基于当今世情、国情或党情，如何应对新情况、新问题，促进经济不断健康发展，更加迫切地提高党领导发展能力和水平。

　　归根结底，借鉴国外政党在提高领导发展的能力和水平的国际经验以及针对当前党情中的能力不足问题，都要落实党对发展的政治领导能力、思想领导能力及组织能力这三大方面，比较和总结相关国家执政党在这三大方面的经验教训和得失，可以为我党提高领导发展的能力获取有益经验。具体而言，本文要将外国政党领导发展时的经验教训归纳总结并落实到制定战略谋划能力、科学决策能力、社会动员能力、统筹协调能力、凝聚共识能力及应变创新能力等方面，并切实为全面建成小康社会决胜阶段提高党领导发展能力提供具体和操作性的建议。

第一节　国外政党在提高政治能力方面的国际经验

执政党的政治能力建设是党领导发展能力方面最基础、最关键性的能力，国外政党关于提高政治能力方面有许多可资借鉴的经验。其主要围绕政党制定战略谋划、科学决策这两个方面的能力。

一、政党在制定战略谋划方面的能力

关于战略谋划，具有远见卓识的领导人。执政党的战略谋划能力强弱，关键在于领导人水平的高低。富有远见卓识的领导人能够基于战略谋划的高度，能够引领政党开辟一个新时代。而一个缺乏高瞻远瞩视野的领导人则不利于提升整个执政党的战略谋划能力。

就腐败问题的战略选择而言，格兰特总统和沃伦·哈定由于容许政府内部的腐败，最终致使共和党遭受一些难以解决的麻烦。在 1874 年的中期选举中，执政的共和党在众议院与85个议席失之交臂。与之相对，民主党则获得了因战争而失去的多数席位。在竞选的方式方法上，民主党领导人在竞选伊始，为获得竞选上的绝对优势，立即强调获取资料上的针对性和公开透明化及强调廉政理念，广泛收集关于共和党白宫腐败的资料，以赢得竞选。领导人战略谋划的能力最终关乎整个执政党战略谋划能力的提升。

立足经济社会发展下的战略谋划。政党只有顺应不断变化的经济社会发展、把握经济发展上质的飞跃阶段、制定顺应时事发展的经济发展战略，才能实现国强民富、确保政党长期执政的局面。基于德国社会民主党，在"二战"后世界经济的发展情况的背景下，适合本国国情的发展战略的及时提出，挽救了经济发展危机，维持了战后经济的持续健康发展。现今，由于经济全球化的影响，经济发展上的结构性和制度性危机成为德国经济发展的瓶颈。为解决此种情况，旨在确保本国经济的可持续发展，德国社会民主党开展了一场彻底的、卓有成效的社会经济领域的变革。

这一社会经济领域变革的思路基于传统的社会民主主义与新自由主义理念的指导，遵循国家与市场、供给与需求、公平与效率、权利与义务相统一的四项原则。在具体实施措施方面，在社民党的领导下，德国政府制定了三项关于"可持续发展战略、新经济化战略、社会性公共服务议程"的战略决策。立足经济社会发展的政党战略谋划，最终使得德国的经济发展水平得到了很大的提升。

二、政党在科学决策方面的能力

政党的科学决策能力是其政治能力的重要组成部分，合理借鉴国外政党在科学决策方面的经验，有利于进一步提升我党的政治能力水平。基于科学决策，一方面，由于党内决策机制对执政党地位的稳固有至关重要的作用，国外执政党十分重视对党内决策机制的完善。另一方面，科学的决策需要一定的监督机制，国外政党十分重视权力制约机制对科学决策的作用。

一方面，提高政党的科学决策能力，首先应完善党内决策机制。完善党内决策机制，国外政党主要着手三个方面的行动措施。首先，党内重大决策应广泛征求党员的意见或建议。广泛征求党员的意见或建议有利于决策的民主化、激发广大党员群众的政治热情、强化党员的认同感以及推动决策的实施。例如一些西方国家的执政党，十分注重扩大决策过程中的党员民主参与。英国工党在全党建立公决模式，就党的领袖选举、党的重大政策制定等重要事务进行全员投票表决。如法国社会党，原来由党代会通过的党的重大政治纲领文件，现必须由全体党员表决通过。又如一些发展中国家的主流政党，十分重视发挥基层党员的作用。领导层需要通过逐级收集各党员的意见来制定重要的政策。

其次，提高政党的科学决策能力，应不断完善党内决策的机制和程序。提高决策的科学性，应关注决策是否合法及合理这一程序性问题。以新加坡人民行动党为例，其在推出某项政策之前，先要说服自己的国会议员，如果议员坚持反对，党会基于其意见对该政策重新进行研究、调整，然后才得以实施。西方大多数国家社会党的决策与处理方式是导入竞争机制，引入更多的直接民主，变金字塔式的集中型决策结构为自下而上的多线平行式直接民主制。[1]

---

[1]　刘晓丽：《国外一些主流政党加强执政能力建设的若干经验与启示——访季正矩教授》，《社会主义研究》2014年第2期，第13页。

最后，提高政党的科学决策能力，加强政治动员。加强政治动员，充分利用党外的思想库、咨询机构、研究所及专门委员会作为决策的参谋助手，有利于促进政党决策科学化及民主化。由于国外政党的党外政策研究机构具有相对独立性，受利益集团因素的干扰较少，并且又具有长期丰富的研究经验，容易提出较为客观的、专业的政策建议。例如欧洲一些政党，为吸引更多党员参与党内讨论和决策，遂引进"项目党员制"，通过设置更多的论坛和对话平台，使社会精英能更方便、更快捷地参与到党内工作来。

另一方面，提高政党的科学决策能力，应重视权力制约机制的系统性约束作用。确保政党科学决策水平的提升，完善权力制约机制是保障。完善权力制约机制，重在构建党内权力制约机制，建立相关的政策法规体系。首先，党内权力制约机制主要由纪律制约、监督机构的制约和领袖的监督制约等方面构成。为保持党内团结、增强竞争力，西方大多数国家都在党内制定了严格的纪律来约束党员的行动。以英国政党为例，各政党都制定了严格的党纪，对于违反党纪的党员议员、政党或执政党，则会给予严厉的惩处。其次，国外政党通过建立健全党内管理机制和行政法规等制度方式来加强党内监督并规范党员的言行。以新加坡人民行动党为例，其严格要求本党国会议员与干部行为。建立了关于党务保密、个人品行、适任考核、进修要求等制度，起到了很好的警戒和威慑作用。

第二节　国外政党在提高组织能力方面的国际经验

政党善于将群众力量组织起来，投身于国家建设，这是一种方针，同样也是一种能力。即政党的组织能力。政党的组织能力是政党领导发展能力的重要方面，由于政党的社会动员能力和统筹协调能力是政党组织能力的具体体现，因此借鉴国外政党关于提高组织能力建设经验主要从这两个方面加以分析。

一、政党在社会动员方面的能力

政党的社会动员能力，即是指执政党如何组织或联系群众、工会、NGO、媒体等组织，激发群众或组织来参与自己的政治行动。它是政党组织能力的重要体现。国外执政党关于提升政党的社会动员能力，加强同群众或各种组织的沟通和交流，主要包括促进信息交流渠道的畅通和建立评估政府政策的有效机制。

促进信息交流渠道的畅通。动员群众或各种组织参与政治行动，最应采取的首要行动应是畅通各种信息交流渠道，改善信息的管理、访问和共享。这样有利于改善与公众之间的互动和提升公共服务的责任感。以南非非国大领袖祖马总统为例，一方面，为促进信息交流，祖马建立总统热线，值得一提的是呼叫中心，为公民与最高级别的政府单位之间，开办了一个交流频道。[1]公民现在可以注册提交问题，以得到最好的解决方案。自从热线建立起，半年中通过此途径成功解决了 22000 起群众事件。[2]热线的建立加强了公民和决策者之间的联系和交流，既促进了决策的科学化，又有利于动员公民支持和参与到政治活动中来。另一方面，为促进公民对信息的访问与共享，祖马通过促进《访问信息法令》和培训公务人员信息技能，实现了信息的有效传递。同时为了更好地治理，总统实施了针对该领域的框架。框架的建立是为了制定计划，规避风险，根据《公共财政管理法案》总统需要每季度向审计委员会报告需要支出计划。[3]与此同时，一个《企业危机管理框架与政策》旨在应对经济危机而出台。接着，政府将会成立风险管理委员会，并招募一批专家、企业家与政府审计官员担当成员。委员会将会确保网络基础建设与信息储存的准确度和安全性，目的是使南非企业增加抵御信息风险的能力。

建立评估政府政策的有效机制。建立协调、监控、评估和沟通政府政策的有效机制，加强对政府政策的监督和管理，有利于切实维护群众的利益，增强群众对政府政策的认可和对政府权威的服从，激发群众参与到政治生活中。南非祖马刚上任便着手成立隶属于总统机构下的绩效监测与评估部（Performance Monitoring Evaluation, PME），符合国家宏观改革的目的。因此很多工作就是授权，制定合理的评估系统，并执行它。根据政府绿皮书记载，它优先针对诸如"健康、教育、打击犯罪、农村发展、提供就业机会、人类居住及地方政府"等大领域进行评估活动。基于此，有利于更好的管理政府部门对于公众服务与信息交付的责任感。

---

[1]　南非政府网：http://www.gov.za/about govt/dept. htm[2013-07-12].

[2]　http://www.doc.gov.za/index.php?option=com_content&view=article&id=77&Item id=90[2013-07-12].

[3]　The Presidency Annual Report 2009/2010.

二、政党在统筹协调方面的能力

统筹协调能力是政党组织能力的重要体现，提升政党的组织能力，关键在于政党对各方利益的统筹协调，使各方利益保持一个和平相处、友好合作的状态。国外政党在提升统筹协调能力方面，基于"理论创新、组织变革以及政策调整"三个层面的统筹协调能取得良好的效果。

理论创新下的统筹协调。思想理论的影响力、吸引力及辐射力能够带来良好的统筹协调效果。然而，顺应时事的不断变化，保持思想理论的统筹协调效果，应对不同利益群体的要求，需要理论的不断创新。以西欧社会党为例，其努力实现理论纲领与时俱进。基于其基本价值观下实行灵活务实的"变革"。又如法国社会党，顺应社会主义现代化势在必行的趋势，提出"现代社会主义"的主张。再如英国工党，布莱尔提出修改党章，用"第三条道路"理念统一党内的思想。各政党理论的变革与创新，既顺应了时事的发展要求，又统一了各阶级、阶层的利益诉求，实现了较好的统筹协调效果。

组织变革下的统筹协调。提升执政党的统筹协调能力，协调各方面的利益关系，最关键的一点则应处理好执政党内部的组织团结问题。执政党内部团结才能有力引导外部团结。由于当今许多西方社会党的党员流动性大，引发基层党员淡漠党的相关事务。基层党员之间的凝聚力不强。基于此，西方社会党对基层组织形式进行相应变化。例如，一方面，为激发各党员的参与热情，西方社会党着手建立"主题支部""主题委员会""主题俱乐部"以及"专题类基层组织"等方式。另一方面，为提高党员的参与意识和对党内生活的兴趣，社会党采取灵活的形式选择基层党组织活动的地点，如联谊聚餐、书报阅读、非正式会晤等。通过这些正式或非正式的活动，丰富了基层党组织活动，凝聚了党心，维护了党内团结，进而有利于外部团结。

政策调整下的统筹协调。顺应不断发展的经济社会，各种利益团体的各方面诉求也将发生改变。在此种情况下，相应的政策也应发生调整或改变，以顺应不断发展的时事及协调各方的利益，维护整个社会的团结统一。以英国工党为例，旨在调和各类社会矛盾，控制社会日益扩大的贫富差距，工党政府通过采取宏观调控和税收政策等经济手段，取得了预期效果。并且，工党所进行的政策措施调整，迅速提高了人民的生活水平、复苏了英国的经济、重获了经济大国的地位。由于经济领域上的建树，工党的地位得到了大幅度提升，获得了广泛民众的鼎力支持。为确保工党的长期执政地位，奠定了强大的群众基础。工党的政策调整实现了很好的统筹协调效果，推动了政党组织能力的提升。

第三节　国外政党在提高思想能力方面的国际经验

对执政党提高领导发展能力而言，加强思想能力建设是不可或缺的一部分。思想能力既是政党如何制定好政策的重要能力，也是政党凝聚人心、便于民众政治认同必不可少的能力。综观世界，国外执政党在提高思想能力方面，有以下几个值得借鉴的做法。

一、政党在凝聚共识方面的能力

提高政党的思想能力，首要的应关注于政党在凝聚共识方面的能力建设。加强凝聚共识能力建设的基础环节首先是重视党建，凝聚队伍；其次，以"共同价值观"凝聚多元社会；最后，培养公民的归属感与社会凝聚力，有利于潜移默化地凝聚共识。

重视党建，凝聚队伍。提升政党凝聚共识的能力，首先应凝聚党员队伍，以凝聚的党心凝聚人心。凝聚党员队伍应重视党的建设。人民行动党十分重视党的自身建设。首先，加强党员队伍建设。行动党党员不足 3 万，不到全国人口的 1%。党员构成很特殊，分为预备党员、普通党员、预备干部党员和正式干部党员。普通党员占绝大多数，估计占 95% 左右。普通党员虽然没有表决权，但他们是党的基础，党很重视发挥他们的作用。[1] 其次，不断注入新鲜血液。为了网罗青年人才资源，使党长期保有生机和活力，行动党便成立了"人民行动党青年团"，把 35 岁以下的党员归入青年团，并着力从基层和大学吸纳青年党员，让更多新一代投票人进入党内，亲身感受管理一个国家的意义。最后，着力培养优秀人才。人民行动党坚持任人唯贤的方针，把吸收优秀人才作为第一要务，采取多种方式吸收各个领域的精英式人物。

---

[1]　张学兵：《政坛长青树——新加坡人民行动党长期执政的经验》，《理论探讨》2007年第 1 期。

通过这种机制，人民行动党广纳精英，为其长期执政奠定了坚实的人才储备基础。

以"共同价值观"凝聚多元社会。提升政党凝聚共识的能力，主要展现在建立统一的思想价值体系，发挥主流引领作用，才能凝聚多元社会，共同投身于社会建设。以新加坡人民行动党为例，由于多元的种族、多元的文化及多元的宗教，使得其国内社会不断涌现出各种复杂的情况和问题。这就为政党领导发展加大了难度。基于此种情况，一方面，人行党注重实行多元种族、多元文化和多元宗教的平衡政策。平衡政策的实施，使得各方利益得到了协调，促进了社会的团结。另一方面，为了克服20世纪六七十年代以后新加坡思想文化领域西化倾向产生的一系列社会问题，立足培养新加坡人国家意识，人民行动党宣传"共同价值观"，以"共同价值观"凝聚多元社会。1991年新加坡国会通过了政府提出的"共同价值观"，以"国家至上，社会为先；家庭为根，社会为本；社会关怀，尊重个人；协商共识，避免冲突；种族和谐，宗教宽容"内容，团结不同文化、种族、语言、信仰的民众，促进了民族团结，巩固了执政地位。[1]

培养公民的归属感与社会凝聚力。培养公民的归属感和社会凝聚力能够潜移默化地提升政党凝聚共识的能力，能够从更大范围内强化认同，凝聚共识。南非非国大领袖祖马认为，培养南非公民的归属感和社会凝聚力，作为一个多维度的挑战，这包括象征性举动如总统竞选演说，它促进了公民福利和归属感。[2] 因此，总统为国家建设和社会凝聚力，提供了可操作的计划执行，同时提上国家议程并发表演讲。以便联合各类政治组织。

二、政党在应变创新方面的能力

伴随着时代的不断发展，各种挑战层出不穷，执政党为谋求执政或维持接续、永续执政地位，提高政党思想能力建设，国外一些政党十分注重推进理论创新，增强应变创新方面的能力。

一方面，基于自身价值观基础上的社会价值观引导。提升政党应变创新的能力，在某种程度上说，应以不变应万变，巩固根基，才能启发影响力。国外许多政党都

---

[1] 黄春梅：《新加坡人民行动党长期执政经验分析》，《社会科学论坛》2010年第11期。

[2] Statement on the July 2010 Cabinet Lekgotla presented by President Jacob Zuma, Union Buildings, Pretoria. 22 Jul 2010.

对自身价值观做出明确的界定，引导国人不能一味迎合潮流，失去邦本。

　　另一方面，培养一批高素质的干部队伍和智力体系，强化应变创新的人才基础。一些政党注意通过具体情境发挥领导人的示范榜样效应。虽然古巴经济落后，但领导人经常深入基层，宣传党的理念和政策，增强了群众的认同感。

参考文献

一、经典文献

1. 马克思：《资本论》，人民出版社 1975 年版。

2. 马克思，恩格斯：《马克思恩格斯选集》，人民出版社 1995 年第 2 版。

3. 马克思，恩格斯：《马克思恩格斯全集》第七卷，人民出版社 1961 年版。

4. 马克思，恩格斯：《马克思恩格斯全集》第十九卷，人民出版社 1963 年版。

5. 列宁：《列宁选集》，人民出版社 1995 年第 3 版。

6. 毛泽东：《毛泽东著作选读》，人民出版社 1964 年版。

7. 毛泽东：《毛泽东选集》，人民出版社 1991 年版。

8. 毛泽东：《建国以来毛泽东文稿》第六册，中央文献出版社 1992 年版。

9. 毛泽东：《建国以来毛泽东文稿》第十册，中央文献出版社 1996 年版。

10. 邓小平：《邓小平文选》第三卷，人民出版社 1993 年版。

11. 邓小平：《邓小平文选》第二卷，人民出版社 1994 年版。

12. 中央文献研究室：《毛泽东邓小平江泽民论党的建设》，中央文献出版社、中共中央党校出版社 1998 年版。

13. 中央政策研究室：《江泽民论加强和改进执政党建设：专题摘编》，新疆人民出版社 2004 年版。

14. 习近平：《习近平谈治国理政》，外文出版社 2014 年版。

15. 中共中央宣传部：《习近平总书记系列重要讲话读本》，人民出版社 2014 年版。

二、中文文献

1. 艾伦·韦尔：《政党与政党制度》，北京大学出版社 2011 年版。

2. 安格鲁·帕尼比昂科：《政党：组织与权力》，上海世纪出版集团 2013 年版。

3. 奥比·萨克斯：《断臂上的花朵》，陈毓奇译，广西师范大学出版社 2014 年版。

4. 本书编写组：《兴衰之路——外国不同类型政党建设的经验与教训》，当代世界出版社 2002 年版。

5. 卞晶：《当代韩国政党政治民主化的变迁特征》，《当代韩国》2010 年第 2 期。

6. 曾强：《南非的对外经贸关系及投资环境》，《国际资料信息》1994 年第 7 期。

7. 曾强，赵金富：《南非当前的内外形势》，《现代国际关系》1997 年第 12 期。

8. 陈红霞：《社会福利思想》，社会科学文献出版社 2002 年版。

9. 陈尧：《当代世界向民主政治转型的动因与途径》，《战略与管理》1999 年第 5 期。

10. 陈银娥：《浅析西方国家福利经济制度的改革》，《华中师范大学学报》2002 年第 2 期。

11. 陈周旺：《金大中政治思想与韩国政党政治的转型》，《当代亚太》2000 年第 8 期。

12. 崔洪建：《日本、韩国与台湾地区政治转型的政治文化分析》，1998 年北京大学博士学位论文。

13. 崔志鹰，徐漪：《试论韩国社会转型时期的政治变革》，《上海社会科学院学术季刊》1996 年第 3 期。

14. 德斯蒙德·图图：《没有宽恕就没有未来》，江红译，广西师范大学出版社 2014 年版。

15. 邓祖涛，杨兴礼：《南非对外贸易简论》，《西亚非洲（双月刊）》，2001 年第 6 期。

16. 董向荣：《韩国起飞的外部动力》，社会科学文献出版社 2005 年版。

17. 丁冰：《瑞典学派》，武汉出版社 1996 年版。

18．丁冰：《从瑞典经济模式看民主社会主义：兼论"保障社会主义"的实质》，《高校理论战线》2007 第 8 期。

19．丁建定：《瑞典社会保障制度的发展》，中国劳动社会保障出版社 2004。

20．丁梦娇：《1910 年以来南非国家政治发展道路特点及启示》，《理论观察》，2013 年第 12 期。

21．丁言强：《瑞典环境保护的政策与目标》，《生态经济》2007 年第 6 期。

22．董向荣：《韩国》，社会科学文献出版社 2005 年版。

23．董向荣：《韩国起飞的外部动力：美国对韩国发展的影响（1945—1965）》，社会科学文献出版社 2005 年版。

24．董向荣：《韩国政党政治的发展与演变》，《当代韩国》2006 年第 2 期。

25．杜琼，傅晓冬：《当前南非经济形势分析及展望》，《中国经贸导刊》，2014 年第 15 期。

26．范树成，李海：《当代国外政党意识形态的新变化及其启示》，《当代世界与社会主义》2012 年第 3 期。

27．弗·卡普拉，查·斯普雷纳克：《绿色政治——全球的希望》，东方出版社 1988 年版。

28．高峰：《瑞典社会福利的发展及其社会效应》，《中国改革》1994 年第 6 期。

29．高锋：《瑞典社民党的理论、政策创新与瑞典历史变迁》，《当代世界社会主义问题》2002 年第 4 期。

30．高锋：《瑞典政党是如何处理党政关系的》，《当代世界社会主义问题》2006 年第 3 期。

31．高锋：《从党纲的八次修改看瑞典社民党的理论创新与调整》，《当代世界与社会主义》2007 年第 5 期。

32．高锋：《瑞典社会民主党纲领（下）——2013 年 4 月 6 日社会民主党全国代表大会通过》，《当代世界与社会主义》2013 年第 5 期。

33．高锋，时红：《瑞典社会民主主义模式——评述与文献》，中央编译局出版社 2009 年版。

34．高奇琦：《韩国政党模式变迁对民主巩固的影响》，《韩国研究论丛》2015 年第 1 期。

35．耿协峰：《试论"韩国政治模式"的特征及其转型》，《当代韩国》1997年第 3 期。

36．桂黄：《基于 GII 的全球主要经济体创新能力国际比较及启示》，《科学与科学技术管理》2014 年第 2 期。

37．郭春成：《韩国政府经济政策调整及其对我国的启示》，延边大学硕士论文，2001 年。

38．郭定平：《韩国政治转型研究》，中国社会科学出版社 2000 年版。

39．郭婧：《北欧小国何以成为环境大国》，《中国环境报》2015 年第 4 版。

40．郭魏青，张磊：《精英政治：研究回顾与理论运用》，《求索》2014 年第 5 期。

41．国辉：《南非非国大通过深化经济变革夯实执政基础》，《当代世界》2007 年第 4 期。

42．海因·马雷：《南非：变革的局限性》，葛佶译，社会科学文献出版社 2001 年版。

43．韩大元：《韩国国会》，华夏出版社 2002 年版。

44．何秉孟：《从"瑞典模式"看欧洲社民党社会民主主义"转型"的实质》，《高校理论战线》2008 年第 4 期。

45．何秉孟等：《欧洲社会民主主义的转型 —— 与德国、瑞典学者对话实录》，社会科学文献出版社 2010 年版。

46．贺文萍：《从曼德拉到姆贝基：南非民主政治的巩固》，《西亚非洲（双月刊）》2001 年第 6 期。

47．洪明月：《政治现代化进程中的韩国政党政治转型》，上海师范大学硕士论文，2007 年。

48．侯晋雄：《国外执政党发挥整合功能的经验与启示》，《理论前沿》2012 年第 7 期。

49．胡美，刘鸿武：《南非成为非洲区域发展领导者的优势与困境》，《非洲研究》2013 年第 10 期。

50．胡振良，常欣欣：《当代世界社会主义前沿问题》，中共中央党校出版社 2011 年版。

51. 黄春梅：《新加坡人民行动党长期执政经验分析》，《社会科学论坛》2010 年第 11 期。

52. 黄范章：《瑞典"福利国家"的实践与理论》，上海人民出版社 1987 年版。

53. 黄启才：《韩国产业发展政策适变及对突破"中等收入陷阱"的启示》，《东南学术》2015 年第 2 期。

54. 霍焱：《韩国产业政策研究》，延边大学硕士论文，2003 年。

55. 姜万吉：《韩国现代史》，社会科学文献出版社 1997 年版。

56. 焦佩：《经济民主化：韩国左翼政党的新课题》，《当代世界》2013 年第 11 期。

57. 金大中：《我的人生，我的路》，黄玉今译，外文出版社 1998 年版。

58. 金东日：《韩国民主化过程论析》，《南开学报哲学社会科学版》2003 年第 5 期。

59. 金光熙：《朴正熙与韩国现代化》，黑龙江朝鲜民族出版社 2007 年版。

60. 金国熙：《韩国政党政治改革与发展问题研究》，吉林大学博士学位论文，2007 年。

61. 金浩镇：《金泳三政府的改革政策政治方面》，《当代韩国》1994 年第 4 期。

62. 金丽馥，石宏伟：《社会保障制度的改革研究》，中国经济出版社 2000 年版。

63. 靳晓霞：《20 世纪 90 年代社会民主主义复兴的原因及启示 —— 以英国工党政策调整为例》，《南京师大学报社会科学版》2003 年第 3 期。

64. 匡贤明：《南非民生困境重重为何社会稳定》，《人民论坛》2012 年第 13 期。

65. 拉里·戴蒙德，理查德·冈瑟：《政党与民主》，上海人民出版社 2012 年版。

66. 李安：《非洲梦 —— 探索现代化之路》，江苏人民出版社 2013 年版。

67. 李保平：《试论南非的政治发展及其意义》，《北京大学学报》，1997 年第 1 期。

68. 李成日：《试论战后韩国政党的特征》，《当代韩国》2001 年第 3 期。

69. 李敦球：《韩国民主政治的变迁与走向》，《当代亚太》2000 年第 2 期。

70. 李锦华：《苏东剧变后古巴共产党的理论、方针政策与实践》，《马克思主义研究》2000 年第 6 期。

71. 李路曲：《论东亚国家的政治转型及其特色》，《政治学研究》1999 年第 1 期。

72. 李路曲：《当代东亚政党政治的发展》，学林出版社 2005 年版。

73．李寿勋：《1987—1992 年韩国过渡时期的政治市民社会的兴起》，《国外社会科学文摘》1998 年第 6 期。

74．李水山：《韩国教育改革的得与失》，《高等农业教育》2004 年第 1 期。

75．李思梦：《新南非妇女参政研究初探》，湖南师范大学硕士学位论文，2014 年。

76．李新烽：《悲情英雄姆贝基》，《世界知识》2008 年第 20 期。

77．李新烽：《论曼德拉精神及其产生原因》，《西亚非洲》2014 年第 6 期。

78．梁光严：《列国志：瑞典》，社会科学出版社 2007 年版。

79．梁志：《政治反共与经济"起飞"：1945—1968 年美国对韩国政策研究》，南开大学博士学位论文，2006 年。

80．林尚立：《政党政治与现代化》，上海人民出版社 1998 年版。

81．林勋建：《西欧多党政治透视》，中共中央党校出版社 1993 年版。

82．林勋健：《西方政党政治译丛》，北京大学出版社 2006 年版。

83．林震：《台湾地区和韩国的民主化进程（1987—1992）：一项批判性研究》，北京大学博士学位论文，2002 年。

84．林震：《东亚政治发展比较研究》，九州出版社 2011 年版。

85．刘洪才：《当代世界共产党党章党纲选编》，当代世界出版社 2009 年版。

86．刘洪钟：《韩国赶超经济中的财阀制度研究》，光明日报出版社 2009 年版。

87．刘荣飞：《南非总统祖马的内政外交及施政理念研究》，浙江师范大学硕士学位论文，2014 年。

88．刘思源：《从党纲修改看瑞典社民党的理论创新与政策调整：访中国前驻瑞典使馆参赞高锋》，《上海党史与党建》2008 年第 1 期。

89．刘霞辉：《从马尔萨斯到索洛：工业革命理论综述》，《经济研究》2006 年第 10 期。

90．刘晓丽：《国外一些主流政党加强执政能力建设的若干经验与启示 —— 访季正矩教授》，《社会主义研究》2014 年第 2 期。

91．卢现祥，罗小芳：《中国能跨越"中等收入陷阱"吗？ —— 基于利益集团理论视角的分析》，《社会科学站线》2013 年第 7 期。

92．吕方：《公共服务体系与中韩公共管理改革》，《南通大学学报（社会科学版）》2007 年第 6 期。

93．马广志：《青瓦台的悲剧》，中国经济出版社 2010 年版。

94．马岩：《我国面对中等收入陷阱的挑战及对策》，《经济学动态》2009 年第 7 期。

95．马正义：《从革命到治理：南非非国大的角色转变及面临的挑战》，《当代世界与社会主义》2015 年第 5 期。

96．穆怀中：《社会保障国际比较》，中国劳动社会保障出版社 2004 年版。

97．纳尔逊·曼德拉：《漫漫自由路：曼德拉传》，谭振学译，广西师范大学出版社 2013 年版。

98．牛林杰，刘宝全：《2008－2009 年韩国发展报告》，社会科学文献出版社 2009 年版。

99．牛林杰，刘宝全：《韩国发展报告》，社会科学文献出版社 2013 年版。

100．欧亚：《南非国际组织公共外交》，《公共外交（季刊）》2015 年第 4 期。

101．潘兴明：《南非种族冲突的化解与现代化之路》，《南京大学学报》2005 第 6 期。

102．潘兴明：《南非：非洲大陆的领头羊》，上海人民出版社 2012 年版。

103．庞炳庵：《亲历古巴：一个中国驻外记者的手记》，新华出版社 2000 年版。

104．裴小革：《瑞典学派经济学》，经济日报出版社 2008 年版。

105．彭德倩：《瑞典：如何保持科技创新领先》，《四川党的建设（城市版）》2012 年第 1 期。

106．彭澎：《中外执政能力比较研究》，中央编译出版社 2008 年版。

107．珀·奥尔森：《瑞典是社会主义国家吗？——瑞典模式的起落》，《当代世界与社会主义》2010 年第 1 期。

108．朴馥勇：《以经济转型跨越"中等收入陷阱"》，《经济社会体制比较》2013 年第 1 期。

109．朴槿惠：《绝望锻炼了我：朴槿惠自传》，蓝青荣译，译林出版社 2013 年版。

110．钱运春：《西欧跨越中等收入陷阱：理论分析与历史经验》，《世界经济研究》2012 年第 8 期。

111．秦德占，唐海军：《南非非国大党内民主建设的实践考察》，《新视野》

2009 年第 2 期。

112．秦晖：《南非经济与社会转型的经验》，《老区建设》2009 年第 11 期。

113．秦晖：《高福利与低增长》，《经济观察报》2013 年 9 月 2 日。

114．秦晖：《南非的启示》，江苏文艺出版社 2013 年版。

115．冉刚：《非国大大力加强党内纪律建设》，《中国监察》2013 第 5 期。

116．任晓：《韩国经济发展的政治分析》，上海人民出版社 1995 年。

117．社会党国际文件集编辑组编：《社会党国际文件集》，黑龙江人民出版社 1989 年版。

118．申东镇：《韩国外向型经济研究》，东北财经大学博士论文，2011 年。

119．沈善洪：《韩国传统文化》，学苑出版社 2001 年版。

120．石源华：《中国韩国学研究的回顾与展望》，《当代韩国》2002 年第 1 期。

121．世界知识出版社编辑：《各国社会党主要文件汇编》第一辑，世界知识出版社 1959 年版。

122．舒展：《南非的国内形势、外交政策及中南关系》，《西亚非洲（双月刊）》1994 年第 6 期。

123．宋国华：《韩国政治转型中的政党政治研究》，2009 山东大学博士论文。

124．孙炳耀：《当代英国瑞典社会保障制度》，法律出版社 2000 年版。

125．孙代尧：《威权政体及其转型理论模型和研究途径》，《文史哲》2003 年第 5 期。

126．唐纳德·萨松：《欧洲社会主义百年史》，社会科学文献出版社 2008 年版。

127．托马斯·迈尔等：《论民主社会主》，东方出版社 1987 年版。

128．万顺芳：《韩国社会保障制度及其改革》，华中科技大学硕士论文，2007 年。

129．汪亭友：《应如何看待瑞典社会民主党及瑞典模式》，《理论探讨》2008 年第 4 期。

130．王沪宁：《政治的逻辑》，上海人民出版社 1994 年版。

131．王来法，黄俊尧，金基福：《市民社会兴起下的韩国政治变迁》，《国际论坛》2004 年第 1 期。

132．王庆兵：《发展中国家政党认同比较研究》，中国经济出版社 2007 年版。

133．王韶兴：《政党政治与政党制度论》，《政治学研究》2000 年第 4 期。

134．王韶兴：《政党政治论》，山东人民出版社 2011 年版。

135．王少宾：《基于魅力领导理论对曼德拉领导力的分析》，《管理观察》2014 年第 7 期。

136．王巍：《祖马执政后南非对外政策特征》，《中国非洲史研究会三十年》，2010 年。

137．王学东，陈林等：《九十年代西欧社会民主主义的变革》，中央编译出版社 1999 年版。

138．王亚萍：《评瑞典福利制度模式》，世界经济与政治论坛，2004 年。

139．魏翠萍：《试论非洲妇女的社会地位及作用》，《西亚非洲（双月刊）》1994 年第 1 期。

140．温玉堂：《不同政党制度的社会成本分析与比较》，中共党史出版社 2008 版。

141．吴江：《瑞典式社会主义考察》，《马克思主义与现实》2002 年第 3 期。

142．吴敬琏：《中国增长模式的抉择》，上海远东出版社 2008 年版。

143．夏吉生：《新南非十年土改路》，《西亚非洲》2004 年第 6 期。

144．向文华：《斯堪的纳维亚民主社会主义研究》，中央编译出版社 1999 年版。

145．向文华，李雪梅：《20 世纪 90 年代瑞典、英国的社会福利制度改革》，《社会保障制度》2002 年第 11 期。

146．肖枫：《社会主义向何处去 —— 冷战后世界社会主义运动大扫描》，当代世界出版社 1999 年版。

147．谢韬：《民主社会主义模式和中国前途》，《炎黄春秋》2007 第 2 期。

148．熊彼特：《经济发展理论》，商务印书馆 1990 年版。

149．徐崇温：《民主社会主义评析》，重庆出版社 2007 年版。

150．徐崇温：《瑞典模式的历史进程和经验教训》，《复旦学报（社会科学版）》2007 年第 4 期。

151．徐锋：《传统与超越东亚政党政治的特点及其转型》，《马克思主义与现实》2006 年第 6 期。

152．徐湘林：《渐进政治改革中的政党、政府与社会》，中信出版社 2004 年版。

153．徐学通：《国内外学者聚焦"政党如何联系群众"》，《社会科学报》

2010 年 7 月 1 日。

154. 许春华：《南非深陷腐败泥潭》，《南风窗》2012 年第 12 期。

155. 许吉：《朝鲜 —— 韩国政治文化》，延边大学出版社 2006 年版。

156. 杨宝荣：《2012 南非经济社会发展转型总结与 2013 年展望》，《新兴经济体蓝皮书》，2012 年。

157. 杨景明：《引领转型：变革社会中的韩国和俄罗斯政治精英》，上海交通大学出版社 2011 年版。

158. 杨立华：《新南非十年 —— 多元一体国家的建设》，《西亚非洲（双月刊）》，2004 年第 4 期。

159. 杨立华：《南非经济 —— 放眼非洲谋发展》，《西亚非洲（双月刊）》2005 年第 5 期。

160. 杨立华：《列国志 —— 南非》，社会科学文献出版社 2010 年版。

161. 杨立华：《南非祖马政府的政策取向》，《亚非纵横》，2010 年第 1 期。

162. 杨立华：《新南非的包容性发展之路 —— 非国大 100 周年纪念》，《西亚非洲》，2012 年第 1 期。

163. 杨立华：《南非的民主转型与国家治理》，《西亚非洲》，2015 年第 4 期。

164. 杨立华：《新南非 20 年发展历程回顾》，《非洲研究》，2015 年第 1 期。

165. 杨立华，葛佶等：《南非政治经济的发展》，中国社会科学出版社 1994 年版。

166. 杨玲玲：《人民之家：瑞典社民党 60 年成功执政的理念》，《科学社会主义》2005 年第 4 期。

167. 杨鲁慧：《论当代东亚国家政治发展及民主转型》，《社会科学战线》2006 年第 3 期。

168. 杨启先：《一篇迟到的考察纪要 —— 瑞典式社会主义考察》，《理论参考》2003 年第 1 期。

169. 杨启先：《我对瑞典社会主义模式的认识》，《当代世界社会主义问题》2009 年第 1 期。

170. 杨雪冬，薛晓源：《"第三条道路"与新的理论》，社会科学文献出版社 2000 年版。

171. 杨永骆，沈圣英：《南朝鲜》，世界知识出版社 1985 年版。

172. 殷叙彝：《当代西欧社会党人物传》，黑龙江出版社 1989 年版。

173. 尹保云：《韩国为什么成功朴正熙政权与韩国现代化》，文津出版社 1993 年版。

174. 尹益沫：《韩国由权威主义向政治民主化转型的回顾与思考》，《江苏社会科学》2001 年第 3 期。

175. 袁群：《瑞典社会民主党的历史、理论与实践》，云南人民出版社 2009 年版。

176. 袁霞：《社会主义模式断想》，《社会主义研究》1996 年第 1 期。

177. 约翰·奈斯比特，帕·阿博顿妮：《2000 年大趋势 ——90 年代的十个新趋势》，东方出版社 2002 年版。

178. 约翰·伊特韦尔：《新帕尔格雷夫经济学大辞典》，经济科学出版社 1996 年版。

179. 张传鹤：《瑞典社会民主党政绩和瑞典成功因素新解》，《科学社会主义》2009 年第 1 期。

180. 张光军：《韩国执政党研究》，世界图书出版公司 2010 年版。

181. 张海滨，金镐城：《当代韩国政府与政治》，人民出版社 1996 年版。

182. 张明龙：《瑞典高效的创新政策运行机制揭密》，《科技管理研究》2010 年第 6 期。

183. 张平，孙敏：《瑞典 —— 社会福利经济的典范》，武汉出版社 1994 年版。

184. 张平，王宏淼：《中国转向"结构均衡增长"的战略要点和对策选择》，《国际经济评论》，2010 年第 6 期。

185. 张双双：《正确认识民主社会主义的瑞典模式》，《理论界》2011 年第 6 期。

186. 张文江：《韩国的政治和外交》，北京大学出版社 2009 年版。

187. 张学兵：《政坛长青树 —— 新加坡人民行动党长期执政的经验》，《理论探讨》2007 年第 1 期。

188. 张英姣，杨鲁慧：《韩国民主转型以来政党政治发展的轨迹、特征及成因》，《江西社会科学》2014 年第 5 期。

189. 张蕴岭：《亚洲现代化透视》，社会科学文献出版社 2001 年版。

190. 张忠祥：《当前南非经济形势分析及展望》，《当代世界》，2013 年第 10 期。

191. 赵平安，雷超：《新南非的诞生及其面临的挑战》，《环球经纬》，1994年第 Z1 期。

192. 赵炜：《韩国现代政治论》，东方出版社 1995 年版。

193. 郑秉文：《"中等收入陷阱"与中国发展道路 —— 基于国际经验教训的视角》，《中国人口科学》2011 年第 1 期。

194. 郑继永：《韩国政党体系变迁动因与模式研究》，复旦大学博士学位论文，2007 年。

195. 郑继永：《韩国政党体系》，社会科学文献出版社 2008 年版。

196. 郑继永：《试析韩国的政治粉丝社团现象》，《东北亚论坛》2011 年第 6 期。

197. 郑家馨：《南非史》，北京大学出版社 2010 年版。

198. 周进生，鲍荣华：《南非矿业现状及与我国合作前景分析》，《矿业研究与开发》2009 年第 1 期。

199. 朱光兆：《姆贝基时期的南非社会发展研究（1999—2008）》，上海师范大学博士学位论文，2011 年。

200. 庄晨燕：《南非民族和解的经验与挑战》，《世界民族》，2013 年第 6 期。

201. 邹升平：《公平分配与社会和谐：瑞典的经验及启示》，《经济问题探索》2011 年第 6 期。

202. 邹升平：《民主社会主义瑞典模式是"普世价值"吗?》，《政治学研究》2011 年第 1 期。

三、英文文献

1. ANNIKA STRANDHAL, 2017, http://www.socialdemokraterna. se/Var-politik/Var-politik-till-O/Socialbidrag.

2. Ariel Salleh ed., 1999, Eco-sufficiency and Global Justice: Women Write Political Ecology, Pluto Press.

3. Barry Naughton, 2007, The Chinese Economy: Transitions and Growth. MIT Press.

4. Bond, Patrick, 2000, Elite Transition: From Apartheid to Neoliberalism in South

Africa, Pluto Press.

5. Charles M. Perry, James L. Schoff, 2004, Building Six-Party Capacity for a WMD-Free Korea, Korean Journal of Defense Analysis No. 16.

6. Chris Landsberg, "New Powers for Global Change? South Africa's Global Strategy and Status", FES Briefing Paper 16.

7. Deborah Gaitskell, Judy Kimble, Moira Maconachie, Elaine Unterhalter, 1983, "Class, Race and Gender: Domestic Workers in South Africa", Review of African Political Economy, No. 27/28, Women, Oppression and Liberation.

8. Douglas North, 1990, Institutions Change and Economic Permance, Cambridge University Press.

9. Dunning J. H., Lundan S.M., 2008, Multinational Enterprises and the Global Economy, Edward Elgar.

10. Elke K. Zern, 2002, Fighting for Democracy: Popular Organizations and Postapartheid Government in South Africa, African Studies Review.

11. Gov. Bill 1997/98: 145. Svenska miljo ¨ mål. Miljo ¨ politik fo ¨ r ett Goals in Environmental Management 179h¥llbart Sverige [Swedish environmental quality objectives: An environmental policy for a sustainable Sweden].

12. Gov. Bill 2000/01:130. Svenska miljo ¨ mål, delmål och åtga ¨ rdsstrategier [The Swedish environmental objectives: Interim targets and action strategies].

13. Hart K., V. Padayachee, 2000, "Indian Business in South Africa after Apartheid: New and Old Trajectories." Comparative Studies in Society and History.

14. Hellmann O, 2014, Party system institutionalization without parties: Evidence from Korea, Journal of East Asian Studies No.1.

15. Hundt D, Kim J, 2011, Competing Notions of Regionalism in South Korean Politics, Japanese Journal of Political Science No.2.

16. IMF, 2004, "South Africa Staff Report for the 2004", Article IV Consultation.

17. J. P. Blumenfeld, 1985, "South Africa: Economic Responses to External Pressures" The World Today, December (forthcoming).

18. Jacob Zuma, 2009, Reply to the Budget Vote Speech by the Minister of

International Relations and Cooperation, National Assembly.

19. Jeremy Seekings, 2004, Trade Unions, Social Policy & Class Compromise in Post-Apartheid South Africa, Review of African Political Economy.

20. Jeremy Seekings, 2008, " 'Just Deserts': Race, Class and Distributive Justice in Post-Apartheid South Africa", Journal of Southern African Studies.

21. John Fuhsheng Hsish, 2013, Continuity and Change in Party Politics in Japan, Taiwan and South Korea, East Asian Policy No.3.

22. Kang W. T., 1998, The rise of a third party in South Korea: the Unification National Party in the 1992 National Assembly election, Electoral Studies No.1.

23. Khosa, Meshack M., 2003, Towards Effective Delivery: Synthesis Report on the Project Entitled 'Closing the Gap between Policy and Implementation', Johannesburg, Centre for Policy Studies.

24. Kim H. M., 1997, Rational choice theory and third world politics - The 1990 party merger in Korea, Comparative Politics, No.1.

25. Lee A. R., 2003, Stability and Change in Korean Values, Social Indicators Research, No.1.

26. Lim Y. J., 2006, The rise of the Labor Party in South Korea: causes and limits, Pacific Review, No.3.

27. Macun I. and C. Psoulis, 2000, "Unions inside the State: The Development of Unionism in the South African Public Service." In Public Service Labour Relations in a Democratic South Africa.

28. N. Bromberger, 1974, "Economic Growth and Political Change in South Africa" in A. Leftwich ed., South AFrica: Economic Growth and Political Change, Allison and Busby.

29. Nelson Mandela, 1978, The Struggle Is My Life, International Defence & Aid Fund for Southern Africa, London.

30. Olli Hellmann, 2011, A Historical Institutionalist Approach to Political Party Organization: The Case of South Korea, Government & Opposition, No.4.

31. P. Malpass, 2004, Fifty Years of British Housing Policy: Leaving or Leading the Welfare State? European Journal of Housing Policy.

32. R. Horwitz, 1967, The Political Economy of South Africa, Weidenfeld and Nicolson.

33. Ranwedzi H. Nengwekhulu, 1986, Race, Class and Ethnicity in South Africa, African Journal of Political Economy / Revue Africaine d'Economie Politique.

34. Rhodes, Carodyn, 1993, Reciprocity, US. Trade Policy, and the GATT Regime. Ithaca: Cornell University Press, p43.

35. Roger Southall, 2004, Political Change and the Black Middle Class in Democratic South Africa, Canadian Journal of African Studies / Revue Canadienne des Études Africaines.

36. Rokkan Stein, 1996, Numerial Democracy and Corporate Pluralism, in R. A. Dahl, led. Political oppositions in Western Democracies, Yale University Press.

37. Rory Carroll, 2004, "South Africa's middle class-young, black and driving a BMW", in Johannesburg Tuesday April 13.

38. Rostow W. W., 1960, The stages of economic growth: a non-Communist manifesto, Cambridge University Press.

39. Rostow W. W., 2013, "The stages of economic growth and the problems of peaceful co-existence", Cambridge Mass Center for International Studies Massachusetts Institute of Technology.

40. Ryoshin M., E. Review, 1963, "J. Robinson, Essays in the Theory of Economic Growth", Economic Review, Vol. 70, No. 1, pp287-288.

41. Sam Mkoeli , Hopewell Radebe "Zuma rejects Libya regime change objective, but defends SA vote in support of UN resolution to protect civilians", Business Day.

42. Sandra Swart, 2008, "High Horses": Horses, Class and Socio-Economic Change in South Africa, Journal of Southern African Studies.

43. Sarah A., Burgard, 2006, "Class, Race, and Inequality in South Africa by Jeremy Seekings and Nicoli Nattrass", American Sociological Association, Contemporary Sociology.

44. Schön L., 2012, "An economic history of modern Sweden", Routledge Explorations in Economic History.

45. Schumacher G, Vries C E D, Vis B., 2013, "Why do parties change position?", Party organization and environmental incentives, Journal of Politics, Vol.75, No. 2, pp464-477.

46. Seers D. 1970, "The Meaning of Development", Revista Brasileira De Economia , Vol.24, No. 3, pp29-50.

47. Sen A., J. Clapp, 1999, "Development as Freedom: Human Capability & Global Need." U.S. Census Bureau, Current Population Report, Consumer Income, P60-205, U.S. Government Printing Office, Vol9, PP157-158.

48. Shi J. L., S. O. Humanities, et al, 2014, "An Analysis of Sprawl Governance of American Metropolitan Region from Sweden's 'the Third Way'." Journal of Wuhan University of Technology.

49. Salinger D J, 2001, "Ending One-Party Dominance: Korea, Taiwan, Mexico", Journal of Democracy, No.1.

50. Statistics South Africa 2002, Selected Findings and Comparisons from the Income and Expenditure Surveys of October 1995 and October 2000 Earning and spending in South Africa.

51. Steinberg D.I., Shin M, 2006, Tensions in South Korean Political Parties in Transition: From Entourage to Ideology? Asian Survey, No.4.

52. Steven Friedman, 2005, "Getting Better Than 'World Class': The Challenge of Governing Postapartheid South Africa", Social Research, South Africa: The Second Decade.

53. Sven E. Olson, 1993, Social Policy and Welfare State in Sweden, Lund.

54. Tim Tilton, 1990, The Political Theory of Swedish Social Democracy: Through the Welfare State to Socialism, Oxford.

55. Timonen V. 2003, Restructuring the welfare state: globalization and social policy reform in Finland and Sweden, E. Elgar.

56. Vivek Arora, Athanasios Vamvakidis, 2010, "South Africa in the African Economy: Growth Spillo-vers", Global Journal of Emerging Market Economies.

57. W. Robson, 1976, Welfare State and Welfare Society, London, Allen & Unwin.

58. Whyman P., 2003, Sweden and the "third way": a macroeconomic evaluation,

Ashgate.

59. Williams P. M, 2002, Community strategies: Mainstreaming sustainable development and strategic planning. Sustainable Development.

60. World Bank, 1997, The State in a Changing World: World Development Report, Oxford University Press.

后　记

　　本书是我们在承担国家社科基金重大项目"以全面建成小康社会为目标提升党领导发展能力和水平研究"（15ZDC001）的阶段性成果。在研究的过程中，我们注意到，国内外对于比较政党的研究，往往侧重于政党制度，而较少关注政党行为。政党制度固然非常重要，但是任何一种政党制度，其作用必然要通过政党行为来体现。事实上，不同的政党制度下，也存在着相似的政党行为，并导致大体相同的社会结果。这也意味着，对不同政党制度下的政党行为，合理地吸收和借鉴其中有益的做法与经验，是可能的。因此，就有了本书的写作缘起。

　　在写作的过程中，本书得到了前述重大项目主持人吴家庆教授的大力支持和热情鼓励，以及诸多有益的指导。课题组其他成员刘先江教授、彭正德教授、卢爱国教授、陈云凡博士也给出了有益的建议。研究生赵会龙在课题方面做了不少搜集和整理资料的工作。刘婕妤编辑为本书的出版提供了便利。谨在此一并表示诚挚的感谢。

　　本书的撰写分工情况如下：

第一章　　李风华

第二章　　冯娜

第三章　　丁新宇

第四章　　万康

第五章　　梁家琪

第六章　　梁家琪

全书由李凤华统稿、修订。

著　者

2017 年 7 月于长沙